公務員
採用試験
対策シリーズ

岡山県の
公務員採用試験
（教養試験）

岡山県の
職員B

2025

公務員試験研究会　編　　協同出版

まえがき

　公務員は，国や地方の行政諸機関に勤務し，営利を目的とせず，国民や住民などの幸せのため，政策・諸事務を円滑に実施・進行して，社会の土台作りを行うことを職務としています。昨今では，少子高齢化の進行や公務のDX化，国際競争力の低下などの社会情勢の変化に伴って，行政の果たす役割はますます多岐にわたり，重要さを増しています。行政改革が常に論議されているのは，どのような情勢においても安心した生活が送れるよう，公務員に対して国民や市民が，期待を寄せているからでしょう。

　公務員になるためには，基本的には公務員採用試験に合格しなければなりません。公務員採用試験は，公務に携わる広い範囲の職種に就きたい人に対して課される選抜競争試験です。毎年多数の人が受験をして公務員を目指しているため，合格を勝ち取るのは容易ではありません。そんな公務員という狭き門を突破するためには，まずは自分の適性・素養を確かめると同時に，試験内容を十分に研究して対策を講じておく必要があります。

　本書ではその必要性に応え，公務員採用試験に関する基本情報や受験自治体情報はもちろん，「教養試験」，「論作文試験」，「面接試験」について，最近の出題傾向を分析した上で，ポイント，問題と解説，対応方法などを掲載しています。これによって短期間に効率よく学習効果が現れ，自信をもって試験に臨むことができると確信しております。なお，本書に掲載の試験概要や自治体情報は，令和5（2023）年に実施された採用試験のものです。最新の試験概要に関しましては，各自治体HPなどをよくご確認ください。

　公務員を目指す方々が本書を十分活用され，公務員採用試験の合格を勝ち取っていただくことが，私たちにとって最上の喜びです。

公務員試験研究会

岡山県の公務員採用試験対策シリーズ

岡山県の職員B

◆ 目 次 ◆

第1部

試験の概要

- 公務員試験とは

- ［参考資料］
  試験情報と自治体情報

公務員試験とは

◆ 公務員とはどんな職業か

　一口でいえば，公務員とは，国家機関や地方公共団体に勤務する職員である。

　わが国の憲法では第15条で，「公務員を選定し，及びこれを罷免することは，国民固有の権利である」としたうえで，さらに「すべて公務員は，全体の奉仕者であつて，一部の奉仕者ではない」と定めている。

　また，その職務および人事管理などについては「国家公務員法」および「地方公務員法」という公務員に関する総合法規により，詳細に規定されている。たとえば「この法律は，……職員がその職務の遂行に当り，最大の能率を発揮し得るように，民主的な方法で，選択され，且つ，指導さるべきことを定め，以て国民に対し，公務員の民主的且つ能率的な運営を保障することを目的とする」（「国家公務員法」第1条）と述べられ，その職務や人事管理についてはっきりと規定されているのである。すなわち，公務は民主的な方法で選択され，また国民に対しては，民主的・能率的な公務の運営が義務づけられているといえよう。

　現在の公務員の基本的性格を知るにあたって，戦前の公務員に触れておこう。戦前，すなわち明治憲法の時代には，公務員は「官吏」または「公吏」などと呼ばれ，「天皇の使用人，天皇の奉仕者」ということになっていた。したがって，官吏の立場は庶民の上に位置しており，封建時代の"お役人"とほとんど変わらない性格を帯びていた。つまり，民主主義に根ざしたものではなく，天皇を中心とした戦前の支配体制のなかで，その具体的な担い手になっていたといえるだろう。

　戦後，制度が一新されて「官吏」は「公務員」と名を変え，その基本的性格もすっかり変化した。つまり，公務員の「公」の意味が「天皇」から「国民」に変わり，国民によって選定された全体の奉仕者という立場が明確にされたのである。

　なお，公務員という職業は，その職務遂行にあたって国民に大きな影響をおよぼすものであるから，労働権・政治行為などの制限や，私企業からの隔離などの諸制限が加えられていることも知っておく必要がある。

◆ 公務員の種類と職務

(1) 公務員の種類

　本書は，岡山県の職員Ｂをめざす人のための参考書だが，ここでは公務員の種類の全体像をごく簡単に紹介しておこう。一般に公務員は国家公務員と地方公務員に大別でき，さらに一般職と特別職とに分けられる。

① 国家公務員と地方公務員

　　国家公務員とは，国家公務員法の適用を受け（＝一般職），国家機関である各省庁やその出先機関などに勤務し，国家から給与を受ける職員をさす。たとえば，各省庁の地方事務局などに勤務する者も，勤務地が地方であっても国家公務員である。

　　一方，地方公務員は，地方公務員法の適用を受け（＝一般職），各地方公共団体に勤務し，各地方公共団体から給与を受ける職員である。具体的には，都道府県や市町村の職員などを指している。

② 一般職と特別職

　　国家公務員と地方公務員は，それぞれ一般職と特別職に分けられる。人事院または各地方公共団体の人事委員会（またはそれに準ずるところ）を通じて採用されるのが一般職である。

　　特別職とは，国家公務員なら内閣総理大臣や国務大臣・国会職員などであり，地方公務員なら知事や収入役などである。それぞれ特別職は国家公務員法および地方公務員法に列記され，その特別職に属さないすべての職を一般職としている。

③ 上級職，中級職，初級職

　　採用試験の区分であると同時に，採用後の職務内容や給与等の区分でもある。採用試験はこの区分に合わせて実施される。地域によっては，その名称も異なる。

(2) 地方公務員の対象となる職務

　地方公務員試験に合格して採用されると，各地方の職員として，事務および調査・研究または技術的業務などに従事することになる。

　公務員採用にあたって公開平等に試験を実施し，成績の良い者から順に採用することを徹底していて，民間企業の採用によくみられる「指定校制」などの"制限"は原則としてない。もちろん，出身地・思想・信条などによる差

別もない。これは公務員採用試験全般にわたって原則的に貫かれている大きな特徴といえよう。

◆ 「教養試験」の目的と内容

(1) 「教養試験」の目的

　教養試験は，国家公務員，地方公務員の，高校卒程度から大学卒程度までのあらゆる採用試験で，職種を問わず必ず行われている。教養試験は，単なる学科試験とは異なり，今後ますます多様化・複雑化していく公務員の業務を遂行していくのに必要な一般的知識と，これまでの学校生活や社会生活の中で自然に修得された知識，専門分野における知識などが幅広く身についているかどうか，そして，それらの知識をうまく消化し，社会生活に役立てる素質・知的能力をもっているかどうかを測定しようとするものである。

　このことについては，公務員試験の受験案内には，「公務員として必要な一般的知識および知能」と記されている。このため，教養試験の分野は，大きく一般知識と一般知能の2つの分野に分けられる。

　一般知識の分野は，政治，法律，経済，社会，国際関係，労働，時事問題などの社会科学と，日本史，世界史，地理，思想，文学・芸術などの人文科学，物理，化学，生物，地学，数学などの自然科学の3つの分野からなっている。

　一般知識の分野の特徴は，出題科目数が非常に多いことや，出題範囲がとても広いことなどであるが，内容としては高校で学習する程度の問題が出題されているので，高校の教科書を丹念に読んでおくことが必要である。

　一般知能の分野は，文章理解，数的推理，判断推理，資料解釈の4つの分野からなっている。

　一般知能の分野の問題は，身につけた知識をうまく消化し，どれだけ使いこなせるかをみるために出題されているため，応用力や判断力などが試されている。そのため，知能検査に近い問題となっている。

　したがって，一般知識の分野の問題は，問題を解くのに必要な基本的な知識が身についていなければ，どんなに頭をひねっても解くことはできないが，一般知能の分野の問題は，問題文を丁寧に読んでいき，じっくり考えるようにすれば，だれにでも解くことができるような問題になっている。

(2)「一般知識分野」の内容

一般知識分野は，さらに大きく3分野に分けて出題される。

社会科学分野	われわれの社会環境，生活環境に密着した分野で，政治，経済，社会，労働，国際，時事などに分かれる。学校で学んだこと，日々の新聞などから知ることができる内容等が中心で，特に専門的な知識というべきものはほぼ必要がない。
人文科学分野	歴史・地理・文化・思想・国語など，人間の文化的側面，内容的要素に関する知識を問うもので，専門的知識よりも幅広いバランスのとれた知識が必要である。
自然科学分野	数学・物理・化学・生物・地学などを通じて，科学的で合理的な側面を調べるための試験で，出題傾向的には，前二者よりもさらに基本的な問題が多い。

以上が「一般知識分野」のあらましである。これらすべてについて偏りのない実力を要求されるのだから大変だが，見方を変えれば，一般人としての常識を問われているのであり，これまでの生活で身につけてきた知識を再確認しておけば，決して理解・解答ができないということはない問題ばかりである。

(3)「一般知能分野」の内容

一般知能分野は，さらに大きく4分野に分けて出題される。

文章理解	言語や文章についての理解力を調べることを目的にしている。現代文や古文，漢文，また英語などから出題され，それぞれの読解力や構成力，鑑賞力などが試される。
判断推理	論理的判断力，共通性の推理力，抽象的判断力，平面・空間把握力などを調べるもので，多くの出題形式があるが，実際には例年ほぼ一定の形式で出題される。
数的推理	統計図表や研究資料を正確に把握，解読・整理する能力をみる問題である。
資料解釈	グラフや統計表を正しく読みとる能力があるかどうかを調べる問題で，かなり複雑な表などが出題されるが，設問の内容そのものはそれほど複雑ではない。

　一般知能試験は，落ち着いてよく考えれば，だいたいは解ける問題である点が，知識の有無によって左右される一般知識試験と異なる。

　教養試験は，原則として5肢択一式，つまり5つの選択肢のなかから正解を1つ選ぶというスタイルをとっている。難しい問題もやさしい問題も合わせて，1問正解はすべて1点という採点である。5肢択一式出題形式は，採点時に主観的要素が全く入らず，能率的に正確な採点ができ，多数の受験者を扱うことができるために採用されている。

◆「適性試験」「人物試験」の目的と内容

(1)「適性試験」の目的と内容

　適性試験は一般知能試験と類似しているが，一般知能試験がその名のとおり，公務員として，あるいは社会人としてふさわしい知能の持ち主であるかどうかをみるのに対し，適性試験では実際の職務を遂行する能力・適性があるかどうかをみるものである。

　出題される問題の内容そのものはきわめて簡単なものだが，問題の数が多い。これまでの例では，時間が15分，問題数が120問。3つのパターンが10題ずつ交互にあらわれるスパイラル方式である。したがって，短時間に，できるだけ多くの問題を正確に解答していくことが要求される。

　内容的には，分類・照合・計算・置換・空間把握などがあり，単独ではなくこれらの検査が組み合わさった形式の問題が出ることも多い。

(2)「人物試験」の目的と内容

　いわゆる面接試験である。個別面接，集団面接などを通じて受験生の人柄，つまり集団の一員として行動できるか，職務に意欲をもっているか，自分の考えを要領よくまとめて簡潔に表現できるか，などを評価・判定しようとするものである。

　質問の内容は，受験生それぞれによって異なってくるが，おおよそ次のようなものである。

> ① 公務員を志望する動機や理由などについて
> ② 家族や家庭のこと，幼いときの思い出などについて
> ③ クラブ活動など学校生活や友人などについて
> ④ 自分の長所や短所，趣味や特技などについて
> ⑤ 時事問題や最近の風俗などについての感想や意見

　あくまでも人物試験であるから，応答の内容そのものより，態度や話し方，表現能力などに評価の重点が置かれている。

◆「論作文試験」の目的と内容

(1)「論作文試験」の目的

　「文は人なり」という言葉があるが，その人の人柄や知識・教養，考えなどを知るには，その人の文章を見るのが最良の方法だといわれている。その意味で論作文試験は，第1に「文章による人物試験」だということができよう。

　また公務員は，採用後に，さまざまな文章に接したり作成したりする機会が多い。したがって，文章の構成力や表現力，基本的な用字・用語の知識は欠かせないものだ。しかし，教養試験や適性試験は，国家・地方公務員とも，おおむね択一式で行われ解答はコンピュータ処理されるので，これらの試験では受験生のその能力・知識を見ることができない。そこで論作文試験が課せられるわけで，これが第2の目的といえよう。

(2)「論作文試験」の内容

　公務員採用試験における論作文試験では，一般的に課題が与えられる。つまり論作文のテーマである。これを決められた字数と時間内にまとめる。国家・地方公務員の別によって多少の違いがあるが，おおよそ1,000〜1,200字，60〜90分というのが普通だ。

　公務員採用試験の場合，テーマは身近なものから出される。これまでの例では，次のようなものだ。

① 自分自身について	「自分を語る」「自分自身のPR」「私の生きがい」「私にとって大切なもの」
② 学校生活・友人について	「学校生活をかえりみて」「高校時代で楽しかったこと」「私の親友」「私の恩師」
③ 自分の趣味など	「写真の魅力」「本の魅力」「私と音楽」「私と絵画」「私の好きな歌」
④ 時事問題や社会風俗	「自然の保護について」「交通問題を考える」「現代の若者」
⑤ 随想，その他	「夢」「夏の1日」「秋の1日」「私の好きな季節」「若さについて」「私と旅」

　以上は一例で，地方公務員の場合など，実に多様なテーマが出されている。ただ，最近の一般的な傾向として，どういう切り口でもできるようなテーマ，たとえば「山」「海」などという出題のしかたが多くなっているようだ。この題で，紀行文を書いても，人生論を展開しても，遭難事故を時事問題風に扱ってもよいというわけである。一見，やさしいようだが，実際には逆で，それだけテーマのこなし方が難しくなっているともいえよう。

　次に，試験情報と自治体情報を見てみよう。

岡山県の試験情報

令和5（2023）年度
岡山県職員Ｂ
市町村立小・中学校事務職員　採用試験受験案内

岡山県人事委員会

〒703-8278 岡山市中区古京町一丁目7番36号
TEL：(086) 226-7561　FAX：(086) 273-7272

◎　受付期間、申込方法及び第一次試験日

インターネット（電子申請）により申し込んでください。

【岡山県電子申請サービス】

https://apply.e-tumo.jp/pref-okayama-u/offer/offerList_detail?tempSeq=31099

※スマートフォン等での申込みも可能です。

受付期間及び申込方法	**令和5（2023）年7月4日(火)～8月18日(金)** 上記ＵＲＬから「岡山県電子申請サービス」にアクセスし、申込手続を行ってください。 ・インターネット環境及び**プリンターが必要**となります。 ・使用されるパソコンや通信回線上の障害等によるトラブルについては、一切責任を負いません。 ・申込方法の詳細については、Ｐ7～10をご覧ください。 ・インターネット環境がないなど特別な事由により、電子申請ができない方は、8月4日（金）までに人事委員会事務局（TEL：086-226-7561）へご連絡ください。8月4日（金）を過ぎて連絡いただいた場合、受験申込みができないことがありますのでご注意ください。
第一次試験日	**令和5（2023）年9月24日(日)**

　今後の新型コロナウイルス感染症の発生状況などによっては、試験の延期や会場の変更など緊急連絡事項をお知らせする場合があります。

　試験の延期、会場の変更、**新型コロナウイルス感染症等への対応に関する受験上の留意事項**については、岡山県人事委員会事務局ホームページの「新型コロナウイルス感染症等への対応について」に掲載してお知らせしますので、必ず事前に確認をお願いします。

1 試験区分、採用予定者数並びに主な勤務先及び職務内容

(1) 岡山県職員B

試験区分	採用予定者数	主 な 勤 務 先 及 び 職 務 内 容
事　務	5名	知事部局（本庁、県民局等）、教育委員会（教育庁、県立学校等）等において、各種施策の企画、許認可事務、国・市町村との連絡調整、経理、庶務などあらゆる分野の幅広い業務に従事します。
土　木	3名	知事部局（本庁、県民局等）において、道路・河川等の公共土木施設、公園・下水道等の生活基盤施設などの整備に関する企画、工事の設計・監督等の専門的業務に従事します。
林　業	2名	知事部局（本庁、県民局等）において、林業に関する知識・技術の普及指導、森林の保全・木材の需要拡大等の施策の企画、試験研究等の専門的業務に従事します。

(2) 市町村立小・中学校事務職員

試験区分		採用予定者数	主 な 勤 務 先 及 び 職 務 内 容
小・中学校事務	A	7名	岡山市を除く市町村立小・中学校等において、学校事務に従事します。
	B	5名	

* 　採用予定者数は、欠員の状況等により変更になることがあります。
* 　採用時期は、原則として令和6（2024）年4月1日です。

2 受験資格

(1) 年齢

試験区分		受 験 資 格
岡 山 県 職 員 B		平成14（2002）年4月2日から平成18（2006）年4月1日までに生まれた者 ただし、次のいずれかに該当する者は受験できません。 (ｱ)　学校教育法による大学（短期大学を除く。）を卒業した者又は令和6（2024）年3月31日までに卒業見込みの者 (ｲ)　岡山県人事委員会が(ｱ)に該当する者と同等の資格があると認める者
市 町 村 立 小 ・ 中 学 校 事 務 職 員	A	平成5（1993）年4月2日から平成14（2002）年4月1日までに生まれた者 （学歴は問いません。）
	B	平成14（2002）年4月2日から平成18（2006）年4月1日までに生まれた者 （学歴は問いません。）

(2) 次のいずれかに該当する者は、上記(1)の該当者であっても受験できません。

　　ア　日本の国籍を有しない者
　　イ　地方公務員法第16条に規定する欠格条項に該当する者
　　　　例えば、次の事項に該当する者です。
　　　　・　禁錮以上の刑に処せられ、その執行を終わるまで又はその執行を受けることがなくなるまでの者
　　　　・　岡山県職員として懲戒免職の処分を受け、当該処分の日から2年を経過しない者
　　ウ　平成11年改正前の民法の規定による準禁治産の宣告を受けている者（心神耗弱を原因とするもの以外）

3　試験の方法
(1)　第一次試験
ア　試験日時及び試験会場
(ｱ)　試験日時　　令和５（２０２３）年９月２４日（日）
　　　　　　　　　事務、小・中学校事務　　８時５０分～１２時１０分
　　　　　　　　　土　木　、　林　業　　　８時５０分～１５時１０分
(ｲ)　試験会場　　岡山大学文・法・経済学部講義棟（岡山市北区津島中３－１－１）
　　　　　　　　　岡山県庁分庁舎（岡山市中区古京町１－７－３６）

　　　＊　試験会場は、受験申込者数などに応じて、上記以外の会場に変更する場合があります。岡山県電子申請サービスで交付する受験票で指定しますので、必ず確認してください。

イ　試験の内容

種目 （得点）	時間	試験区分	出　題　分　野　等
教養試験 （100点）	2時間	共　通	高校卒業程度の一般的知識及び知能(社会、人文、自然、文章理解、判断推理、数的推理、資料解釈等)
専門試験 （120点）	2時間	土　木	数学・物理・情報技術基礎、土木基礎力学（構造力学、水理学、土質力学）、土木構造設計、測量、社会基盤工学、土木施工等
		林　業	森林経営、森林科学、林産物利用、測量等
適性検査	20分	共　通	性格、心理等について、検査を行います。なお、検査結果は、第二次試験で実施する口述試験の参考とします。

＊　教養試験は、５０問の択一式により行います。（１問２点）
＊　専門試験は、４０問の択一式により行います。（１問３点）【土木、林業の受験者のみ実施】

ウ　受験に当たっての留意事項
(ｱ)　試験当日は、受験申込書、受験票、筆記用具(鉛筆又はシャープペンシル、消しゴム)、時計（アラーム機能付きの場合には、音が出ないように設定すること。携帯電話による代用はできません。）、昼食（土木、林業の受験者のみ）、マスクを持参してください。
(ｲ)　通信機能、計算機能又は翻訳機能付きの腕時計、携帯電話等の試験会場内での使用は禁止します。
(ｳ)　試験開始後の試験室への入室は、認めません。
(ｴ)　試験日当日に実施する全ての試験種目を受験した場合に限り、有効に受験したものとします。
(ｵ)　試験会場は、敷地内全面禁煙です。
(ｶ)　試験会場内のごみ箱は使用できません。ごみは全て持ち帰ってください。
(ｷ)　試験会場には、受験者の自動車は駐車できません。公共交通機関を利用してください。
(ｸ)　自動車での送迎はご遠慮ください。
(ｹ)　補装具を使用される場合は、その使用状況について、事前に確認させていただくことがあります。

(2)　第二次試験
ア　試験会場
　　　岡山県庁分庁舎（岡山市中区古京町１－７－３６）

イ　試験日及び試験の内容

試験日	種目 (得点)	内　　　　容
１０月２８日（土）	作文試験 （100点）	与えられた課題についての記述試験（１時間、800字以内） （表現力、理解力、構成力、企画力等を評価します。）
１０月２８日（土）〜 １１月５日（日）のうち 指定する日	口述試験 （400点）	人柄や特性等について、個別面接により行う試験 （コミュニケーション能力、積極性、忍耐力・堅実性、 協調性、創造力・企画力を評価します。）

＊　口述試験の指定日時は岡山県人事委員会事務局のホームページ「岡山県職員等採用試験情報」で確認してください。

(3)　合格者の決定方法
ア　第一次試験合格者の決定について
　各試験種目の合計得点の高い順により決定します。
　ただし、いずれかの試験種目において、一定の基準に達しない場合は、合計得点にかかわらず不合格とします。

イ　最終合格者の決定について
　第一次試験の成績にかかわらず、作文試験と口述試験の合計得点の高い順により決定します。
　ただし、いずれかの試験種目において、一定の基準に達しない場合は、合計得点にかかわらず不合格とします。

(4)　試験に関する注意事項
ア　試験の延期や会場の変更など緊急連絡事項をお知らせする場合がありますので、必ず事前に岡山県人事委員会事務局のホームページを確認の上、受験してください。

岡山県人事委員会事務局のホームページ
「岡山県職員等採用試験情報」
https://www.pref.okayama.jp/page/detail-29285.html

イ　過去の試験課題等について
　岡山県人事委員会事務局のホームページに過去の作文試験の課題、教養試験及び専門試験の例題を掲載しています。

ウ　障がい等により車いすを使用するなど、受験に際して要望のある方は、申込時に岡山県人事委員会事務局（ＴＥＬ：０８６−２２６−７５６１）まで連絡してください。

4　合格発表及び採用の手続

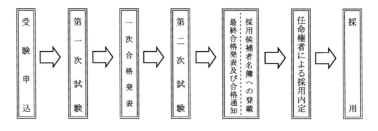

受験申込 ⇒ 第一次試験 ⇒ 一次合格発表 ⇒ 第二次試験 ⇒ 最終合格発表及び合格通知／採用候補者名簿への登載 ⇒ 任命権者による採用内定 ⇒ 採用

合格発表日	
第一次試験合格発表	最終合格発表
１０月１１日(水)	１１月１７日(金)

(1) 合格発表日の午前９時頃に、岡山県人事委員会事務局の掲示板（岡山市中区古京町１－７－３６岡山県庁分庁舎２階）及び岡山県人事委員会事務局のホームページに合格者の受験番号を掲載します。また、最終合格発表時には、合格者に合格通知書を送付します（<u>不合格者に対しては通知しません。</u>）。
　　なお、最終合格発表日から、３日を経過しても合格通知書が届かない場合には、岡山県人事委員会事務局（ＴＥＬ：０８６－２２６－７５６１）まで必ず連絡してください。

(2) 最終合格者は、成績順に採用候補者名簿に登録されます。なお、採用候補者名簿の有効期間は、原則として名簿登載の日から１年です。

(3) 採用候補者名簿の中から、任命権者が採用者を内定し、通知します。
　　採用時期は、原則として、令和６（２０２４）年４月１日です。

(4) **合否の確認について、電話照会には一切応じられません。**

(5) **ホームページによる合格発表**

　　岡山県人事委員会事務局のホームページ
　　「岡山県職員等採用試験情報」→「合格発表」
　　https://www.pref.okayama.jp/page/detail-29360.html

　　注：ホームページによる合格発表時間は、午前９時を過ぎる場合があります。

5　給与

(1) 令和５（２０２３）年４月の採用者（新卒者）の給料月額は、１６１，５００円です。
　　なお、今後の給与改定の状況によっては、支給額が増減することがあります。

(2) 職歴や学歴等により、一定の額が加算される場合があります。また、扶養手当、通勤手当、住居手当、期末手当、勤勉手当等が、それぞれの条件によって支給されます。

6　その他

　　小・中学校事務職員は、県費負担の市町村職員として県内の市町村立の小学校、中学校及び特別支援学校に勤務して学校事務をつかさどる（学校経営への参画を行う）職員です（ただし、岡山市を除く。）。
　　県立高等学校等の事務職員は、岡山県職員Ｂの試験区分で採用された者が配置されます。

7　試験成績の情報提供

(1) **窓口における**情報提供

　　試験の成績については、個人情報の保護に関する法律（平成１５年法律第５７号）第６９条第２項第１号の規定により、窓口で情報提供を受けることができます。
　　受験者本人が、受験票を持参し、８時３０分から１７時１５分までの間に岡山県人事委員会事務局へおいでください（合格発表日のみ９時から１７時１５分までの間においでください。）。
　　ただし、土曜日、日曜日及び祝日の閉庁日は、情報提供できません。また、電話等による情報提供はできません。

試験	情報提供を受けることができる人	提供する情報	情報提供期間	情報提供場所
第一次	第一次試験不合格者	第一次試験の試験種目別の得点、合計得点及び順位	第一次試験合格発表の日から1か月間	岡山県人事委員会事務局（岡山市中区古京町1－7－36 岡山県庁分庁舎2階）
第二次	第一次試験合格者	第一次試験の試験種目別の得点、合計得点及び順位 第二次試験の試験種目別の得点、合計得点及び順位 ※第二次試験を受験しなかった者は第一次試験の成績のみ	最終合格発表の日から1か月間	

(2) 郵送による情報提供

　　郵送でも試験成績の情報を提供します。**住所・氏名を記載した封筒（長形3号）を用意し、404円分（簡易書留相当分）の切手を貼り付けて、封筒の表の左下に受験番号を記載の上**（下図参照）、**第一次試験又は第二次試験日のうち作文試験実施日に持参してください。** 持参した封筒は試験時間内に回収します。提供する内容は(1)の窓口における情報提供の場合と同じです。

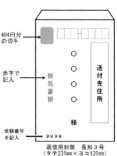

返信用封筒　長形3号
（タテ235㎜×ヨコ120㎜）

* 　返信用封筒は第一次試験日又は第二次試験日のうち作文試験実施日以外は受け付けません。受験申込時には受け付けませんので、ご注意ください。
　　また、試験当日に封筒を忘れた場合や切手代金に不備がある場合は受け付けられませんので、(1)の窓口における情報提供を受けてください。
* 　送付先住所は、**受験申込書の住所（現住所又は不在時連絡先）**を記載してください。
* 　情報提供を行う時期は、第一次試験不合格者については、第一次試験合格発表日からおおむね10日以内、第一次試験合格者については、最終合格発表日からおおむね10日以内を予定しています。
* 　第一次試験合格者で第二次試験を受験しなかった者については、最終合格発表日以降に、第一次試験の試験種目別の得点、合計得点及び順位のみ情報提供します。

（参　考）　令和4（2022）年度岡山県職員B及び市町村立小・中学校事務職員
　　　　　　採用試験実施状況

試験区分	一次受験者(人)	一次合格者(人)	最終合格者(人)	競争率(倍)
岡山県職員B（事務）	47	15	6	7.8
岡山県職員B（土木）	9	9	6	1.5
岡山県職員B（林業）	5	5	3	1.7
小・中学校事務職員A	114	46	9	12.7
小・中学校事務職員B	29	21	8	3.6

岡山県の自治体情報

令和5年度当初予算

【予算編成の基本的な考え方】
　「生き活き岡山」の実現に向けた取組を強化し、これまでの好循環の流れを一層加速させるとともに、新型コロナウイルス感染拡大防止と社会経済活動の両立を見据えた施策や、平成30年7月豪雨災害からの復旧・復興の総仕上げに向けた施策に着実に取り組み、本県の持続的な発展に結びつけるための予算編成としました。

令和5年度当初予算の規模

【予算額】 (単位：百万円)

区　分	令和4年度 当初予算額 A	令和5年度 当初予算額 B	増減額 B-A	増減率(%) (B-A)/A
一般会計	763,427	802,173	38,746	5.1
特別会計	412,556	390,795	△21,761	△5.3
企業会計	16,628	18,209	1,581	9.5
合　計	1,192,611	1,211,177	18,566	1.6

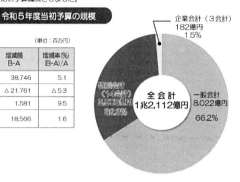

企業会計（3会計）
182億円
1.5%

特別会計
（14会計）
3,908億円
32.3%

全 会 計
1兆2,112億円

一般会計
8,022億円
66.2%

特別会計（14会計）・・・母子父子寡婦福祉資金貸付金、国民健康保険事業、岡山県営食肉地方卸売市場、造林事業等、林業改善資金貸付金、沿岸漁業改善資金貸付金、
　　　　　　　　　　　　中小企業支援資金貸付金、内陸工業団地及び流通業務団地造成事業、公共用地等取得事業、後楽園、港湾整備事業、収入証紙等、用品調達、公債管理

企業会計（3会計）・・・岡山県営電気事業、岡山県営工業用水道事業、流域下水道事業

歳入予算の内訳

　歳入は、令和4年度に比べ5.1%、約387億円の増となりました。これは、企業業績の改善による法人関係税の増加や輸入価格高騰の影響による地方消費税の増加に伴い、県税が増加したことなどによります。

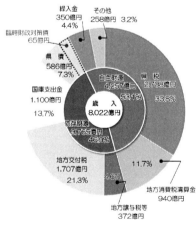

繰入金
350億円
4.4%

その他
258億円 3.2%

臨時財政対策債
65億円

県　債
586億円
7.3%

国庫支出金
1,100億円
13.7%

自主財源
4,257億円
53.1%

県　税
2,708億円
33.8%

歳　入
8,022億円

依存財源
3,765億円
46.9%

地方交付税
1,707億円
21.3%

11.7%

4.6%

地方消費税清算金
940億円

地方譲与税等
372億円

(単位：百万円)

	令和4年度 当初予算額 A	令和5年度当初予算額		
		予算額 B	増減額 B-A	増減率(%) (B-A)/A
県税	243,497	270,846	27,349	11.2
地方消費税清算金	82,745	93,962	11,217	13.6
地方譲与税等	37,659	37,191	△468	△1.2
地方交付税	179,900	170,700	△9,200	△5.1
国庫支出金	112,402	110,015	△2,387	△2.1
県債	58,299	58,608	309	0.5
うち臨時財政対策債	15,800	6,500	△9,300	△58.9
繰入金	20,997	35,035	14,038	66.9
その他	27,928	25,816	△2,112	△7.6
合　計	763,427	802,173	38,746	5.1

地方譲与税等：地方譲与税＋地方特例交付金＋交通安全対策特別交付金

臨時財政対策債：国が交付すべき地方交付税が不足した場合に、その代替として発行する地方債。返済に要する費用は後年度に、地方交付税で手当てされる。

その他：諸収入、使用料及び手数料、分担金及び負担金、財産収入、寄附金

自主財源：地方公共団体が自らの権能に基づき収入しうる財源。県税、繰入金、使用料・手数料など

依存財源：国により定められた額を交付されたり割り当てられたりする財源。地方交付税、国庫支出金など

※各項目は億円未満の金額を四捨五入しているため合計額と合わないことがあります。

歳出予算の内訳（性質別）

歳出は、人件費や公債費、社会保障関係費などの義務的経費が全体の69.2%を占めています。令和4年度と比べ、全体で5.1%、約387億円の増となっていますが、地方消費税清算金など義務的経費の増加や、感染症への対応に係る事業費の増加などによります。

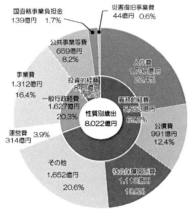

国直轄事業負担金 139億円 1.7%
災害復旧事業費 44億円 0.6%
公共事業等費 659億円 8.2%
事業費 1,312億円 16.4%
投資的経費 842億円 0.5%
人件費 1,793億円 22.4%
一般行政経費 1,627億円 20.3%
義務的経費 5,553億円 69.2%
運営費 314億円 3.9%
その他 1,652億円 20.6%
性質別歳出 8,022億円
公債費 991億円 12.4%
社会保障関係費 1,113億円 13.9%

（単位：百万円）

	令和4年度当初予算額 A	令和5年度当初予算額 予算額 B	増減額 B-A	増減率(%) (B-A)/A
義務的経費	531,479	555,330	23,851	4.5
人件費	186,852	179,767	△7,085	△3.8
公債費	100,701	99,086	△1,615	△1.6
社会保障関係費	108,750	111,270	2,520	2.3
その他	135,176	165,207	30,031	22.2
一般行政経費	153,088	162,680	9,592	6.3
運営費	29,318	31,435	2,117	7.2
事業費	123,770	131,245	7,475	6.0
投資的経費	78,860	84,163	5,303	6.7
公共事業等費	61,973	65,853	3,880	6.3
国直轄事業負担金	10,879	13,899	3,020	27.8
災害復旧事業費	6,008	4,411	△1,597	△26.6
合　計	763,427	802,173	38,746	5.1

人件費：職員人件費　県全体の職員定数　20,587人［R5.4.1現在見込み］（職員定数は派遣職員等を除く）
公債費：県債の元金・利子の返済に要する経費（取扱事務費を含む）
社会保障関係費：法律等によって県負担が義務付けられている、医療、介護、子育て、障害福祉等の経費
その他：税関係交付金など、社会保障関係費以外の県負担で支出が義務付けられるもの
運営費：行政サービスの提供に必要な基本的経費
事業費：県が政策判断により取り組む施策に要する経費（投資的経費に分類されるもの以外）
公共事業等費：公共事業費、道路・堤防等の維持補修経費、公共施設の建設・改築費
国直轄事業負担金：国直轄事業の負担金（県が徴収し国へ納付する受益者負担金を含む）

※各項目は億円未満の金額を四捨五入しているため合計額と合わないことがあります。

歳出予算の内訳（目的別）

歳出予算を目的別に見ると、社会保障関係費を含む民生費・衛生費、地方消費税の清算金・市町村交付金を含む諸支出金や、教員（市町村立小・中学校（政令市除く）、県立学校）の人件費を含む教育費が大きな割合を占めています。

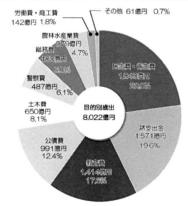

労働費・商工費 142億円 1.8%
その他 61億円 0.7%
農林水産業費 379億円 4.7%
総務費 483億円 6.0%
警察費 487億円 6.1%
土木費 650億円 8.1%
公債費 991億円 12.4%
教育費 1,414億円 17.6%
民生費・衛生費 1,843億円 23.0%
目的別歳出 8,022億円
諸支出金 1,571億円 19.6%

（単位：百万円）

	令和4年度当初予算額 A	令和5年度当初予算額 予算額 B	増減額 B-A	増減率(%) (B-A)/A
民生費・衛生費	173,062	184,312	11,250	6.5
諸支出金	127,026	157,098	30,072	23.7
教育費	145,528	141,433	△4,095	△2.8
公債費	100,701	99,086	△1,615	△1.6
土木費	64,049	64,971	922	1.4
警察費	47,542	48,740	1,198	2.5
総務費	42,259	48,278	6,019	14.2
農林水産業費	36,547	37,924	1,377	3.8
労働費・商工費	20,154	14,223	△5,931	△29.4
その他	6,559	6,108	△451	△6.9
合　計	763,427	802,173	38,746	5.1

■ その他：議会費、災害復旧費、予備費

※各項目は億円未満の金額を四捨五入しているため合計額と合わないことがあります。

県民一人当たりの歳入・歳出予算

令和5年度の一般会計予算総額を岡山県の人口（約190万人）で割ると、一人当たり約43.1万円の予算が使われることになります。

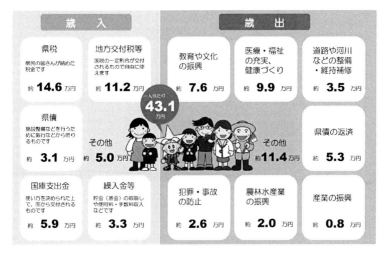

歳　入	歳　出

歳　入

県税
県民の皆さんが納めた税金です
約 **14.6** 万円

地方交付税等
国税の一定割合が交付されるもので自由に使えます
約 **11.2** 万円

県債
施設整備などを行うために銀行などから借りるものです
約 **3.1** 万円

その他
約 **5.0** 万円

国庫支出金
使い方を決められた上で、国から交付されるものです
約 **5.9** 万円

繰入金等
貯金（基金）の取崩しや使用料・手数料収入などです
約 **3.3** 万円

一人当たり **43.1** 万円

歳　出

教育や文化の振興
約 **7.6** 万円

医療・福祉の充実、健康づくり
約 **9.9** 万円

道路や河川などの整備・維持補修
約 **3.5** 万円

その他
約 **11.4** 万円

県債の返済
約 **5.3** 万円

犯罪・事故の防止
約 **2.6** 万円

農林水産業の振興
約 **2.0** 万円

産業の振興
約 **0.8** 万円

令和5年度地方財政対策と県予算

令和5年度地方財政対策（通常収支分）

地方一般財源総額	65.1兆円 （前年度63.9兆円）
・地方税＋地方譲与税	45.5兆円（43.8兆円）
・地方特例交付金等	0.2兆円（ 0.2兆円）
・地方交付税	18.4兆円（18.1兆円）
・臨時財政対策債	1.0兆円（ 1.8兆円）

■令和5年度地方財政対策では、地方一般財源総額について、65.1兆円を確保

■地方交付税総額について、前年度を上回る18.4兆円を確保

■「地域デジタル社会推進費」について事業期間を延長し、0.25兆円を計上

県の令和5年度当初予算（一般会計）の状況

区　分	予　算　額
歳　入　予　算　額	8,022億円 （前年度7,634億円）
うち財政調整基金（通常分）の取崩し	75億円 （67億円）
歳　出　予　算　額	8,022億円 （7,634億円）

■令和5年度当初予算額（一般会計）は、8,022億円となっており、そのうち財政調整基金（通常分）の取崩しは75億円

岡山県の今後の財政見通し

物価高騰による行政運営コストの増加などにより、財政調整基金（通常分）の取崩しは、前回の試算（R4.2）に比べて増加する見込みです。

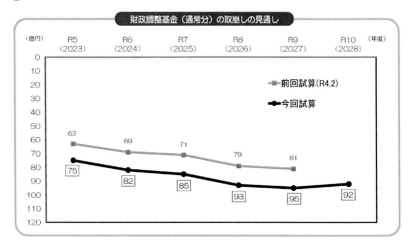

財政調整基金（通常分）の取崩しの見通し

(億円) R5(2023) R6(2024) R7(2025) R8(2026) R9(2027) R10(2028) (年度)

前回試算(R4.2)：63、69、71、79、81
今回試算：75、82、85、93、95、92

主な前提条件等

歳　入

● 県税は、令和5年度当初予算をベースに、「中長期の経済財政に関する試算（R5.1.24 内閣府）」の名目経済成長率（ベースラインケース）の2分の1の成長率で試算
　＜R5:1.1%、R6:0.6%、R7:0.6%、R8:0.5%、R9:0.5%＞
　※国の試算は、「成長実現ケース」と、それよりも緩やかな成長を見込む「ベースラインケース」の2つのシナリオがあるが、より慎重な財政運営を図る観点から、「ベースラインケース」を活用

歳　出

● 県庁舎耐震化整備事業などの特殊事情を除いた一般行政経費及び投資的経費は、令和5年度当初予算の水準を維持することとして試算

● 公債費は、新規借入利率1.1%で試算

● 社会保障関係費は、過去の実績及び国の将来推計をもとに試算

● 「公共施設マネジメント方針」に基づく個別施設計画を策定した公共建築物に係る改修費等は令和5年度当初予算の水準を維持することとして試算

● 人件費は、職員総数が定年引上げの影響により変動することはないものとして試算

留意事項

● 新型コロナウイルス感染症対策に係る事業費については、国庫補助金等の特定財源を活用して実施することとして試算

● 水島警察署庁舎建替整備事業の工事費については、未確定であるため、試算には織り込んでいない

県債残高の推移と将来推計

▌ 県債残高は緩やかに減少していく見込みです。

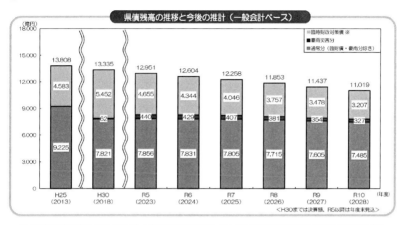

※ 地方交付税の代替として発行するため、返済に要する費用は元金、利子ともに後年度に地方交付税で手当てされますが、本来、
地方交付税率の引き上げ等により国が責任を持って対応すべきものであることから、その縮減・廃止を全国知事会等を通じて国に
申し入れています。

社会保障関係費の推移と将来推計

▌ 社会保障関係費は高齢化の進展等により、今後も年30億円程度増加する見通しです。

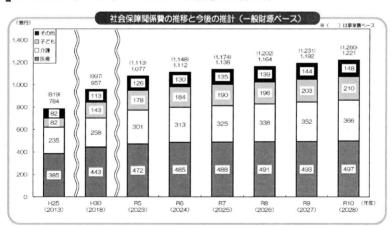

医　療：後期高齢者医療費、国民健康保険費、難病医療費、母子医療対策費、結核健康診断・医療費、後期高齢者医療財政安定化基金積立金
介　護：介護給付費負担金、介護保険財政安定化基金積立金
子ども：子ども・子育て支援新制度給付費、児童手当費、児童保護費、児童扶養手当費、特別支援学校就学奨励費
その他：自立支援給付費、精神障害者自立支援給付費、生活保護費、特別障害者手当等給付費、精神保健措置費、生活困窮者自立支援費

23

第3次晴れの国おかやま生き活きプラン

第3次晴れの国おかやま生き活きプランは、県政において最上位に位置付けられる総合的な計画であり、県政推進の羅針盤として、将来の目指すべき岡山の姿を描く長期構想と、その実現に向けて、令和6（2024）年度までに重点的に取り組む行動計画という2つの性格を併せ持つものです。

県政の基本目標

すべての県民が明るい笑顔で暮らす「生き活き岡山」の実現

3つの重点戦略と17の戦略プログラム

Ⅰ 教育県岡山の復活	Ⅱ 地域を支える産業の振興	Ⅲ 安心で豊かさが実感できる地域の創造
99億円（H4：90億円）	**528億円**（R4：513億円）	**858億円**（R4：771億円）
【戦略プログラム名】 ① 学ぶ力育成 ② 徳育・体育推進 ③ グローバル人材育成	【戦略プログラム名】 ① 企業誘致・投資促進 ② 企業の「稼ぐ力」強化 ③ 観光振興 ④ 儲かる農林水産業加速化 ⑤ 働く人応援	【戦略プログラム名】 ① 保健・医療・福祉充実 ② 結婚・妊娠・出産応援 ③ 子育て支援充実 ④ 防災対策強化 ⑤ 暮らしの安全推進 ⑥ 持続可能な中山間地域等形成 ⑦ 快適な環境保全 ⑧ 生きがい・元気づくり支援 ⑨ 情報発信力強化

令和5年度当初予算

3つの重点戦略 合計 1,485億円（R4：1,374億円）

※社会保障関係費は含んでいません。
※3つの重点戦略に分類しがたいものは除いています。

【各重点戦略の主な増減要因】
重点戦略Ⅰ：幼児教育支援事業補助金の要望増に伴う増、教育環境充実枠創設に伴う私立学校経営費補助金の増　等
重点戦略Ⅱ：企業立地促進補助金交付事業の増、畜産・酪農収益力強化経費補助等特別対策事業等の国庫補助事業の増に伴う増　等
重点戦略Ⅲ：県庁舎耐震化整備事業の進捗による増、出産・子育て応援交付金事業実施による増　等

当初予算のポイント

岡山の未来を担う子どもたちの「教育の再生」と、豊かな県民生活を支える雇用や税収の基盤となる「産業の振興」に加え、本県の将来を見据えた「少子化対策」「脱炭素化」「デジタル化」へ重点的に予算配分し、県民生活の充実につながる好循環を加速させるための施策を盛り込みました。また、「ウィズコロナ・ポストコロナを見据えた施策を含む新型コロナウイルス感染症への対応」と「豪雨災害からの復旧・復興」に、引き続き取り組みます。

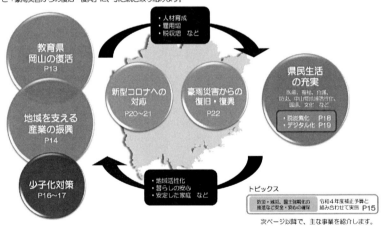

次ページ以降で、主な事業を紹介します。

教育県岡山の復活

教育の再生に向けた成果が出始めたところであり、Society5.0の到来などによる社会変化等を踏まえながら、引き続き、下記のような重点事業等に取り組むことにより、教育県岡山の復活を目指します。

令和5年度予算の概要

学ぶ力育成プログラム

・キャリア教育の推進、子どもたちの学力が伸びる仕組みづくり、教師の授業力の向上、就学前教育の質の向上、高等学校における学力の向上など

90億円（R4：81億円）

徳育・体育推進プログラム

・不登校等を生ませない学校づくりの推進、道徳教育を中心とした規範意識の確立、暴力行為等への対策の推進、青少年の健全育成・非行防止対策の推進、子どもたちの体力の向上など

7.6億円（R4：7.2億円）

グローバル人材育成プログラム

・国際的に活躍できる人材の育成、Society5.0に向けた人材の育成、時代の変化に対応した魅力ある学校づくりなど

1.7億円（R4：1.7億円）

令和5年度の主な重点事業

■私立学校の教育環境の充実に向けた支援［拡］
・私立高等学校（全日制）における教育環境充実の取組を促進するほか、私立幼稚園において優秀な人材が確保できるよう、私立学校の支援を行います。

■学力定着状況確認テスト・定着状況ウォームアップ［新］
・ICTを活用し、学習内容の確認テスト等を行い、実施後に学校が、県内における状況を把握できるシステムを構築します。

■ICT活用による個別最適な学習推進モデル事業［新］
・ICTを活用した学力向上等につながる個別最適な学びの実証事業を実施し、そのメリットや効果的な手法を全県へ発信します。

＜生き活き指標＞全国学力・学習状況調査の全国平均正答率との差
小6、中3：±0ポイント（R3実績）　→　+1ポイント（R6目標）

■岡山県青少年総合相談センターSNS相談事業［新］
・岡山県青少年総合相談センターにおいて、SNSを活用した相談窓口を設置します。

■小学校における長期欠席・不登校対策システム化推進事業［拡］
・学校の実態に応じて登校支援員や別室支援員を配置するとともに、専門指導員を派遣することで、効果的な校内支援体制づくりを支援します。

■夢に向かって世界に羽ばたけ！岡山の高校生応援事業［拡］
・高校生の海外留学の促進や海外大学進学への足がかりとなるチャレンジの機会を創出するなど、グローバル教育の実践に向けた教育体制を整備します。

地域を支える産業の振興

戦略的な企業誘致の推進や中小企業等の持続的な成長・発展支援、滞在型観光等に向けた観光振興の取組を中心とした、下記のような重点事業等に取り組むことにより、さらなる産業の振興を図ります。

令和5年度予算の概要

企業誘致・投資促進プログラム

・戦略的な誘致施策の推進、企業ニーズに応じた産業用地の確保、県内への国内拠点設置の促進、水島港の機能強化など

244億円（R4：239億円）

企業の「稼ぐ力」強化プログラム

・企業の持続的な成長・発展支援、Society5.0の時代に対応するイノベーションの推進、地域特性を生かしたマーケティング戦略の展開など

80億円（R4：92億円）

観光振興プログラム

・滞在型観光の推進、多様な主体と連携した魅力発信、国・地域の特性を踏まえたインバウンド戦略の展開と航空ネットワークの拡充など

9.9億円（R4：9.1億円）

儲かる農林水産業加速化プログラム

・マーケティングの強化とブランディングの推進、海外でのブランド確立による輸出拡大、桃・ぶどうの供給力の強化など

190億円（R4：169億円）

働く人応援プログラム

・若者の県内定着を進める就職支援、県内企業の発展を担う人材の還流・定着の支援、意欲や能力に応じて活躍できる働き方の推進など

4.6億円（R4：3.6億円）

令和5年度の主な重点事業

■産業団地開発促進事業［拡］
・市町村又は市町村と民間事業者が共同で行う産業団地開発に関連して実施する公共施設の整備等を支援します。

■プッシュ型デジタル化支援事業［新］
・「業種別デジタル化推進支援モデル」を作成し、商工会等支援機関へ提供するとともに、相談支援体制を強化します。

■県産品海外商流構築支援事業［拡］
・県産品の海外販路開拓を促進するため、大規模展示会への出展や商談会を開催します。

＜生き活き指標＞あっせん・サポート等による取引成立件数
484件／年（R3実績）　→　530件／年（R6目標）

■海外プロモーション強化事業［拡］
・観光PRデスクの活用や、セミナー、商談会等を実施するとともに、台湾においてトッププロモーションを行います。

■航空ネットワーク維持・拡充事業［拡］
・感染症の影響により落ち込んだ岡山桃太郎空港の利用者の増加につなげるため、既存路線の維持・安定化及び新規路線の誘致に取り組みます。

■ハイブリッド産地育成推進事業
・安定的な供給体制の整備に加え、担い手の確保・育成や新技術・新品種の研究開発等のハイブリッド機能を併せ持つ産地づくりを支援します。

■おかやまインターンシップ魅力発信強化事業［拡］
・県内学生の県内への定着と、進学を機に県外に転出した若者の還流を促進し、県内企業の人材確保を支援します。

防災・減災、国土強靱化の推進など安全・安心の確保

「物価高克服・経済再生実現のための総合経済対策」（令和4年10月28日閣議決定）に呼応した施策について、機を逃さず予算措置を講じます。

投資的経費　R5当初予算　約 **842** 億円　＋　R4経済対策補正　約 **230** 億円　➡　約 **1,072** 億円

防災・減災、国土強靱化のための5か年加速化対策

激甚化する風水害や巨大地震等から命や財産を守るため、流域治水やインフラ施設の老朽化対策等を推進します。

道路
・道路施設の老朽化対策
・道路法面の落石や崩壊対策
＜道路施設＞
橋梁、トンネル、舗装等

砂防
・土砂災害防止施設の整備
＜土砂災害防止施設＞
砂防、地すべり、急傾斜地対策施設

河川
・河道掘削や護岸整備、橋梁架替え等
・河川管理施設（排水機場等）の老朽化対策

治山
・荒廃山地からの土砂流出防止対策　＜治山施設＞治山ダム（谷止工）

豪雨災害関係予算

被災者が、一日も早く住み慣れた地域で普段の生活を取り戻し、希望を持って安心して暮らせるように、復旧・復興の総仕上げに向けた施策に着実に取り組みます。

豪雨災害関係予算　令和5年度当初予算　約 **46** 億円　　平成30〜令和5年度　予算額計　約1,710億円

住まい確保のサポート
事業期間　平成30年度〜令和5年度

■事業内容
　応急仮設住宅入居者の転居に必要な費用を助成します。
■R5予算額　150万円
■事業の進捗状況
　仮設住宅入居者数

| 110人 | 11人 |
|（R4.3末現在）|（R4.12末現在）|

応急仮設住宅借上事業
事業期間　平成30年度〜令和5年度

■事業内容
　平成30年7月豪雨災害により、住宅が全壊等し、居住する住宅がない被災者に対し、住まいを確保します。
■R5予算額　186万円
■事業の進捗状況
　仮設住宅提供戸数

| 3,415戸 | 42戸 | 5戸 |
|（H30.11末・ピーク時）|（R4.3末現在）|（R4.12末現在）|

甚大な被害が生じた河川の改良復旧
事業期間　平成30年度〜令和6年度

■事業箇所　・高梁川水系末政川他2河川、旭川水系砂川
　　　　　　・高梁川水系高梁川
■事業内容　堤防整備（嵩上げ・強化）、橋梁架替等
■R5予算額　21億9,240万円
■事業の進捗状況
　河川激甚災害対策特別緊急事業及び河川災害復旧等関連緊急事業

用地取得率	95%（R3.12末現在）	99%（R4.12末現在）
工事進捗率	52%（R3.12末現在）	83%（うち5河川49%）（R4.12末現在）

26

第2部

教養試験
社会科学・人文科学

- 政治・経済・社会
- 歴　史
- 地　理
- 国語・文学・芸術

社会科学　政治・経済・社会

|||||||||||||||| **POINT** ||||||||||||||||

政治：学習法としては，まず，出題傾向をしっかり把握すること。出題形式や出題内容は当然変わっていくが，数年単位で見ると類似した内容を繰り返していることが多い（後述の「狙われやすい！重要事項」参照）。そのような分野を集中的に学習すれば効果的である。学習の中心となるのは基礎・基本の問題であるが，要点がまとまっているという点で，まずは本書の問題にしっかり取り組むとよい。そしてその学習の中で問題点や疑問点が出てきた場合に，教科書・学習参考書・辞典・専門書で学習内容をさらに高めていこう。

経済：まず高等学校の「政治・経済」の教科書で，次の項目のような主要な要点をまとめてみよう。

(1) 国内経済…金融政策・財政政策・景気変動・国民所得・GNIとGDP・三面等価の原則・国家予算・独占禁止法・公正取引委員会など

(2) 第二次世界大戦後の国際経済の歩み…OECD・EEC→EC→EU・GATT→WTO

(3) 国際経済機構…IMF・IBRD・IDA・UNCTAD・OPEC・OAPEC・ケネディラウンド → ウルグアイラウンド → ドーハラウンド・FTA → EPA → TPP

　最新の動向については，ニュースや時事問題の問題集等で確認しておこう。

社会：社会の学習法は，問題を解くことと合わせて，新聞等を精読するに尽きる。記事をスクラップするなどして，系統的に理解を深めていくことが大切である。新聞などに掲載されている社会問題は，別の様々な問題と関連していることが多い。1つのテーマを掘り下げて理解することにより，社会で起きている時事的な問題をより横断的に結びつけてとらえることが可能となる。そのためにも，様々なメディアを通じて日々新しい情報をチェックし，政治・経済・社会・環境など，網羅的にニュースを把握しておくようにしておきたい。

狙われやすい！ 重要事項

☑ 国会や選挙の制度
☑ 国際的な機構や国際政治
☑ 基本的人権（各論まで）
☑ 金融政策や財政政策の制度と実情
☑ 少子高齢化や社会保障
☑ 日本経済の実情
☑ 日本と世界の国際関係
☑ 科学技術や医療などの進歩
☑ 社会的な課題

《 演 習 問 題 》

1 令和4年版「男女共同参画白書」に関する記述として，妥当なものはどれか。

1 2021年10月施行の衆議院議員総選挙では，当選者に占める女性の割合が，2017年10月施行の総選挙の結果を上回った。

2 国家公務員の役職段階別の女性の割合について諸外国と比較すると，どの役職段階でみても日本は諸外国と比べて著しく低くなっている。

3 裁判官，検察官，弁護士に占める女性の割合は，いずれも上昇しており，弁護士の割合が最も大きい。

4 女性の年齢階級別労働力率は，2021年現在，25〜34歳を底とするはっきりとしたM字カーブを描いている。

5 2021年の就業者に占める女性の割合は，諸外国に比べて著しく低くなっている。

2 **国際連盟と国際連合に関する記述として，妥当なものはどれか。**

1　国際連盟は，結果的に第二次世界大戦の勃発を防ぐことはできなかった。特に，決定権を理事会に集中させ，総会の権限を形骸化させたことが，混乱の要因となった。

2　国際連合憲章は，国際連盟規約を改正する手続を経て成立した。国際連合が成立する時点において，国際連盟において理事国となっていた国の多くが加盟手続を済ませていた。

3　国際連合憲章には，常設の国連軍についての規定がある。この規定に基づいて結成された例として，朝鮮国連軍が挙げられる。

4　国際連合憲章には，紛争の平和的解決についての規定がある。そのため，各国に個別的自衛権や集団的自衛権は保障されていないものと解されている。

5　国際連合憲章には，国連平和維持活動（PKO）についての規定はない。この活動を実施するためには，停戦の合意，当事国による受け入れの同意などの要件を満たす必要がある。

3 **日本の国会と内閣に関する記述として，妥当なものはどれか。**

1　国会は内閣総理大臣を指名するが，その者は，衆議院議員でなければならない。

2　内閣総理大臣は，他の国務大臣を任命するが，その罷免の際には，国会の同意を得なければならない。

3　内閣は，衆議院で不信任の決議案を可決し，又は信任の決議案を否決したときは，10日以内に衆議院が解散されない限り，総辞職をしなければならない。

4　両議院の議員は，議院で行った演説，討論又は表決について，院内で責任を問われない。

5　法律の決定は国会の重要な権能の一つであるが，衆議院で可決し，参議院でこれと異なつた議決をした法律案は，衆議院で出席議員の4分の3以上の多数で再び可決したときは，法律となる。

4 **内閣と司法に関する記述として，妥当なものはどれか。**

1　法律及び政令にはすべての国務大臣が署名し，内閣総理大臣が連署する。

2　予算の作成権限は内閣にあるが，国会に提出して国会の議決を受けるこ

とが必要である。

3 内閣総理大臣は，他の国務大臣と同様に内閣構成員の1人であるが，「同輩中の首席」として他の国務大臣より一段上にある。

4 最高裁判所裁判官は内閣が任命するが，長官については国会の指名に基づいて任命する。

5 最高裁判所は一切の法律，命令等に関し違憲立法審査権を有するが，下級裁判所にはこの権限はない。

5 日本の裁判制度に関する記述として，妥当なものはどれか。

1 重大な刑事事件や，請求された金額が一定以上の民事裁判については，裁判官に加え，市民から無作為に抽出された裁判員が参加する。

2 求刑される量刑が軽度の刑事裁判については，弁護人を付さず，裁判官，検察官，被告人の三者によって進めることができる。

3 日本国憲法によると，司法権は，最高裁判所と下級裁判所に与えられており，そのうち，下級裁判所とは，各地に設置された高等裁判所，地方裁判所，簡易裁判所の3種類の裁判所の総称である。

4 特許権などに関する事件の控訴審については，平成17年に新設された知的財産高等裁判所において，審理等の手続が行われる。

5 遺産相続に関する訴訟の第1審は，法律に定められた規定に基づき，簡易裁判所において行われる。

6 法や政治に関する学説についての記述として，妥当なものはどれか。

1 モンテスキューは，『法の精神』において，権力を立法権，行政権，司法権に分立させ，相互に抑制と均衡の関係に置くことを提唱した。

2 ロックは，自然状態における戦争状態を終結させるために，自然権を個人や合議体に譲渡することが必要であるとした。

3 ホッブズは，政府は自然権を信託された存在であるから，その契約に反するときには，市民は抵抗権を行使して政府を交代させることができるとした。

4 マキャヴェリは，君主のあり方について，キリスト教の倫理に従う有徳性が求められるとした。

5 ルソーは，支配を安定させる正統制について論じ，その要件として，伝統との合致，カリスマ性，合法性を挙げた。

7 　アメリカの政治体制に関する記述として，妥当なものはどれか。

1 　大統領は，国民による直接選挙によって選出される。

2 　連邦議会における上院議員は各州から2名ずつ選出される一方，下院議員については，各州に人口に比例した定数が割り振られている。

3 　連邦最高裁判所の判事は，下院の同意に基づき，大統領によって任命され，その定年は70歳とされている。

4 　大統領は，連邦議会が決定した法律への署名を拒否することによってその成立を阻むことができ，議会にはそれに対抗する手段が認められていない。

5 　連邦最高裁判所は，法律や大統領の命令などに対する違憲審査権を持つが，20世紀までに法律を憲法違反と判断した実例はない。

8 　国際的な活動を行う機関や組織に関する記述として，妥当なものはどれか。

1 　アムネスティ・インターナショナルは，人権を守るための活動を展開する非政府組織であったが，その功績が認められ，国際連合の専門機関に格上げされた。

2 　国際労働機関は，国際的な労働運動の高まりを受け，労働条件の改善をはかることなどを目的として第二次世界大戦後に設立された。

3 　国際復興開発銀行は，戦災からの復興と開発などを目的として設立された機関であり，加盟国には，平等な議決権が与えられている。

4 　国際開発協会は，通貨についての協力の推進と外国為替の安定や自由などを目的として設立された機関であり，世界経済に重要な役割を果たしている。

5 　世界保健機関は，世界の人々の保健基準の向上，保健事業の推進等を目的として活動しており，その内容には，伝染病の予防や感染拡大の防止が含まれる。

9 　日本の選挙制度に関する記述として，妥当なものはどれか。

1 　公職選挙法の改正により，選挙権を与える年齢を18歳としたことに伴い，被選挙権を与える年齢も2歳ずつ引き下げられた。

2 　選挙期間中に有権者の自宅等を無差別に訪れ，候補者への投票を依頼することは，選挙違反となる。

3 　選挙期間中に候補者がブログやホームページを通じて自らへの投票や支

持を呼びかけることは，選挙違反となる。
4　衆議院選挙は，全国を1区とする比例代表制と，原則として都道府県を単位とする選挙区制によって行われる。
5　参議院選挙は，全国を11ブロックに分けた比例代表制と，小選挙区制を組み合わせた小選挙区比例代表並立制によって行われる。

10 **政党と圧力団体に関する記述として，妥当なものはどれか。**
1　政党がその活動の中で追求する利益は，特殊利益と呼ばれる限定された利益であり，その点が国民的利益の実現を目指す圧力団体と異なる点である。
2　20世紀以降，政党に対するイメージの低下が問題となり，その名称を利益集団に改めようとする動きがみられる。
3　かつてのアメリカにおいて，ロビー活動と呼ばれる議会への働きかけが盛んであったが，政治腐敗の温床であると世論に押されて制定された連邦ロビイング規制法の施行以降，圧力団体による活動全般が禁止されている。
4　組織として何らかの失敗があった場合，圧力団体はその責任が明確化されることが多い一方，政党はそれがあいまいになりがちである。
5　各政党が選挙等を通じて競合する体制でありながら，1つの政党が圧倒的な多数派となる体制は一党優位政党制と呼ばれ，その例として，インドにおいて国民会議派が多数を占めていた状況が挙げられる。

11 **戦後の国際政治に関する記述として，妥当なものはどれか。**
1　シューマンプランは，それに基づく支援を拒否した国々が当時のソビエト連邦と友好的な関係を構築するなど，東西対立の開始を象徴する計画であった。
2　トルーマンは，西ヨーロッパと東ヨーロッパの間に鉄のカーテンがあると演説し，冷戦の開始を宣言した。
3　日本は，サンフランシスコ講和条約の発効によって独立を回復したが，この条約に当時のソビエト連邦は参加していなかった。
4　国際連合は当初，中華人民共和国を正式な加盟国としていたが，1970年代に入り，中華民国を正式な加盟国とする手続が完了した。
5　核拡散防止条約（NPT）の発効により，アメリカ，イギリス，フランス，ドイツ，ソビエト連邦を除く各国の核兵器の保有は禁止された。

12 日本国憲法に定められた政治のしくみに関する記述として，妥当なものはどれか。

　1　内閣総理大臣は，衆議院議員の中から国会の議決によって指名される。

　2　内閣総理大臣が任命する国務大臣については，その全員が国会議員でなければならず，また，その過半数が文民でなければならない。

　3　最高裁判所の長たる裁判官は，国会の指名に基づき，内閣によって任命される。

　4　裁判官としてふさわしくない行為に至った裁判官は，内閣が設置する弾劾裁判所において罷免されることがある。

　5　衆議院において内閣信任案が否決された場合，10日以内に衆議院が解散されない限り，内閣は総辞職しなければならない。

13 日本の刑事手続きに関する記述として，妥当なものはどれか。

　1　犯罪を実行したとして逮捕するためには，いかなる場合でも，司法官憲が発した逮捕令状が必要となる。

　2　刑事被告人には，いかなる場合でも，弁護人を依頼する権利が与えられている。

　3　被告人を有罪とするためには，必ず本人の自白が求められる。

　4　裁判員裁判では，裁判員が有罪か無罪かを決定し，有罪の場合，裁判官が量刑を決定する。

　5　検察審査会において審査を担当する者は，就任を希望する者の中から抽選によって決定される。

14 国際政治に関する記述として，妥当なものはどれか。

　1　主権国家間の関係としての近代的な国際社会は，第一次世界大戦を終結されたヴェルサイユ講和条約によって成立した。

　2　国際連盟は，アメリカのウィルソン大統領が提唱した平和原則14カ条に基づいて構想されたため，国際連盟の運営には，アメリカが主導的な役割を果たした。

　3　国際連盟は理事会と総会の位置付けがあいまいで，全会一致による議決が求められたため，国際紛争の解決に果たす役割には限界があった。

　4　国際連合では，国際連盟の反省を踏まえ，意思決定方法に多数決制を導入し，安全保障理事会でも各国の権利は対等とされている。

5　国際連合憲章において定められている国連軍は，国際連合の成立と同時に部隊が組織され，発足した。

15　**2000年以降の最高裁判所の判決に関する記述として，妥当なものはどれか。**

1　郵便業務従事者の過失により発生した損害賠償責任の免除について定めた郵便法の規定は，日本国憲法に違反する。

2　在外日本人に対し，国政選挙における選挙権行使の全部又は一部を認めていなかった公職選挙法の規定は，在外投票などを導入するコストなどに照らし，やむを得ないものである。

3　地方公共団体において，昇任試験の受験資格を日本国籍に有する者に限定する制度は，法の下の平等を定めた日本国憲法に違反する。

4　非嫡出子の法定相続分は嫡出子の2分の1であるとする民法の規定は，平等権を定めた日本国憲法の規定に違反するので，これまで不利益を得た者はすべてその差額を請求することができる。

5　女性の再婚禁止期間を前婚の解消または取消の日から6箇月とする民法の規定は，父子関係をめぐる紛争を防止するために，やむを得ないものである。

16　**南北問題とそれへの対応に関する記述として，妥当なものはどれか。**

1　南北問題は，南半球に多い途上国と北半球に多い先進国との間の経済格差およびそれに付随する諸問題であるが，途上国間の経済格差は，南南問題と呼ばれる。

2　第1回国連貿易開発会議において強調されたのは，「貿易より援助を」のスローガンであり，南北問題の解決には，交易条件の向上より直接的な経済援助が重要であるとされた。

3　通貨危機に陥った国への援助や短期資金の供給は，国際復興開発銀行が担っている。

4　国際金融公社は，途上国に対する長期資金を供給する役割を担っているが，その融資の対象は各国の政府と中央銀行に限られている。

5　開発援助委員会は，国際開発協会の下部組織であり，先進国による途上国に対する援助を調整する機関である。

17　日本の教育制度に関する記述として，妥当なものはどれか。

1　日本国憲法において，教育を受ける権利は，日本国民に対し，法律の定めるところにより，その能力に応じてひとしく保障されている。

2　日本国憲法において，普通教育を受けることはすべての国民に課せられた義務とされている。

3　最高裁判所の判例によれば，日本国憲法において，義務教育はこれを無償とする旨が定められているので，小中学校において，教科書代や学級費等の名目で費用を徴収することは違法である。

4　最高裁判所の判例によれば，国による教科書検定は，言論・出版の自由，学問の自由などを定めた日本国憲法に違反するであるから，教科書の出版社は，必ずしも検定意見に拘束されない。

5　国際人権規約には高等教育の漸進的無償化を定めた条項があるが，日本政府は，これを留保する旨を表明し，2023年時点において，それを撤回していない。

18　大日本帝国憲法と日本国憲法の比較に関する記述として，妥当なものはどれか。

1　大日本帝国憲法の下における帝国議会は，現在の国会と同様に二院制であり，衆議院，貴族院ともに，議員は選挙で選ばれていた。

2　大日本帝国憲法の条文において，現在の理念とは異なるものの，地方自治に関する規定が定められていた。

3　皇室典範は，大日本帝国憲法，日本国憲法のいずれの下でも，憲法の下位に位置付けられる法律の1つである。

4　大日本帝国憲法において，内閣は，帝国議会に対して連帯責任を負う機関と規定されていた。

5　大日本帝国憲法において，国民の権利は，「臣民の権利」として，法律の留保の下に置かれていた。

19　市場に関する記述として，妥当なものはどれか。

1　『国富論』において市場の有用性について論じたリカードによれば，各経済主体の利己的な行動は，「見えざる手」に導かれて最適な調和をもたらす。

2　ワルラス的調整の概念に従えば，需要量が供給量を上回った場合，価格が上昇し，やがて需要量の減少と供給量の増加という過程を経て，均衡に至る。

3　ケインズは，市場の役割を最も重視した経済学者の1人であり，不況の

原因を供給の過剰であると指摘するとともに，政府による介入を柱とする
経済政策を批判した。
4　一般に，金融市場において，資金の不足と資金需要の急増といった現
象により，金利は急激に低下する。
5　労働市場において，法律などによって最低賃金を大幅に引き上げると，
労働需要が過剰となり，賃金はさらに上昇する流れが生じる。

20 **国民所得**に関する記述として，妥当なものはどれか。

1　国民総所得（GNI）とは，一定期間にその国の国民が生産した付加価値額の
総額であり，付加価値には生産するために使った原材料や半製品も含まれる。
2　国民純生産（NNP）は，国民総所得から減価償却費を引いた額であり，
生産に際して使用した機械・道具は使用ごとに摩耗し価値が下がるので，
この分を引くことになる。
3　国民所得（NI）は，国民純生産から生産物に課された間接税を引き，さ
らに生産者に給付された補助金を引いたものである。
4　三面等価の原則とは，国民所得を生産・分配・支出の3面から捉えた場
合に，「生産国民所得＝分配国民所得＋支出国民所得」が概念的に成り立
つという原則である。
5　国内総生産（GDP）は，国内で自国民によって生み出された付加価値額
の総額である。

21 **金融**に関する記述として，妥当なものはどれか。

1　金融は，その仕組みによって，直接金融と間接金融に分けられる。その
うち，家計が預けた預金をもとに銀行が融資を行うことによる金融は，直
接金融に分類される。
2　銀行は，その預金の一定割合を日本銀行に預けることが義務付けられて
きた。近年では，その仕組みは廃止されている。
3　銀行は，預かった資金について融資や有価証券の購入によって運用をは
かる。ただし，民間の銀行による国債の購入は禁じられている。
4　銀行は，預金と貸し付けを繰り返すことによって，当初預かった分を上
回る預金を創出する。この仕組みは，信用創造と呼ばれる。
5　銀行が破綻した場合，預金保険機構が預金の払い戻しを行う。ペイオフ
の解禁以降，預金の保護額についての上限は撤廃されている。

22 **日本の国債に関する記述として，妥当なものはどれか。**

1　国債の日本銀行による保有は認められておらず，買いオペレーションの対象から除外されている。

2　国債発行の累積により，利子の支払いと元本の償還が他の財政支出を圧迫することは，財政の硬直化と呼ばれる。

3　財政法の規定によれば，公共事業，出資金や貸付金の原資として国債を発行することは禁じられている。

4　赤字国債は，本来発行が認められていない国債であるため，特別の閣議決定を根拠に発行されている。

5　歳出の総額から歳入の総額を差し引いた額は，プライマリーバランスと呼ばれ，国債残高の累増により，日本においては黒字傾向が続いている。

23 **租税に関する記述として，妥当なものはどれか。**

1　納税者と負担者が同一である税を直接税，異なる税を間接税といい，前者の例として，酒税やたばこ税などが挙げられる。

2　所得の増加に応じて負担の割合が上昇する税を累進税，それと逆の性質を持つ税を逆進税といい，前者の例として所得税，後者の例として消費税が挙げられる。

3　国税と地方税は，課税主体に基づく分類であり，固定資産税は前者に，相続税は後者に分類される。

4　等しい経済的な状況にある者は，税の負担についても等しくあるべきとする考えを垂直的公平，負担能力に応じて負担すべきであるとする考えを水平的公平という。

5　税収に占める直接税と間接税の比率を直間比率といい，日本の直接税の割合は，アメリカより大幅に高い水準にある。

24 **税制と財政に関する記述として，妥当なものはどれか。**

1　直接税は，税の実質的な負担者と納税義務を負う者が同一の税であり，たばこ税，酒税などが該当する。

2　累進税は，所得の増加に応じて負担率が上昇する税であり，消費税などが該当する。

3　税の水平的公平とは，負担能力に応じて実質的な税負担を増やすことによって得られる公平性である。

4　公債の借入による分を除いた歳入と，公債の利払いや償還分を除いた歳出との差額をプライマリー・バランスといい，この赤字が続くと，公債の残高は増加する。

5　特例公債法に基づいて発行する国債を特例国債または赤字国債といい，日本は，1990年以降，その発行を続けている。

25 **経済政策に関する記述として，妥当なものはどれか。**

1　累進課税は，景気後退期には，減税に類似した効果をもたらすため，フィスカル・ポリシーと呼ばれる。

2　中央銀行による買いオペレーションは，市場金利を上昇させるため，景気が過熱しているときに行われることが多い。

3　ケインズによれば，景気を刺激するための財政政策については，公共投資より，減税の方がその効果は大きい。

4　フリードマンによれば，裁量的な政策は経済をかく乱させるため，ルールに基づく金融政策が経済の安定的な成長のために有効である。

5　支払準備率操作は，銀行の預金の一定割合を準備金とすることを強制する制度であり，21世紀以降，日本において主要な政策として位置付けられている。

26 **自由貿易と貿易の秩序に関する記述として，妥当なものはどれか。**

1　ドイツの経済学者であったリストは，比較生産費説に基づき，自由貿易と国際分業が各国に利益をもたらすと主張した。

2　パナマ協定によって設立された国際貿易機関は，貿易についての交渉を行うことを目的として，戦後初めて発足した国際的な機関であった。

3　関税と貿易に関する一般協定の下で進められたウルグアイラウンドの合意に基づき，世界貿易機関が発足した。

4　日本は，貿易交渉は多国間で進めるべきであるとの方針を堅持したため，環太平洋パートナーシップ協定に加わるまで，自由貿易協定や経済連携協定を2国間で結ぶことはなかった。

5　日本は，1990年代における交渉の中で，コメの輸入についての規制を堅持し，関税化と最低輸入数量の設定を拒否した。

27 **世界経済において大きな役割を果たしている機関に関する記述として，妥当なものはどれか。**

1　IDA（国際開発協会）は，途上国の支援において重要な役割を果たす機関であるが，他の機関と比べて融資等の条件が厳格であることが問題視されている。

2　IMF（国際通貨基金）は，外国為替取引に関するルールの策定，各国への長期資金の供与などを担うことを主たる目的として設立された機関である。

3　IBRD（国際復興開発銀行・世界銀行）は，開発や経済発展のために必要な短期資金を各国政府等に対して供給することを主たる目的の一つとして設立された。

4　IFC（国際金融公社）は，政府による保証を前提として，途上国の民間企業に対する融資を行う金融機関である。

5　WTO（世界貿易機関）は，貿易を制限する障壁の撤廃や引き下げ，貿易に関する規定を通じた国際貿易システムの改革，加盟国間の交渉，紛争解決などを目的とする機関である。

28 **救貧政策や社会保障の歴史に関する記述として，妥当なものはどれか。**

1　17世紀初頭に制定されたエリザベス救貧法は，貧困者への対策を講ずる法であったが，該当者を収容し強制労働を課したため，残虐立法と呼ばれた。

2　ドイツのビスマルクによる社会保険の整備は，一般の労働者を対象から外し，経営者の生活を安定させることを柱としていたため，各層からの不満を招いた。

3　第二次世界大戦後にイギリスにおいて発表されたベバレッジ報告は，「ゆりかごから墓場まで」の生涯にわたって人々の生活を守る理念を提示した。

4　人間らしく生きる社会権を憲法によって史上初めて認めたのは，フランス第五共和政の下での憲法であった。

5　国際連合において採択された世界人権宣言は，社会権を含む諸権利を国民に与える法的義務を加盟国に課すものであった。

29 日本の高齢化に関する記述として，妥当なものはどれか。

1　公的介護保険は，対象者の状況に合わせ，要支援3段階，要介護3段階の合計6段階によって運営されている。高齢化の進行に伴い，介護サービスの公的な負担が大幅に増えることが懸念されている。

2　高齢化により増大する医療費の問題は深刻である。これに対処するため，65歳以上の高齢者を対象とした後期高齢者医療制度が導入された。

3　高齢化が進む中，高齢者の雇用の促進は，重要な課題である。雇用者には原則として，定年の廃止，定年の延長，継続雇用によって，65歳までの雇用の確保が義務付けられている。

4　少子化の進行は，中長期的に高齢化を促進する要因となる。日本では，少子化を食い止めるため，すべての世帯を対象に児童に対し，第1子から手当を一律の額で支給する制度が新設された。

5　高齢化の進行などを背景に，医療保険の財政は悪化する傾向にある。これに共同で対処するため，民間企業による新たな健康保険組合の設立が増加しつつある。

30 北海道釧路湿原が日本で最初に登録された，湿地の保存に関する国際条約として，妥当なものはどれか。

1　ワシントン条約　　　2　バーゼル条約　　　3　ラムサール条約
4　カルタヘナ議定書　　5　マルポール条約

31 日本の医療と社会保障に関する記述として，妥当なものはどれか。

1　人工的な生命維持装置を必要としない状態で生存できる年齢を健康寿命といい，厚生労働省は，この寿命を延ばすための施策を講じている。

2　民間の労働者は，原則として健康保険に加入するが，このうち，中小企業の労働者は健康保険組合への加入が義務付けられている。

3　公務員等が加入していた共済組合の年金制度は，民間の労働者が加入する厚生年金に統合された。

4　原則として，60歳に達すると，それまで加入していた公的医療保険を脱退し，後期高齢者医療制度に加入する。

5　介護保険は，要支援の3段階，要介護の3段階，合わせて6段階の等級によって運営されている。

32 環境問題に関する記述として，妥当なものはどれか。

1　国連人間環境会議では，「宇宙船地球号」というスローガンを掲げて環境問題全般についての提言を行い，この会議を経て国連環境計画が発足した。

2　地球サミットでは，「リオ宣言」とともに，その行動計画としてのアジェンダ21が合意された。

3　有害な廃棄物の国境を超えた移動が問題となっているが，これは本来，モントリオール議定書によって厳しい規制の下にある。

4　オゾン層は有害な紫外線から生態系を保護する役割を果たしており，これを破壊する特定フロンについては，バーゼル条約によって全廃されることが定められている。

5　パリ協定は，地球温暖化防止に向けた取り組みについて，計画等を議長国であるフランス政府に提出することを義務付けている。

33 日本の食料安全保障に関する記述として，妥当なものはどれか。

1　「食料・農業・農村基本法」では，国民に対する食料の安定的な供給については，世界の食料の需給及び貿易が不安定な要素を有していることにかんがみ，専ら国内の農業生産の増大を図ることを基本として行われなければならないと定めている。

2　品目別自給率には，カロリーベースと生産額ベースの2種類がある。

3　日本の食料自給率は，1965年以降，低下し続けている。

4　小麦，とうもろこし，大豆の最大の輸入先は，いずれもアメリカである。

5　農産物備蓄として，米，食糧用小麦，飼料穀物について，いずれも100万トン程度の政府備蓄を行っている。

34 労働法制に関する記述として，妥当なものはどれか。

1　労働基準法は，労働条件の最低限の基準を決定するものであるが，使用者は，同法に基づいて労働条件を引き下げることができる。

2　最低賃金法は，全国一律で最低賃金の水準を決定することを定めており，これに違反した使用者には罰則が適用される。

3　労働組合法により，組合から脱退することや組合に加入しないことを条件に雇用契約を結ぶことは禁じられている。

4　働き方改革関連法により，高度プロフェッショナル制度が適用される労働者についても，労働時間に関する規定の対象に加えられるようになった。

5　入国管理法の改正に伴い，外国人の単純労働への就労は禁じられること
　になった。

35　**生命倫理に関する記述として，妥当なものはどれか。**
　1　日本において，クローン技術によりクローン人間を作製する行為は，学
　　術上の必要が認められた場合に限り，許可されている。
　2　iPS細胞は，細胞移植手術への活用などが期待される細胞であるが，人
　　の初期の胚細胞を用いる点について，その是非が議論されている。
　3　アメリカにおける代理母の契約をめぐるベビーM事件では，判決により，
　　親権と養育権を代理母が持つことが確認された。
　4　ヒトゲノム計画により，ヒトの遺伝子の情報を解読することが進められ
　　たが，生命倫理に反するとの世論の高まりから，計画は中断に追い込まれ
　　た。
　5　日本において，臓器移植法が2009年に改正されて以降，15歳未満の患
　　者による臓器移植が可能になるとともに，臓器を家族に優先して提供する
　　こともできるようになった。

36　**情報化社会に関する記述として，妥当なものはどれか。**
　1　ユビキタスとは，インターネットをはじめとした情報技術を利用できる
　　能力や機会について，それを持つ人と持たない人の間に生じる格差を意味
　　する。
　2　IoTとは，家電製品などをインターネットに接続し，共有した情報の活
　　用をはかる仕組であるが，日本を含む多くの国々で，情報漏洩によるリス
　　クから社会を守るために，その利用を禁じている。
　3　日本のプロバイダ責任制限法は，プロバイダ等の損害賠償責任の制限や
　　発信者情報の開示請求について定めた法律である。
　4　特定電子メール送信適正化法により，他人のIDやパスワードを利用す
　　ることや，プログラムの不備を悪用してコンピュータやネットワークを攻
　　撃することは禁じられている。
　5　サイバー犯罪に関する条約は，個人情報の保護とオンライン上でのサイ
　　バー犯罪に関する対応を取り決める国際条約であり，日本政府によって発
　　案された。

37 日本における女性の社会進出に関する記述として，妥当なものはどれか。

1　令和2年から翌年にかけて，女性の労働力人口は減少したが，その減少幅は男性よりも小さかった。

2　労働力人口総数に占める女性の労働力人口の割合は増加傾向にあり，令和3年には全体の6割を超えた。

3　男女雇用機会均等法は施行以来度々改正され，令和2年6月より，職場における妊娠・出産・育児休業等に関するハラスメント防止対策が強化された。

4　令和4年に女性活躍推進法に関する制度改正が実施され，情報公表項目に「男女の賃金の差異」を追加するともに，常時雇用する労働者が301人以上の一般事業主に対して，当該項目を公表することが努力義務とされた。

5　育児・介護休業法は，専ら女性労働者に対し，育児や介護に伴う休業を認め，制度化することを事業主に義務付ける法律である。

38 日本の自動車産業に関する記述として，妥当なものはどれか。

1　1960年代に世界経済に大きな影響を及ぼした石油危機を契機に，アメリカの消費者が燃費の良い日本車を求めるようになり，日米自動車摩擦が顕在化した。

2　日本からアメリカへの輸出抑制を求める圧力の強まりを受け，1981年，日本政府と自動車業界は，1980年の実績を下回る水準に対米自動車輸出台数を抑える自主規制を導入した。

3　1980年代，日本の自動車メーカーはアメリカ国内における現地生産の準備を進めたものの，長引く自動車摩擦の影響を受け，州政府や連邦政府に拒否され，実現には至らなかった。

4　2018年から2020年にかけて，乗用車の輸出台数が最も多い国は日本であり，フランスがそれに続く。

5　ハイブリッド車，プラグインハイブリッド車，電気自動車，燃料電池自動車，クリーンディーゼル乗用車などの次世代自動車の販売台数については，2021年時点において，乗用車の新車販売総数の約6割を占めている。

39 日本の社会保障に関する記述として，妥当なものはどれか。

1　生活保護制度は，最低限度の生活を自力で確保できない者に対して金銭の給付を行うものであり，他の制度に先立って活用されるべき制度であるとされていることから，「最初のセーフティーネット」と呼ばれている。

2　公的医療保険について，原則として65歳以上の者は，老人医療費を高齢者も含めた社会全体で支えあうために創設された後期高齢者医療制度に加入する。

3　公的年金制度の下における給付は，一定の年齢に達した場合に加えて，重度の障害を負ったり，家計の担い手が亡くなったときに対応できるように定められている。

4　公衆衛生は，人々の健康に関わる諸問題に対して社会的に対応することを意味し，これを担う保健所の設置主体は，すべての市町村である。

5　労働災害保険制度は，労働者の業務上の事由または通勤による労働者の傷病等に対して必要な保険給付を行い，あわせて被災労働者の社会復帰の促進等の事業を行う制度であり，その保険料は事業主と労働者が均等に負担する。

《 解 答 ・ 解 説 》

[1] 2

解説 1．誤り。2021年10月執行の総選挙では，当選者に占める女性の割合は9.7％で，2017年10月執行の総選挙の結果（10.1％）を下回った。　2．正しい。上級管理職（局長・審議官級），中級管理職（本省課長級），その他の役職において，日本は欧米諸国や韓国に比べて，女性の割合が著しく低い。　3．誤り。裁判官が23.0％（2020年12月現在），検察官が26.0％（2021年3月31日現在），弁護士が19.4％（2021年9月30日現在）で，弁護士の割合が最も小さい。　4．誤り。女性の年齢階級別労働力率（M字カーブ）は，2021年では，25～29歳は86.9％，30～34歳は79.4％といずれも上昇しており，以前よりもカーブは浅くなり，M字の底となる年齢階級も上昇している。　5．誤り。就業者に占める女性の割合は，2021年は44.7％であり，諸外国と比較して大きな差はない。

[2] 5

解説 1．誤り。国際連盟において，理事会と総会の権限は対等であった。2．誤り。国際連合は，第二次世界大戦の連合国によって設立されたため，国際連盟規約を改正する手続を経て成立したという記述は誤りである。また，国際連盟の理事国の多くが国際連合の成立時点において加盟手続を済ませていたという事実はない。　3．誤り。常設の国連軍についての規定は43条にあるものの，実現していない。朝鮮国連軍は，国際連合憲章上の国連軍とは異なり，変則的に編成された軍である。　4．誤り。個別的自衛権，集団的自衛権ともに，国際連合憲章において認められている。ただし，「安全保障理事会が必要な措置を講ずるまでの間」という趣旨の規定がある。　5．正しい。国際連合憲章にはPKOに関する明文の規定はない。停戦合意や受け入れ同意は，PKOの主要な要件である。

[3] 3

解説 1．誤り。「衆議院議員」を「国会議員」とすると正しい記述になる。日本国憲法第67条において，「内閣総理大臣は，国会議員の中から国会の議決で，これを指名する」と定められている。　2．誤り。内閣総理大臣が他の国務大臣を任命する旨は正しいが，日本国憲法第68条第2項において「内閣

総理大臣は，任意に国務大臣を罷免することができる」と定められているので，「その罷免の際には，国会の同意を得なければならない」との記述は誤りである。　3．正しい。日本国憲法第69条の条文に基づく選択肢である。なお，衆議院が解散された場合，40日以内に総選挙が行われ，その選挙の日から30日以内に特別会（特別国会）が召集される。　4．誤り。「院内」を「院外」とすると，正しい記述になる。日本国憲法第51条において，「両議院の議員は，議院で行った演説，討論又は表決について，院外で責任を問われない」旨が定められている。例えば，議員で行った演説や討論の内容が名誉棄損などにあたったとしても，それについて院外で責任を問われることはない。ただし，院内において懲罰を受けることはある。　5．誤り。「4分の3以上」を「3分の2以上」とすると正しい記述になる。

[4] 2

解説　1．すべての国務大臣でなく主任の国務大臣が署名する。　2．正しい。内閣は「予算を作成して国会に提出する」事務を行う（日本国憲法第73条第5号）。　3．「同輩中の首席」は大日本帝国憲法の下での内閣総理大臣で，このときは他の国務大臣より一段上という格付けではなかった。日本国憲法においては，内閣総理大臣は他の国務大臣の任免権をもち「首長」という一段高い位置づけである。　4．最高裁判所長官は内閣が指名し，天皇が任命する（日本国憲法第6条）。他の裁判官は内閣が任命する。下級裁判所裁判官については最高裁判所の指名した名簿により，内閣が任命する。　5．違憲立法審査権はすべての裁判所に与えられている。ただし，最終的な判断を下すことができるのは最高裁判所である。

[5] 4

解説　1．誤り。裁判員裁判の対象に民事事件は含まれない。　2．誤り。刑事裁判において，被告人に弁護人を必ず付さなければならない。　3．誤り。下級裁判所には，選択肢中の3種類に加え，家庭裁判所が含まれる。　4．正しい。知的財産高等裁判所は，東京高等裁判所の特別支部として位置付けられている。　5．誤り。簡易裁判所を家庭裁判所に置き換えると正しい文になる。

6 1

解説 1．正しい。モンテスキューが提唱した三権分立は，各国の憲法や統治機構に影響を与えた。　2．誤り。ホッブズについての記述である。　3．誤り。ロックについての記述である。　4．誤り。ルネサンス期に活躍したマキァヴェリは，君主による統治や政治を道徳や宗教から分離することを提唱した。　5．誤り。選択肢の文章は，ウェーバーについての記述である。ルソーは，社会契約説の立場から，一般意志（一般意思）に基づく直接民主制による統治を提唱した。

7 2

解説 1．アメリカの大統領は，各州において選出された大統領選挙人によって選挙される。ただし，大統領選挙人はあらかじめどの大統領候補に投票するかを明らかにした上で立候補しており，また，各州で各党がグループで立候補しているため，アメリカの有権者は，自らが支持する大統領候補を有するグループに投票することになる。　2．州ごとの議員の定数は，上院（元老院）については2名であり，下院（代議院）については人口に比例して割り振られている。ただし，1回ごとの選挙は小選挙区制によって実施される。　3．アメリカの連邦最高裁判所の判事は大統領によって任命されるが，それには，下院ではなく，上院の同意が求められる。　4．大統領が拒否権を発動しても，連邦議会が上下両院で3分の2以上の多数で議決すると，法律は成立する。つまり，議会側に対抗手段がないというのは誤りである。　5．違憲判決が下された例として，ニューディール政策の一環としての社会保障に関する法律が挙げられる。

8 5

解説 1．アムネスティ・インターナショナルが人権擁護のために活動する非政府組織（NGO）である点は正しいが，国連の専門機関になったという事実はない。　2．国際労働機関（ILO）が設立されたのは1919年であり，国際連盟の一機関であった。その後，国際連合に引き継がれた。　3．国際復興開発銀行（IBRD）の議決権は，出資額に応じて与えられている。これを，加重表決制度という。　4．選択肢の文章は，国際通貨基金（IMF）についてのものである。国際開発協会（IDA）は，途上国に対してより緩やかな条件で融資を行うために設立された。　5．正しい。国際保健機関（WHO）は，伝染病の撲滅，公衆衛生の向上，必要な医薬品の援助などにも取り組んでいる。

9 2

解説 1. 誤り。選挙権は18歳から与えられるが，被選挙権についての変更はない。 2. 正しい。個別訪問は禁止されている。 3. 誤り。公職選挙法の改正に伴い，インターネットを通じた選挙活動は解禁された。 4. 誤り。選択肢の記述は，参議院選挙についてのものである。なお，参議院選挙においては一部で，1回の選挙において，2つの県から1名を選出する「合区」が導入された。 5. 誤り。選択肢の記述は，衆議院選挙についてのものである。

10 5

解説 1. 誤り。政党が国民的利益を追求するのに対して，圧力団体は特殊利益の実現を目指す。なお，圧力団体の一部は，環境保護や人権擁護など，公共的な利益を求めている。 2. 誤り。政党ではなく，圧力団体についての記述である。 3. 誤り。連邦ロビイング規制法は，活動に従事する者についての情報公開などについて定めているが，その活動自体を禁止するものではない。 4. 誤り。組織的な失敗があった場合，政党は選挙等を通じてその責任が明らかになりやすいのに対して，圧力団体については，それがあいまいになりやすい。 5. 正しい。一党優位政党制は，サルトーリによる分類の1つである。なお，日本において自由民主党の単独政権が続いた「55年体制」についてもこれに含まれる。

11 3

解説 1. 誤り。シューマンプランをマーシャルプランと置き換えると正しい記述となる。シューマンプランは，フランスとドイツの石炭と鉄鋼に関する協力を推進する計画であり，欧州統合に向けた契機の1つとなった。 2. 誤り。「鉄のカーテン」演説は，イギリスのチャーチル首相（当時）が行ったものである。トルーマンは，ギリシヤとトルコへの軍事支援などを柱にした「封じ込め政策」を提唱し，その外交方針はトルーマンドクトリンと呼ばれた。 3. 正しい。第二次世界大戦において日本と戦争状態となったすべての国と講和すべきであるとする立場を「全面講和」というのに対し，西側諸国との講和を優先する立場は「片面講和」という。当時実現したのは後者であった。 4. 誤り。「中華人民共和国」と「中華民国」が逆になっている。 5. 誤り。「ドイツ」ではなく，「中国」とすると正しい記述になる。

12 5

解説　1. 誤り。内閣総理大臣は「衆議院議員」からではなく，「国会議員」から指名される。　2. 誤り。国務大臣は，その過半数が国会議員でなければならず，また，その全員が文民でなければならない。なお，文民とは，「軍人ではない者」という意味であり，運用上，現職自衛官がその地位を保持したまま国務大臣に就任することはできないものと解されている。　3. 誤り。最高裁判所の長たる裁判官は，内閣の指名に基づき，天皇によって任命される。　4. 誤り。「内閣」を「国会」とすると正しい記述になる。　5. 正しい。衆議院において内閣信任案が否決された場合，または，同院において内閣不信任案が可決された場合，10日以内に衆議院が解散されない限り，内閣は総辞職しなければならない。

13 2

解説　1. 誤り。現行犯の場合など，例外がある。　2. 正しい。刑事被告人が弁護人を依頼できない場合には，国選弁護人が付される。　3. 誤り。本人の自白がなくても，他の証拠により，有罪とすることができる。ただし，本人に不利な自白のみを根拠に有罪とすることはできない。　4. 誤り。裁判員と裁判官により，有罪か無罪か，有罪の場合にはその量刑が決定される。原則として多数決とされているが，被告人に不利な判決を多数決によって決定する際には，多数意見の側に最低1名の裁判官を含まなければならない。　5. 誤り。検察審査会において審査を担当する者は，有権者名簿の中から無作為に選ばれる。よって，「就任を希望する者の中から」という記述は誤りである。

14 3

解説　1. 誤り。近代的な国際社会の成立は，17世紀のヨーロッパにおける三十年戦争を終結させたウェストファリア条約による。　2. 誤り。アメリカは，国際連盟を提唱した国であったにも関わらず，上院の反対により加盟できなかった。　3. 正しい。国際連盟は，小国間の紛争には一定の役割を果たしたものの，大国の利害が絡むと機能することが難しく，結果として第二次世界大戦を防ぐことができなかった。　4. 誤り。国際連合の安全保障理事会では，常任理事国であるアメリカ，イギリス，フランス，ロシア，中国には，実質事項の議決にあたり拒否権が認められている。つまり，これらの

1カ国でも反対すれば，実質事項についての決定はなされない。　5．誤り。国際連合憲章に定められた国連軍は成立していない。なお，朝鮮戦争において結成された国連軍は，名称の使用については国連での手続を踏まえているものの，その司令部としての機能をアメリカ軍が担うなど，厳密な意味で国際連合憲章において定められている国連軍とはいえない。

15 1

解説 1．正しい。最高裁判所は，2002年に，郵便法に定められていた郵便業務従事者の過失により発生した損害賠償責任の免除についての規定を違憲とした。そもそも，日本国憲法17条は，「何人も，公務員の不法行為により，損害を受けたときは，法律の定めるところにより，国又は公共団体に，その賠償を求めることができる」と規定し，その保障する国又は公共団体に対し損害賠償を求める権利については，法律による具体化を予定しているが，郵便事業において生じた損害に関する責任を免除する規定は，憲法のこの規定に反するとしたのである。なお，郵便事業は2007年に民営化された。　2．誤り。最高裁判所は，2005年に，在外日本人に対し，国政選挙における選挙権行使の全部又は一部を認めていなかった公職選挙法が憲法に違反すると判示した。これを受けて，在外投票などが整備され，在外日本人が選挙権を行使できるように制度が改められた。　3．誤り。最高裁判所は，2005年に，「管理職登用試験の受験資格を，日本国籍を有する者と限定すること」の適法性が争われた事件について，公権力の行使等，地方公務員の職務の遂行は，住民の生活に直接間接に重大なかかわりを有するものであることなどを根拠として，この制度が憲法に違反するものではないと判断した。ちなみに，ここで論点となった日本国憲法の規定は，第17条の「すべて国民は，法の下に平等であつて，人種，信条，性別，社会的身分又は門地により，政治的，経済的又は社会的関係において，差別されない」という規定である。　4．誤り。最高裁判所が2013年に下した判決によれば，「非嫡出子の法定相続分は嫡出子の2分の1であるとする民法の規定は，平等権を定めた日本国憲法の規定に違反する」という記述は正しいが，この判決には，「本決定の効力が過去の相続に遡って影響しない」との内容も含まれていたので，「これまで不利益を得た者はすべてその差額を請求することができる」との記述は誤りである。　5．誤り。最高裁判所が2015年に下した判決によれば，女性の再婚禁止期間につい

て，100日を超えるものとしている民法の規定は過剰な制約であり，2008年の時点では憲法に違反する状態に至っていた。この判決を受けて，2016年に民法が改正され，再婚禁止期間が100日に短縮された。さらに，2022年の同法の改正により，再婚禁止期間そのものが廃止された。

16　1

解説　1．正しい。新興工業国や産油国などが比較的豊かであるのに対して，最貧国と呼ばれる各国については，経済的に追い込まれている例も多い。
2．誤り。第1回国連貿易開発会議（UNCTAD）では，「援助より貿易を」のスローガンの下で，途上国に不利な交易条件の向上が呼び掛けられた。
3．誤り。国際復興開発銀行（IBRD）が担うのは，長期資金の供給である。通貨危機に陥った国への援助や短期資金の供給は，国際通貨基金（IMF）が担う。　4．誤り。国際金融公社（IFC）による融資の対象は，途上国の民間企業等であり，政府による保証も不要である。　5．誤り。「国際開発協会」（IDA）を「経済協力開発機構」（OECD）とすると正しい記述になる。国際開発協会（IDA）は，途上国に有利な条件で融資を行う金融機関である。経済協力開発機構（OECD）は，先進国が加盟し，貿易や開発援助をはじめとした諸問題に取り組む機関であり，下部組織として開発援助委員会（DAC）を持つ。

17　1

解説　1．正しい。日本国憲法第26条において，「すべて国民は，法律の定めるところにより，その能力に応じて，ひとしく教育を受ける権利を有する」と定められている。　2．誤り。日本国憲法第26条2項において，「すべて国民は，法律の定めるところにより，その保護する子女に普通教育を受けさせる義務を負う」と定められており，義務が課せられるのは本人ではなく，保護者である。つまり，「普通教育を受けることはすべての国民に課せられた義務とされている」との記述は誤りである。　3．誤り。1962年に最高裁判所は「…憲法26条2項後段の『義務教育は，これを無償とする』」という意義は，国が義務教育を提供するにつき有償としないこと，換言すれば，子女の保護者に対しその子女に普通教育を受けさせるにつき，その対価を徴収しないことを定めたものであり，教育提供に対する対価とは授業料を意味するものと認められる」と判示している。つまり，授業料以外の費用を徴収することは違法

ではないから，選択肢の記述は誤りである。　4．誤り。1993年，最高裁判所は，教育内容の正確・中立・公平さと全国的水準の保持の必要性の観点から，検定制の合憲・合法性を認めた。よって，選択肢の「言論・出版の自由，学問の自由などを定めた日本国憲法に違反するであるから，教科書の出版社は，必ずしも検定意見に拘束されない」との記述は誤りである。　5．誤り。国際人規約（A規約）第13条第2項Cにおいて，「高等教育は，すべての適当な方法により，特に，無償教育の漸進的な導入により，能力に応じ，すべての者に対して均等に機会が与えられるものとする」と定められている。日本政府は永らくこの条項を留保してきたが，2012年9月に正式に留保を撤回した。つまり，選択肢における「2023年時点において，それを撤回していない」との記述は誤りである。

18 5

解説 1．誤り。貴族院議員は選挙で選ばれていない。華族らの世襲議員，勅選議員，多額納税者議員で構成されていた。　2．誤り。大日本帝国憲法において，地方自治に関する規定はなかった。　3．誤り。皇室典範は，日本国憲法の下では法律と同格だが，大日本帝国憲法の下では，憲法との優劣の差がなかった。　4．誤り。大日本帝国憲法に，「議会に対して連帯責任を負う」との規定はない。日本国憲法における内閣は，国会に対して連帯責任を負うが，大日本帝国憲法の下では，個々の大臣が天皇に対して責任を負うものと位置付けられていた。　5．正しい。大日本帝国憲法における臣民の権利は，法律の留保の下に置かれていたため，法律によって制限を受けた。日本国憲法における人権は，「侵すことのできない永久の権利」とされている。

19 2

解説 1．誤り。リカードをアダム・スミスに置き換えると正しい記述になる。なお，リカードは，『経済学および課税の原理』の著者であり，比較生産費説に基づき，自由貿易や国際分業の意義を強調したことで知られる。　2．正しい。ワルラス的調整の概念によれば，需要量が供給量を上回ると価格は上昇し，逆の場合には価格は低下する。　3．誤り。ケインズは，不況の原因を有効需要の不足であるとし，その克服のためには，公共投資などの積極的な財政政策が必要であると指摘した。　4．誤り。一般に，金融市場において資金需要が資

金供給を上回ると，金利は上昇する。　5．誤り。労働市場において最低賃金を引き上げると，労働供給の増加と労働需要の減少が生じる。

20 2

解説　1．原材料や半製品は含まれない。また，土地や中古品の売買価格はその年度に新たにつくられたものとはみなせないため，GNIには計上されない。GNIはかつての国民総生産（GNP）に相当する。　2．正しい。国民純生産（NNP）は，国民総所得から減価償却費を引いた額。減価償却費は固定資本減耗とも呼ばれる。　3．生産物に課された間接税を引き，生産者に給付された補助金を加えた額である。間接税は政府の収入であり，その分生産者の所得にならない。また，補助金は売れた付加価値の額以上の所得があったことになる。　4．「生産国民所得＝分配国民所得＝支出国民所得」が概念的に成り立つという原則である。　5．外国企業も含め国内で生み出された付加価値額の総額である。

21 4

解説　1．誤り。銀行を介した預金は，間接金融に分類される。直接金融は，株式や社債の発行による資金調達である。　2．誤り。銀行は，預かった預金の一定割合を日本銀行に預けなければならず，その制度が廃止されたという事実はない。　3．誤り。日本銀行による国債の購入は原則として禁じられているが，民間の銀行によるものは禁じられていない。　4．正しい。信用創造についての正しい記述である。　5．誤り。ペイオフの解禁以降，銀行が破綻した際，有利子の預金の保護額の上限は，元本1,000万円とそれに対応する利息までとされている。なお，無利子の預金については，全額が保護される。

22 2

解説　1．日本銀行は，政府が発行した国債を直接引き受けることはできない。しかし，買いオペレーションの一環として，発行後一定期間が経過した国債を市場から買い入れることは行われている。　2．正しい。国債発行により国債残高が増加すると，利子の支払い，元本の償還により，他の財政支出が自由に行われなくなる。この現象を財政の硬直化という。　3．財政法第4条

によれば，国債発行が認められる例として，公共事業，出資金や貸付金の原資が挙げられている。この規定に基づく国債は，「建設国債」あるいは「4条国債」と呼ばれている。　4．赤字国債は，原則として年度ごとに制定される「特例法」を根拠に発行される。そのため，この国債は，「特例国債」と呼ばれる。5．プライマリーバランスとは，「国債発行による借入を除いた歳入額」から，「国債の償還と利払いを除いた歳出額」を差し引いて求められる。後者の方が大きい状態は，プライマリーバランスが赤字であることを意味する。

23　2

解説 ＼　1．直接税と間接税についての説明は正しいが，酒税，たばこ税は間接税に分類される。　2．正しい。消費税を含む間接税は，低所得者にとって実質的な負担割合が大きくなるために，逆進税に分類される。　3．相続税は国税に，固定資産税は地方税に分類される。　4．垂直的公平と水平的公平についての記述が逆である。　5．日本の直接税の割合は，消費税の導入や税率の上昇に伴い低下する傾向にあり，アメリカよりも低い。

24　4

解説 ＼　1．誤り。直接税の説明の部分は正しいが，たばこ税や酒税は，税の実質的な負担者と納税義務を負う者が一致しない間接税に該当するため，この選択肢は誤りである。直接税の例として挙げられるのは，所得税，住民税，法人税などである。　2．誤り。累進税についての記述は正しいが，消費税は，所得にかかわらず，商品やサービスの購入の際に上乗せされる税なので，この選択肢は誤りである。累進税の例は，所得税などである。　3．誤り。選択肢の説明は垂直的公平についての説明であるので，「水平的公平」を「垂直的公平」とすると正しい記述になる。水平的公平とは，等しい所得などを得ている者は同程度の租税負担が課されるべきであるとする考え方である。4．正しい。プライマリー・バランス（基礎的財政収支）は，「公債の借入による分を除いた歳入」から「公債の利払いや償還分を除いた歳出」を引くことによって求められる。この赤字が続くと，新たな借入の方が上回るため，公債の残高は増加する。　5．誤り。特例国債・赤字国債に関する記述は正しいが，1990年度から1993年度にかけて，その発行は行われなかったので，「1990年以降，その発行を続けている」との記述は誤りである。

25 4

解説　1．誤り。「フィスカル・ポリシー」を「ビルト・イン・スタビライザー」あるいは「自動安定化装置」とすると正しい記述になる。景気後退期のフィスカル・ポリシー（裁量的政策）の例として，減税や公共投資等の歳出の拡大が挙げられる。　2．誤り。中央銀行による買いオペレーションは，市場に資金が供給されるため，市場金利を低下させる。景気が後退しているときなどに，それを刺激するために行われることが多い。　3．誤り。ケインズによれば，減税より公共投資の方が国民所得を増加させる効果は大きい。4．正しい。フリードマンをはじめとするマネタリストの主張についての記述である。　5．誤り。日本における支払準備率は，1991年を最後に変更されていない。よって，「21世紀以降，日本において主要な政策として位置付けられている」という記述は誤りである。

26 3

解説　1．誤り。選択肢の記述は，イギリスのリカードについての説明である。ドイツのリストは，歴史学派を代表する経済学者であり，関税により幼稚産業を保護すべきであることなどを主張した。　2．誤り。国際貿易機関(ITO)は，発足には至らなかった。　3．正しい。関税と貿易に関する一般協定(GATT)の下，多角的な貿易交渉が進められたが，その最後がウルグアイラウンドであり，世界貿易機関（WTO）についての協定は，この交渉の中で合意された。　4．誤り。日本は，環太平洋パートナーシップ協定（TPP）に加わる以前から，シンガポールを皮切りに，自由貿易協定（FTA）や経済連携協定（TPP）を各国や地域と結んでいた。　5．誤り。日本は，コメの輸入についての規制を緩和し，関税化と最低輸入数量（ミニマムアクセス）の設定を受け入れた。

27 5

解説　1．誤り。IDA（国際開発協会）は世界銀行のグループ機関であり，世界で最も貧しい国々を支援するために，IBRD（国際復興開発銀行・世界銀行）の融資等の条件を大幅に緩和し，資金を供与する機関として設立された。よって，「他の機関と比べて融資等の条件が厳格であることが問題視されている」との記述は誤りである。1960年に設立され，貧困削減に向け，経済成長促進，格差是正，人々の生活水準向上のためのプログラム，無利子また

はごく低金利の融資や贈与を提供している。　2．誤り。「長期資金」を「短期資金」とすると正しい記述となる。IMF（国際通貨基金）は，1944年のブレトン・ウッズ会議において合意された協定に基づき，1947年に業務を開始した国際機関である。なお，世界経済の変化の中で，国際収支が悪化した国に対する長期資金の融資や，通貨危機に陥った国に対する支援も行ってきた。3．誤り。「短期資金」を「長期資金」とすると正しい記述になる。IBRD（国際復興開発銀行）は，ブレトン・ウッズ会議で合意された協定の下で，国際通貨基金（IMF）とともに設立され，1946年に業務を開始した。当初の目的は，戦争破壊からの復興と開発途上国における生産設備及び生産資源の開発であったが，最近は，開発途上国の貧困緩和と持続的成長のための支援を業務の目的としている。　4．誤り。IFC（国際金融公社）は，貧困減少と生活改善を目的に発展途上国における民間セクターに対する投資支援や技術支援などを行うことを目的として，1956年に設立された。融資にあたり，政府保証は不要であるので，「政府による保証を前提として」との記述は誤りである。5．正しい。WTO（世界貿易機関）は，GATT（関税と貿易に関する一般協定）ウルグアイ・ラウンド交渉の結果1994年に設立が合意され，1995年に設立された国際機関である。WTO協定（WTO設立協定及びその付属協定）は，貿易に関連する様々な国際ルールを定めている。WTOはこうした協定の実施・運用を行うと同時に新たな貿易課題への取り組みを行い，多角的貿易体制の中核を担っている。

28　1

解説 1．正しい。イギリスにおける初期の救貧法は，16世紀後半より立法化が始まり，17世紀初頭に再編の上，制定された。　2．誤り。ビスマルクによる社会保険は，一般の労働者を対象としていた。一方で，社会主義者への弾圧も行ったため，一連の政策は，「アメとムチ」と呼ばれた。　3．誤り。ベバレッジ報告が発表されたのは，1942年である。　4．誤り。社会権を初めて盛り込んだ憲法は，1919年にドイツの国民議会が制定したワイマール憲法である。　5．誤り。世界人権宣言に法的な拘束力はない。一方，国際人権規約には拘束力がある。

29 3

解説　1．誤り。公的介護保険は，要支援2段階，要介護5段階の7段階によって運営されている。　2．誤り。後期高齢者医療制度は，75歳以上の高齢者を対象とした医療保険制度である。　3．正しい。高齢者雇用安定法に定められた規定についての記述である。　4．誤り。児童に対して，すべての世帯を対象に一律の額を支給する制度はない。児童手当については，現状所得に応じて待遇が異なるが，2023年6月の「こども未来戦略方針」の閣議決定を受けて，所得制限の撤廃が決定した。　5．誤り。健康保険組合の設立が増加しているという事実はなく，むしろ，解散の動きが顕在化している。

30 3

解説　1．ワシントン条約は，1973年に採択された絶滅のおそれのある野生動植物の種の国際取引に関する条約である。　2．バーゼル条約は，1992年発効した有害廃棄物の国際移動を規制する条約である。　3．正しい。ラムサール条約は，1971年にイランのラムサールで採択された水鳥などのすむ湿地を守るための条約。2018年3月現在，締約国数170国，登録湿地数2372カ所。日本では1980年に釧路湿原が最初に登録された。　4．カルタヘナ議定書とは，遺伝子組換え生物等の国境を越える移動の手続き等について2000年に採択された議定書である。　5．マルポール条約とは，1973年に採択された海洋環境汚染の防止を図るための国際条約である。正式名称は「1973年の船舶による汚染の防止のための国際条約に関する1978年の議定書」。

31 3

解説　1．健康寿命とは，日常的，あるいは継続的に医療や介護に依存せずに自立的に生活ができる生存期間である。　2．健康保険組合が管掌する健康保険に加入するのは，大企業の労働者である。中小企業の労働者が加入するのは，全国健康保険協会が管掌する健康保険である。なお，その通称は「協会けんぽ」である。　3．正しい。公務員等が加入していた年金制度である共済組合（長期給付）は厚生年金に統合された。　4．後期高齢者医療制度の対象は，60歳以上ではなく75歳以上である。　5．介護保険は，要支援2段階，要介護5段階，合わせて7段階によって運営されている。

32 2

解説 1．誤り。「宇宙船地球号」は，バックミンスター・フラーによって提唱され，ボールディングによって経済学に取り入れられた言葉であり，国連人間環境会議のスローガンは，「かけがえのない地球」であった。また，この会議をもとに設立されたのは，国連環境計画である。　2．正しい。地球サミットでは，気候変動枠組条約，森林原則声明などについての合意もなされた。　3．誤り。「モントリオール議定書」を「バーゼル条約」とすると正しい記述となる。　4．誤り。「バーゼル条約」を「モントリオール議定書」とすると正しい記述になる。　5．誤り。パリ協定が各国に義務付けているのは，計画などを国連に提出し報告することである。

33 4

解説 1．誤り。国民に対する食料の安定的な供給については，世界の食料の需給及び貿易が不安定な要素を有していることにかんがみ，国内の農業生産の増大を図ることを基本とし，これと輸入及び備蓄とを適切に組み合わせて行われなければならないと定めている。　2．誤り。食料自給率には，重量で計算することができる品目別自給率と，共通のものさしで単位をそろえることにより計算する総合食料自給率の2種類があり，さらに総合食料自給率には，熱量で計算するカロリーベースと金額で換算する生産額ベースがある。　3．誤り。日本の食料自給率は，1965年以降低下傾向が続いたが，2000年代に入ってからは，概ね横ばいで推移している。　4．正しい。2020年の輸入内訳は，小麦の49％，とうもろこしの64％，大豆の75％がアメリカからの輸入である。　5．誤り。政府備蓄の適性備蓄水準を100万トン程度としているのは米のみであり，食糧用小麦については，国全体として外国産食糧用小麦の需要量の2.3カ月分，飼料穀物については，国全体として飼料穀物100万トン程度を民間備蓄するものとしており，政府備蓄のみによるのではない。

34 3

解説 1．誤り。労働基準法は，同法に基づく労働条件の引き下げを禁じている。　2．誤り。最低賃金は都道府県ごとに決定される。　3．正しい。不当労働行為についての記述である。　4．誤り。高度プロフェッショナル制

度が適用されると，労働時間に関する規定の対象から外される。　5．誤り。
入国管理法の改正に伴い，外国人の単純労働が一定の要件の下で認められる
ことになった。

35　5

解説　1．誤り。日本では，2000年に制定されたクローン技術規制法により，
クローン人間の作製は禁じられている。　2．誤り。iPS細胞は，皮膚などの体
細胞から作成されるので，「人の初期の胚細胞を用いる」とする記述は誤りで
ある。　3．誤り。ベビーM事件において確定した判決により，代理母には訪
問権が，出産の依頼人には親権と養育権が認められた。　4．誤り。2003年に
ヒトゲノム配列の解読が完了した旨が発表された。　5．正しい。2009年の臓
器移植法の改正では，本人があらかじめ臓器移植に対して拒否の意思表示を
していなければ，家族の承諾で臓器を提供できることも定められた。

36　3

解説　1．誤り。選択肢の記述は，デジタル・ディバイド（情報格差）につ
いての説明である。ユビキタスとは，いつでも，どこでも，誰でも必要とす
る情報を利用できる社会を意味する。　2．誤り。IoT（Internet of Things・
モノのインターネット）に関する内容は正しいが，その活用は各国で進んでお
り，「日本を含む多くの国々で，情報漏洩によるリスクから社会を守るために，
その利用を禁じている」という記述は誤りである。　3．正しい。「プロバイ
ダ責任制限法」の正式な名称は，「特定電気通信役務提供者の損害賠償責任
の制限及び発信者情報の開示に関する法律」である。　4．誤り。選択肢の記
述は，不正アクセス禁止法についての説明である。特定電子メール送信適正
化法は，受信した者への広告メールを禁止する法律である。　5．誤り。条約
についての説明は正しいが，発案したのは日本政府ではなく欧州評議会であ
る。2001年11月に30カ国が署名・採択し，2004年7月に発効した。2022年
2月現在，締結国は66カ国にのぼる。

37　3

解説　1．誤り。令和2年から令和3にかけて，女性の労働力人口は3,057
万人と前年に比べ13万人増加したので，「女性の労働力人口は減少した」と

の記述は誤りである。ちなみに，同時期における男性の労働力人口は3,803万人と20万人減少した。　2.　誤り。令和2年から令和3にかけて，労働力人口総数は8万人減少して6,860万人となり，労働力人口総数に占める女性の割合は44.6％（前年差0.3ポイント上昇）となった。よって，「労働力人口総数に占める女性の労働力人口の割合は増加傾向にあり」との記述は正しいが，「令和3年には全体の6割を超えた」との記述は誤りである。　3.　正しい。男女雇用機会均等法第11条の3には，「事業主は，職場において行われるその雇用する女性労働者に対する当該女性労働者が妊娠したこと，出産したこと，労働基準法第65条第1項の規定による休業を請求し，又は同項若しくは同条第2項の規定による休業をしたことその他の妊娠又は出産に関する事由であって厚生労働省令で定めるものに関する言動により当該女性労働者の就業環境が害されることのないよう，当該女性労働者からの相談に応じ，適切に対応するために必要な体制の整備その他の雇用管理上必要な措置を講じなければならない」と定められている。ちなみに，労働基準法第65条第1項・第2項の規定による休業とは，産前産後の休業である。　4.　誤り。「努力義務」を「義務」とすると正しい記述になる。努力義務は，施策等の実行を促進する際，法律の条文に「努めなくてはならない」等の文言を盛り込むことを意味するが，「義務」の場合は，制裁や指導の対象となる。　5.　誤り。育児休業や介護休業は，男性・女性ともに認められる。よって，「専ら女性労働者に対し」との記述は誤りである。

38 2

解説 1.　誤り。「1960年代」を「1970年代」とすると正しい記述になる。1973年の第四次中東戦争による第1次石油危機，1979年のイラン革命による第2次石油危機は，ガソリン価格を高騰させ，燃費の良い日本車が注目され，輸出を急伸させる契機となった。このことは，アメリカの自動車産業に打撃を与え，日米自動車摩擦が顕在化した。　2.　正しい。日本政府と自動車業界は1981年，対米自動車輸出台数について，1980年の実績である182万台を下回る水準に制限する「自主規制」を導入することになり，この措置は，1990年代前半まで続いた。　3.　誤り。1980年代には，日本の自動車メーカーの現地生産が進んだので，「州政府や連邦政府に拒否され，実現には至らなかった」との記述は誤りである。1982年にホンダが米オハイオ州において現地生

産を始めたのを手始めに，1984年にはトヨタ自動車とGMが米カリフォルニア州において合弁工場を設立した。　4．誤り。「日本」と「フランス」を入れ替えると正しい記述になる。ちなみに，2020年における乗用車の輸出台数は，フランスが3,500,453台，日本が3,407,999台であった。　5．誤り。次世代自動車の販売台数の割合は，乗用車の新車販売総数の44.4%であるから，「約6割を占めている」との記述は誤りである。

39 3

解説 1．誤り。生活保護制度についての前半の説明は正しいが，この制度は，年金や様々な助成制度などを活用した上での最終的な手段として「最後のセーフティーネット」と位置付けられている。よって，「他の制度に先立って活用されるべき制度」「最初のセーフティーネット」との記述は誤りである。2．誤り。「65歳以上」を「75歳以上」とすると正しい記述となる。なお，一定の障害を持つ場合には65歳以上も後期高齢者医療制度の対象となる。ただし，後期高齢者医療制度における医療給付の財源については，公費が5割，現役世代からの支援金（国民健康保険や被用者保険等からの負担）が4割で，残りの約1割を被保険者の保険料で賄っている。　3．正しい。原則として，一定の年齢に達したときに加え，重度の障害を負ったときに障害年金が，家計の担い手が亡くなったときに遺族年金が支給される。　4．誤り。公衆衛生についての説明は正しいが，保健所の設置主体は，地域保健法第5条第1項により，都道府県，政令指定都市，中核市，その他政令で定める市，または特別区とされているので，「保健所の設置主体は，すべての市町村である」との記述は誤りである。　5．誤り。労働災害保険制度における保険料の負担は事業主のみであり，労働者の負担はないので，「その保険料は事業主と労働者が均等に負担する」との記述は誤りである。なお，それ以外の記述は正しい。

| 社会科学 | 歴 史 |

POINT

日本史：日本史の対策としては以下の3点が挙げられる。

　まず，高校時代に使用した日本史の教科書を何度も読み返すことが必要となってくる。その際，各時代の特色や歴史の流れを大まかにつかむようにする。その上で，枝葉にあたる部分へと学習を進めていってもらいたい。なぜなら，時代の特色や時代の流れを理解することで，それぞれの歴史事象における，重要性の軽重を判断できるようになるからである。闇雲に全てを暗記しようと思っても，なかなか思うようにはいかないのが実情であろう。

　次に，テーマ別に整理し直すという学習をすすめる。高校時代の教科書はある時代について政治・社会・文化などを一通り記述した後に，次の時代に移るという構成になっている。そこで各時代のあるテーマだけを順にみてその流れを整理することで，分野別にみた歴史の変化をとらえやすくなる。そうすることで，分野別に焦点化した歴史理解が可能となろう。

　最後に，出題形式からみて，空欄補充や記述問題にきちんと答えられるようになってもらいたい。空欄補充問題や記述問題に答えられるようになっていれば，選択問題に答えることが容易となる。難易度の高い問題形式に慣れていくためにも，まずは土台となる基礎用語の理解が不可欠となってくる。

世界史：世界の歴史の流れを理解し，歴史的な考え方を身につけることが「世界史」を学習する上で最も重要となってくる。しかし，広範囲にわたる個々ばらばらの細かい歴史的事項を学習するだけでは，「世界史」が理解できたとは言えない。それぞれの歴史的事項が，どのような背景や原因で起こり，どのような結果や影響を与え，また他地域との結びつきはどうだったのかなど，世界の歴史の大まかな流れと全体のメカニズムについて理解するよう努めたい。そうすることが，世界史の試験対策となる。

　特に，日本と世界の結びつきについては，各々の時代背景を比較しながら理解することが必要である。また，近現代が重視されるのは，現代の社会の形成に直接的に影響を与えているからである。その観点から考えると，近現代の出来事を理解するとともにその影響についても考察し，現在の社会といかなるかかわりを持つのか，把握することも必要となってこよう。

☞ **狙われやすい！ 重要事項**

☑ 江戸時代の幕藩体制〜現代までの日本の変遷

☑ 産業革命

☑ 市民革命

☑ 第一次世界大戦〜現代までの世界の変遷

☑ 中国王朝の変遷

《 演 習 問 題 》

1 **聖徳太子が行った政策に関する記述として，正しいものはどれか。**

1　冠位十二階を定め，上から智・義・信・礼・仁・徳の順番でこの六つをそれぞれ大小にわけて，氏や姓にそって豪族を序列化した。

2　君・臣・民の関係を示し，臣（官吏）に対する心構え，道徳的な規範を説いた憲法十七条を制定した。

3　皇族や豪族が個別に全国の土地や人民を支配する体制をやめて，中央政府が支配する公地公民の制度を制定した。

4　日本史上初めて律と令がそろった本格的な律令である大宝律令を制定し，律令国家としての形をととのえた。

5　小野妹子を遣唐使として唐に派遣し，皇帝煬帝に国書を渡し，今後，唐に服従することを約束した。

2 **日本の古代の戦乱と時代，関係する人物の組み合わせとして，正しいものはどれか。**

1　壬申の乱　————奈良時代———中大兄皇子

2　長屋王の乱———飛鳥時代———藤原不比等

3　承平・天慶の乱——奈良時代———平将門

4　保元の乱　————平安時代———崇徳上皇

5　平治の乱　————平安時代———白河上皇

3 次の日本史上の法律の制定された時代と関係する人物の組み合わせとして，正しいものはどれか。
1　墾田永年私財法―――平安時代―――桓武天皇
2　永仁の徳政令―――――鎌倉時代―――北条時頼
3　建武式目―――――――鎌倉時代―――後醍醐天皇
4　禁中並公家諸法度――江戸時代―――徳川家康
5　足高の制――――――江戸時代―――松平定信

4 日本における荘園の歴史に関する記述として，妥当なものはどれか。
1　墾田永年私財法により，開墾した土地の永久的な私有が認められた。これにより，貴族や寺社による墾田の開発が進み，荘園が発生した。
2　荘園は，貴族や寺社に経済的な基盤を与えた。8世紀から9世紀にかけては寄進地系荘園が多かったが，10世紀以降には自墾地系荘園が増加した。
3　不輸・不入の権の獲得によって，荘園の権利は大きく拡大した。太政官符や民部省符を得た荘園が国免荘であり，国司から不輸租の権を得た荘園が官省符荘である。
4　摂関政治は，藤原道長と藤原頼通の頃に最盛期を迎えた。ただし，藤原氏は他の勢力に比べて所有していた荘園が小規模であったため，そのことが後の急速な勢力の衰退につながった。
5　院政期に入ると，荘園の性質は大きく変化した。特に，後白河上皇による延久の荘園整理令は，その変化のきっかけとなった。

5 安土桃山時代に関する記述として，正しいものはどれか。
1　織田信長は，経済の活性化のためには商工業の自由営業が必要と考えたため，座を保護するとともに，関所も増設した。
2　豊臣秀吉は，織田信長の後を継いで全国統一を成し遂げた後，農民などの一揆の防止が必要と考えたため，刀狩を断行し，身分制度の基礎を築いた。
3　豊臣秀吉は，税収を確保して財政の基盤を確立するためには，全国規模の土地調査が必要と考えたため，太閤検地を行い，生産力を貨幣単位である銭で表した。

4　織田信長と豊臣秀吉は，仏教勢力の政治介入に対する抑制が必要と考えたため，両者ともにキリスト教保護政策を実施した。

5　織田信長は天皇の権威を尊重し，朝廷と協調した上での統一を目指したのに対し，豊臣秀吉は将軍の権力を尊重し，幕府を守りながらの統一を目指した。

6　日本における政党の歴史に関する記述として，妥当なものはどれか。

1　大隈重信が党首となった自由党は，穏健的な立憲主義の立場を貫いていた。支持者には，資本家，地主などが多く，結果的に士族や農民らの主張とは隔たりがあった。

2　1918年には，政友会の総裁である原敬氏を首相とする原内閣が誕生した。この内閣は，軍部や外務を除く全閣僚を政友会のメンバーで構成する本格的な政党内閣であった。

3　憲政会による内閣として，田中義一内閣や犬養毅内閣が挙げられる。この内閣は，高橋財政に代表される積極的な財政政策を実施した。

4　戦後の日本の政党史を特徴づけるものとして，55年体制が挙げられる。この体制は，自由民主党の結党に対抗し，左右に分裂していた日本社会党が再統一を果たしたことによって成立した。

5　55年体制の下，自由民主党の優位が続いた。この体制が終焉を迎えた1993年まで，単独政権が続いた。

7　次のA～Dは江戸時代の著名な政策に関する記述であるが，それぞれに関係の深い人物として，正しい組み合わせはどれか。

A　キリスト教の禁制を強化した。

B　参勤交代の江戸滞在期を半減した。

C　商工業者に対して独占的同業団体を奨励した。

D　米国などとの自由貿易を開始した。

	A	B	C	D
1	徳川家光	徳川吉宗	松平定信	水野忠邦
2	徳川家康	徳川吉宗	松平定信	水野忠邦
3	徳川家光	徳川吉宗	田沼意次	井伊直弼
4	徳川家康	徳川綱吉	田沼意次	井伊直弼
5	徳川家光	徳川綱吉	田沼意次	井伊直弼

8 **幕末から明治維新にかけての記述として，正しいものはどれか。**

1　幕末期における大老井伊直弼は，坂下門外の変で傾いた幕府への不信感を払拭するため，尊王攘夷派の反対を押し切り，公武合体の政策を進めた。

2　幕末期に，アメリカのプチャーチンが浦賀に来航し，開国と長崎をはじめとする港の開港を迫り，日米修好通商条約が結ばれた。

3　松方財政の下，近代的な金融・銀行制度が確立される一方，官営事業の払下げ政策により，後に政商と呼ばれる層が育成され，資本主義経済の基盤が整った。

4　外相井上馨は欧化政策などの努力により領事裁判権の撤廃を成功に導いたものの，関税自主権の回復は，日清戦争の勝利を機にようやく完了した。

5　学校令が制定され，東京帝国大学をはじめとする官・民の大学が各地に設立されたことに加え小学校も新設されたが，義務教育ではなかったため普及率は低かった。

9 **日本における大正時代から昭和初期の政治に関する記述として，妥当なものはどれか。**

1　桂内閣は，閥族の打破と憲政擁護を強硬に主張したため，立憲国民党や立憲政友会との対立を深めた。

2　1914年に第一次世界大戦が勃発すると，日本はドイツとの軍事同盟を根拠にこれに参戦した。

3　国民の生活への不満を背景に広がった米騒動による混乱の責任を取って原敬内閣は総辞職し，本格的な政党内閣であった寺内内閣が成立した。

4　1925年に男子普通選挙制が導入されるとともに，政治的な弾圧の根拠とされた治安維持法が廃止された。

5　国際連盟が派遣したリットン調査団による調査結果に基づく勧告案の採択が行われたため，日本は国際連盟を脱退した。

[10] 第二次世界大戦後の改革に関する記述として，正しいものはどれか。

1　GHQが指令した財閥解体により，戦前の日本の経済界を支配していた財閥は完全に解体され，後に，トラストが禁止された。

2　GHQが指令した農地改革により，戦前の寄生地主制度が崩壊するとともに，小作農は消滅し，そのことが農産物の国内市場拡大につながった。

3　朝鮮戦争が勃発し，日本の防衛力の充実の必要性が高まったことを背景にして，1950年に自衛隊が発足し，日本の防衛力整備が本格的に開始された。

4　ドッジ・ラインの一環であるシャウプ勧告によって，日本の税制度は間接税中心主義から直接税中心主義へと改められた。

5　1955年，日本社会党の再統一と保守合同による自由民主党の結成により，日本は典型的な二大政党政治となり，頻繁に政権交代が起こるようになった。

[11] 大航海時代に関する記述として，正しいものはどれか。

1　ポルトガル王室のエンリケ航海王子は自ら船団を率いて大西洋を南下し，アゾレス諸島を発見した後，アフリカ最西端のヴェルデ岬まで到達した。

2　ポルトガルのバルトロメウ＝ディアスは，ヴェルデ岬からギニア湾を南下しインド航路を目指したが，嵐により，南米のブラジルに漂着した。

3　イタリア人のコロンブスは，大西洋を越えてアジアへの到達を目指して航海し，西インド諸島のサン＝サルバドル島に上陸した後，中米や南米まで到達した。

4　ポルトガル人のマガリャンイス（マゼラン）は，西回りの世界一周を目指し，アジアのフィリピンに到達した後，先住民との戦いに勝利し，世界一周に成功した。

5　イタリア人のカボット父子は，英国の支援を受けて北米の調査を行い，ハドソン湾などを発見するとともに，ケベックの英領化に尽力した。

[12] ウィーン体制とその影響に関する次の記述のうち，誤っているものはどれか。

1　ウィーン会議でフランスのタレーランは正統主義を唱え，フランス革命前の状態に戻す必要性を説いた。

2　メッテルニヒの提唱により神聖同盟が成立し，ウィーン体制を強化しようとしたが，イギリスなどは参加しなかった。

3　ドイツではナショナリズムの台頭と共に，自由と統一を求めブルシェン
　　シャフトと呼ばれる学生同盟が結成された。

4　ラテンアメリカのハイチでは，ナポレオン軍の介入を撃退し，世界初の
　　黒人共和国として独立した。

5　1823年アメリカ大統領モンローがラテンアメリカ諸国の独立への干渉を
　　排除するとした内容の教書を発表した。

13　**17世紀以降のヨーロッパの歴史に関する記述として，妥当なものはどれか。**

1　17世紀に勃発した三十年戦争は，ウェストファリア条約の締結によって
　　終結した。これにより，スイスとオランダが正式な独立国となった。

2　17世紀前半には，フランスにおいてルイ13世の治世が続いていた。彼
　　は，ハプスブルグ家との友好関係を基盤に，勢力を拡大しようとした。

3　18世紀のイギリスでは，ウォルポール内閣が成立した。ウォルポール
　　は，それまでの責任内閣制を廃止し，国王との関係を強化した。

4　19世紀に開かれたウィーン会議は，ロシアによって主導された。そこ
　　で，正統主義や勢力均衡の原理が確認された。

5　第一次世界大戦前のヨーロッパでは，イギリスの3B政策とドイツの3C
　　政策の対立により，緊張が高まっていた。それを打開するために，緩衝地
　　帯として平和が保たれていたバルカン半島において，度々話し合いが行わ
　　れた。

14　**辛亥革命の頃の中国に関する記述として，正しいものはどれか。**

1　20世紀初頭に，漢民族の主権国家を作ろうとする革命運動が高まると，
　　興中会を指導する袁世凱は，東京で中国同盟会を組織し，民族の独立，
　　民権の拡大，民生の安定をめざす三民主義と，四大綱領を掲げて運動を展
　　開した。

2　1911年，清朝は，責任内閣制を導入した後に，幹線鉄道の国有化をは
　　かり，それを担保に外国借款を得て，民族資本による利権回収と民営化
　　に成功した。

3　宗教結社である義和団が日清戦争の敗北後に暴動を起こした際，清朝政
　　府内の保守派がこれを支持し，各国に宣戦をしたことにより，連合軍によ
　　る北京占領の実現を条件に，袁世凱が中華民国の臨時大総統に就任した。

4　袁世凱は，中華民国の成立後，新たに国民党を組織して議会勢力の確立と拡大を目指したが，孫文率いる御用政党により弾圧された。

5　第2革命の鎮圧に成功した袁世凱であったが，正式に大総統に就任した後に，毛沢東を指導者とする勢力を解散させた。

15　**古代インドに関する記述として，妥当なものはどれか。**

1　古代インドに端を発するカースト制は，仏教の教義と結びつくことによって固定化し，インド社会に長い間影響し続けた。

2　アーリヤ人が信仰の対象としていたのは自然現象そのものであったが，その教義は，ミトラ教の根本聖典であるヴェーダにまとめられた。

3　モヘンジョ・ダロとハラッパーは，ともにインダス文明の遺跡であり，ここから，住居，城門，倉庫，浴場，街路などの建物群などが出土した。

4　遺跡からの出土品の分析により，インダス文明が発達した当時，道具として用いられていたのは鉄器であることが明らかになった。

5　古代インドにおいて，日常語としてサンスクリット語がつかわれる一方で，文語としてパーリ語が用いられていた。

16　**世界恐慌に関する記述として，妥当なものはどれか。**

1　1929年，ロンドンのロンバート街における株価の大暴落を契機に，世界に大恐慌が広がった。その結果，各地に失業者があふれ，社会不安が広がった。

2　イギリスのマクドナルド内閣は，大恐慌の影響によって財政危機に陥ったドイツの債務支払を猶予するモラトリアムを発動した。しかし，発令が遅すぎたこともあり，効果は極めて限定的なものであった。

3　アメリカのルーズヴェルト大統領は，ニューディール政策により，危機の打開をはかった。同時期に，農業調整法や全国産業復興法の制定などを行った。

4　フランスは，経済危機の打開のために1932年にオタワにおいて開かれた会議を主導した。ここで，ブロック経済の確立が図られた。

5　世界恐慌の影響を最も深刻に受けたのは，ソビエト連邦であった。これはロシア革命以来，欧米の資本主義国に依存する経済を構築したことによるものであった。

17 古代ギリシア文明に関する次の記述のうち，誤っているものはどれか。

1 古代ギリシアではポリスが発達し，城山を意味するアクロポリスを中心に中心市，城壁，周辺の田園から成立した。

2 平民の重装歩兵部隊が戦いに参加するようになると，政治を独裁していた貴族層を動揺させた。

3 非合法的に政権を握っていた僭主が現れることを防ぐために，オストラシズムの投票制度が採用された。

4 ペルシア戦争中のサラミスの海戦では，テミストクレスの指導の下ペルシア艦隊を撃破した。

5 アテネを中心に結成されたデロス同盟に対抗し，テーベを中心としてペロポネソス同盟が結成された。

18 十字軍に関する次の文中の空欄A，B，Cに入る語句の組み合わせとして，正しいものはどれか。

　十字軍の遠征は，中世ヨーロッパに大きな影響を与えた。セルジューク朝が小アジアを支配したことに対し，ローマ教皇（　A　）の下クレルモン宗教会議が開催され，十字軍の遠征が決定した。第1回十字軍は聖地奪還に成功し，イェルサレム王国を建てるも，1187年（　B　）のサラディンに攻撃を受けイェルサレム市は陥落，1291年にはマムルーク朝の侵入により最後の拠点アッコンを失った。この後第4回の十字軍によりラテン帝国が建設されるなどしたが，第（　C　）回の十字軍が最後となり，当初の目的であった聖地奪還も最終的には達成されなかった。

	A	B	C
1	ウルバヌス2世	アイユーブ朝	7
2	グレゴリウス7世	アイユーブ朝	7
3	ウルバヌス2世	アイユーブ朝	6
4	ウルバヌス2世	ウマイヤ朝	6
5	グレゴリウス7世	ウマイヤ朝	6

《 解 答 ・ 解 説 》

1 2

解説 1. 冠位十二階を制定したのは聖徳太子だが，氏や姓にとらわれず優秀な人材を登用することが目的であり，氏や姓にそって豪族を序列化したわけではない。また，六つの順番が逆さまである。徳・仁・礼・信・義・智の順。　2. 正しい。　3. 大化の改新で行われた改革である。　4. 大宝律令の制定は701年。聖徳太子の死後，およそ80年がたっている。　5. 唐ではなく，隋に派遣した。また，服従を約束するためではなく，隋と対等な関係を築くためである。聖徳太子が遣隋使の小野妹子に持たせた国書の「日出ずる処の天子，書を日没する処の天子に致す。恙無しや，云々」は有名である。隋の皇帝煬帝はこの国書をみて，激怒したと伝えられている。

2 4

解説 1. 奈良時代ではなく，飛鳥時代。中大兄皇子が即位して天智天皇となり，その死後，あと継ぎをめぐって大海人皇子と大友皇子の間で起こった。大海人皇子が勝利し，即位して天武天皇となった。　2. 飛鳥時代ではなく，奈良時代。藤原不比等ではなく，その息子たちの藤原四兄弟が長屋王を排除した。長屋王は謀反の疑いで自害したが，藤原氏の陰謀であったといわれている。　3. 奈良時代ではなく，平安時代。平将門が東国で反乱を起こし，ほぼ時期を同じくして西国で藤原純友が反乱を起こしたもの。　4. 正しい。後白河天皇と兄の崇徳上皇の争い。武士が台頭するきっかけとなった。5. 白河上皇ではなく，後白河上皇。院近臣らの対立から発生。乱後，平清盛が権力を掌握，最初の武家政権である平氏政権ができた。

3 4

解説 1. 墾田永年私財法は奈良時代，聖武天皇の治世に発布された。自分で新しく開拓した耕地（墾田）の永年私有を認めるもので，これによって公地公民制は崩壊し，荘園発生の基礎ともなった。　2. 永仁の徳政令は鎌倉時代，9代執権北条貞時が発布した日本で最初の徳政令である。北条時頼は第5代執権。　3. 建武式目は後醍醐天皇の建武の新政から離反し，湊川の戦に勝利した足利尊氏が京都に入って制定した施政方針である。その2年後，

1338年に尊氏は征夷大将軍に任じられ，室町幕府が正式に成立するので，時代としては鎌倉と室町の間だが，建武式目は室町幕府の施政方針なので，室町時代がふさわしい。　4．正しい。　5．足高の制は8代将軍徳川吉宗が享保の改革で定めたもの。

4　1

解説 ＼ 1．正しい。口分田の不足により，三世一身の法を定め，期限付きで土地の私有を認めた。それに続く墾田永年私財法により，土地の私有が永久に認められることになった。　2．誤り。寄進地系荘園と自墾地系荘園の記述が逆になっている。　3．誤り。第2文の官省符荘と国免荘の記述が逆になっている。　4．誤り。藤原氏は大規模な荘園を所有していた。　5．誤り。延久の荘園整理令は，後白河上皇ではなく後三条天皇による。

5　2

解説 ＼ 1．織田信長の主要政策のひとつである楽市楽座は「座を保護」するものではなく，「座を廃止」するためのものである。また，関所も「増設」ではなく「廃止」である。　2．正しい。刀狩の目的は一揆の防止などであり，結果として，江戸時代に「士農工商」として確立する身分制度の基礎が築かれた。　3．豊臣秀吉の太閤検地においては，生産力を収穫を見込まれる米で表した。ちなみに，銭で表したのは，織田信長の時代まで行われていた指出検地である。　4．織田信長はキリスト教を保護して仏教勢力の抑制に用いようとした。その結果，比叡山延暦寺や石山本願寺との武力衝突に至った。豊臣秀吉はバテレン追放令を出しているように，キリスト教に対して，最終的に弾圧策をとった。　5．織田信長は最後の室町将軍の足利義昭を奉じたように，当初は幕府と協調していた。一方，豊臣秀吉は関白として様々な法令に関わったように，朝廷を尊重していた。

6　2

解説 ＼ 1．誤り。選択肢の文章は，自由党ではなく，立憲改進党についてのものである。板垣退助を党首とする自由党は，急進的自由主義を特徴とし，士族や農民などの支持を得た。　2．正しい。原内閣は，初めての本格的な政党内閣であった。　3．誤り。選択肢の記述は，政友会についてのものであ

る。　4．誤り。日本社会党の再統一と自由民主党の結党の順番が逆になっている。　5．誤り。55年体制の下でも，新自由クラブとの連立などがあり，「単独政権が続いた」とはいえない。

7 3

解説　Aの徳川家康は，キリスト教国家との国交を重視し，外国人を顧問にも採用した。一方，徳川家光が鎖国政策を進める過程で島原の乱が発生し，家光以降の将軍は，キリシタンの更なる弾圧に乗り出した。Bの徳川吉宗は，参勤交代の制度の改変を行った。参勤交代の制度は徳川家光の時代に確立されたが，江戸時代にその改変が行われたことが二度ある。一度目は徳川吉宗の時代の上げ米に対する見返りとして行われたものであり，もう一つは，幕末の文久の改革の際に行われたものである。Cの田沼意次については，株仲間の推奨から判断できる。商工業者に対する独占的同業団体は，時代によりいくつかの種類があるが，江戸時代であれば『株仲間』に相当する。ちなみに，鎌倉時代や室町時代であれば『座』となる。株仲間を奨励したのが田沼意次，抑制しようとしたのが松平定信であり，解散を命じたのが水野忠邦である。Dについては，米国などとの自由貿易を定めたのは日米修好通商条約であり，この条約を無勅許のまま調印したのが井伊直弼である。なお，水野忠邦が行った外交政策として著名なのは，天保の薪水給与令である。以上より，正解は3である。

8 3

解説　1．井伊直弼は「桜田門外の変」（1860年）において暗殺された。その後，老中の安藤信正ら公武合体派は，皇女和宮の降嫁により幕府の権威を回復させようとしたが，かえって尊王攘夷派を刺激し，その結果，安藤が襲撃される「坂下門外の変」（1862年）が起き，幕府の権威はさらに失墜した。2．浦賀に来航したのはペリーであり，下田・函館の開港を含んだ日米和親条約を締結した。日米修好通商条約を締結したのはハリスであり，これは領事裁判権（治外法権）を認める一方で，関税自主権の放棄が含まれている不平等条約であった。　3．正しい。松方財政のときに，日本銀行が設立され，兌換銀行券が発行されることにより，近代的な金融・銀行制度が整備された。また，官営事業の払下げ政策によって，後に政商と呼ばれる資本家の層が育

成され，日本における資本主義経済の発展の基礎が築かれた。　4．外相井上馨が領事裁判権の撤廃に成功したという事実はない。1894年になってはじめて，外相の陸奥宗光が日英通商航海条約を締結することにより，領事裁判権の撤廃がはかられた。なお，関税自主権は，日露戦争に勝利した後，外相である小村寿太郎によって獲得された。　5．学校令は1886年に制定された。その際公布された小学校令では尋常・高等小学校が設置され，尋常小学校は4年制の義務教育となった。

9　5

解説　1．誤り。「閥族打破・憲政擁護」は，立憲国民党の犬養毅や立憲政友会の尾崎行雄によって掲げられた方針であり，それに基づく第一次護憲運動により，桂内閣を総辞職に追い込んだ。　2．誤り。日本は日英同盟により，第一次世界大戦に参戦した。　3．誤り。寺内内閣と原敬内閣を入れ替えると正しい記述になる。　4．誤り。男子普通選挙制の成立と同時に治安維持法が制定された。　5．正しい。リットン調査団による報告の骨子は，満州国の建国は現地の人々による正当な行為ではないとするものであった。

10　4

解説　1．GHQの指導の下で行われた財閥解体は，国際状況の変化もあり，持株会社を中心とするグループを完全に解体することはなかった。さらに，この過程で制定された独占禁止法により禁止されたのは，トラストではなくカルテルである。　2．農地改革，財閥解体と同じく完全に実施されたとはいえない。農地改革から今日に至るまで，小作農や地主も存在する。ただし，その割合は大幅に減少した。　3．朝鮮戦争時，日本の防衛力の増強が叫ばれたものの，その時に発足したのは『警察予備隊』である。その後『保安隊』と改称され，最終的に現在の『自衛隊』へと改編された。　4．正しい。激しいインフレーションに見舞われていた日本経済であったが，ドッジ・ラインによりインフレの収束と経済の安定化がはかられた。また，シャウプ勧告により，日本の税収は直接税中心に変容した。　5．1955年に始まる「55年体制」により，日本は自由民主党を中心とする保守と，日本社会党や日本共産党による革新の陣営，さらにどちらにも属さない公明党や民社党などの中道のグループに分かれた。ただし，第一党であった自由民主党の議席は，第二

党の日本社会党の倍程度の時期が長く続き，二大政党制が出現したとはいえない。また，1993年まで政権党は変わらなかったため，「頻繁に政権交代が起こるようになった」という点は誤りである。

11 3

解説 1．ポルトガルのエンリケ航海王子は，アゾレス諸島やヴェルデ岬の発見に多大なる貢献をしている。しかし，自らはほとんど航海をしたことはなく，航海を援助したというのが正しい。　2．ディアスはギニア湾を南下して喜望峰に到達した人物であり，ブラジルに漂着した人物はカブラルである。3．正しい。なお，コロンブスはスペイン王室から援助を受けたイタリア人であり，カリブ海から南米までを探検したが，北米には到達していない。　4．マゼランは，西回りの世界一周を目指していたが，現在のフィリピンにおいて先住民との戦闘で命を落としている。　5．カボット父子がハドソン湾などを発見したことは正しいが，フランスのケベックを英領化するために尽力したという事実はない。

12 2

解説 1．正しい。タレーランはフランスの政治家で，フランスに不利な結果にならないよう革命前の主権と領土が妥当であるとする正統主義を説いた。2．誤り。メッテルニヒではなくアレクサンドル1世。キリスト教義や友愛の精神の下にイギリス・ローマ教皇・オスマンを除く全ヨーロッパ君主により結成されたが，やがてメッテルニヒに利用されていった。　3．正しい。1817年にはヴァルトブルクの森で集会を開いたが，翌19年にカールスバート決議でメッテルニヒに弾圧された。　4．正しい。「黒いジャコバン」と称されたトゥサン＝ルーヴェルチュールの指導の下，ハイチは1804年に独立し，25年にフランスもこれを承認した。　5．正しい。モンロー教書はヨーロッパ諸国とラテンアメリカ諸国の相互不干渉を内容とした。

13 1

解説 1．正しい。三十年戦争は，ドイツにおける宗教戦争であったが，各国の介入により国際戦争となった。　2．誤り。ルイ13世は，ハプスブルグ家を打倒しようとしてドイツ三十年戦争に介入した。　3．誤り。議会の信

任によって内閣が存続し，信任を失った際には退陣する責任内閣制を成立さ
せたのは，ウォルポールであった。　4．誤り。ウィーン会議を主導したのは，
オーストリアの宰相メッテルニヒであった。　5．誤り。3B政策と3C政策が
逆になっている。また，バルカン半島は，対立の主要な舞台となった。

14 3

解説 1．袁世凱ではなく，孫文に関する記述である。　2．選択肢に示し
た政策，民族資本による利権回収と民営化に反するとして，各地で反対運動
が起こった。　3．正しい。日本とロシアを中心とする連合軍が北京議定書に
調印した。　4．袁世凱と孫文を入れ替えると正しい選択肢になる。　5．袁
世凱が解散させたのは，国民党である。なお，毛沢東が指導する勢力とは，
中国共産党のことであり，結党されたのは1921年である。

15 3

解説 1．誤り。カースト制がインド社会に影響を与えた点は正しいが，こ
の制度が結びついたのは仏教ではなくヒンドゥー教である。　2．誤り。ヴェー
ダを根本聖典としたのは，バラモン教である。　3．正しい。モヘンジョ・ダ
ロとハラッパーは，ともにインダス川流域の遺跡である。　4．誤り。インダ
ス文明で当時用いられていたのは，鉄器ではなく青銅器であった。　5．誤り。
サンスクリット語とパーリ語が逆になっている。

16 3

解説 1．誤り。世界恐慌のきっかけとなったのは，ウォール街のニュー
ヨーク株式市場における株価の大暴落であった。　2．誤り。ドイツの債務支
払の猶予は，イギリスのマクドナルドではなく，アメリカのフーヴァーであ
り，フーヴァーモラトリアムと呼ばれる。　3．正しい。ただし，全国産業復
興法は，違憲判決により無効とされたため，一部の修正を余儀なくされた。
4．誤り。1932年にオタワにおいて開かれ，ブロック経済の確立を図ったのは，
イギリスが主導するオタワ英連邦会議であった。　5．誤り。ロシア革命以
降，ソビエト連邦は，欧米各国の経済と距離を置いていたため，世界恐慌の
影響は限定的であった。

[17] 5

解説 1．正しい。ポリスは政治的には完全に独立しており，多数のポリスが存在していた。　2．正しい。重装歩兵部隊とは兜や鎧，盾や長槍を使用した歩兵集団で，平民が主力となると貴族層の政治独裁に不満を持つようになった。　3．正しい。オストラシズムは陶片追放とも呼ばれ，陶片に危険な人物を記入し投票，得票数が6000票を超えた場合，もしくは総得票数が6000票を超えた場合の最多得票者は国外に10年間追放されるシステムであった。前5世紀末には廃止された。　4．正しい。サラミスの海戦は前480年起こった。翌前479年のプラタイアの戦いによりギリシア側の勝利が決定した。　5．誤り。テーベではなくスパルタ。前431～前404年デロス同盟とペロポネソス同盟間でペロポネソス戦争が起こり，アテネはペリクリスを病死で失い国内は混乱し，ペルシアの支持を受けたスパルタに敗北した。

[18] 1

解説 A．ウルバヌス2世。彼の指導の下クレルモン宗教会議が開催され，聖地奪還と共に東方世界の土地や財への興味，あるいは豊かさを確認し，十字軍の遠征が決定された。　B．アイユーブ朝。1169年にアイユーブ朝を建てたサラディンの指導の下イェルサレム市をおとしいれ，イェルサレム王国を弱体させヨーロッパを動揺させた。　C．十字軍の遠征は全7回。第1回と第5回以外は失敗となり，当初の目標は達成できなかったものの十字軍の遠征によりヨーロッパでは北イタリア諸都市を中心とする地中海貿易や貨幣経済の流通が発達し，またイスラーム文化もヨーロッパ世界に大きな影響を与えた。よって正解は1。

| 社会科学 | 地　理 |

‖‖‖‖‖‖‖‖‖‖‖‖‖‖‖‖‖‖‖ P O I N T ‖‖‖‖‖‖‖‖‖‖‖‖‖‖‖‖‖‖‖

地図と地形図：地理において地図と地形図は，頻出事項の分野である。まず
　地図の図法は，用途と特徴を確実に把握し，地形図は，土地利用や距離な
　どを読み取ることができるようになる必要がある。

世界の地形：地形に関する問題は，かなり多く取り上げられる。地形の特色・
　土地利用・その代表例は押さえておきたい。また，大地形・沈水海岸・海
　岸地形なども，よく理解しておくこと。試験対策としては，地形図と関連
　させながら，農業・工業とのかかわりを整理しておくとよい。

世界の気候：気候に関しては，ケッペンの気候区分が最頻出問題となる。次
　いで農業とのかかわりで，土壌や植生の問題も出題される。気候区の特徴
　とその位置は明確に把握しておこう。気候区とあわせて土壌・植生なども
　確認しておくことも大切である。

世界の地域：アメリカ合衆国は，最大の工業国・農業国であり，南米やカナ
　ダとのかかわりを問う問題も多い。また東南アジア，特にASEAN諸国で
　の工業・鉱物資源などは広範に出題される。EU主要国に関しては，でき
　るだけ広く深く学習しておく必要がある。資源・農業・工業・交通・貿易
　など総合的に見ておこう。

日本の自然：地形・気候を中心とした自然環境は頻出である。地形や山地・
　平野などの特徴は理解しておきたい。

日本の現状：農業・工業などに関する問題は，今日本が抱えている問題を中
　心に整理するとよい。農産物の自由化が進み，労働生産性の低い日本の農
　業は，苦しい状況に追い込まれている。工業においては，競争力を維持し
　ていく手段を選んでいかざるを得ない状況に陥っている。環境問題も大き
　な課題である。このような時事的な繋がりのある問題を取り上げた出題に
　も対処する必要がある。

☞ **狙われやすい！ 重要事項** ……………………………………

☑地図・地形
☑土壌・環境・気候
☑人種・民族
☑人口・交通
☑アジア・オセアニア
☑ヨーロッパ
☑南北アメリカ
☑アフリカ

《　演 習 問 題　》

1　**世界の地形に関する記述として，妥当なものはどれか。**

1　デルタは，侵食平野のひとつであり，河口付近に河川が運搬した砂礫によって形成された地形である。代表的なデルタとしてナイル川やテムズ川が挙げられる。

2　エスチュアリーは，沈水海岸のひとつであり，起伏の小さい河川の河口が沈降することによって形成された地形である。代表的なエスチュアリーとしてガンジス川やミシシッピ川が挙げられる。

3　フィヨルドは，沈水海岸のひとつであり，河川などの侵食によって形成されたV字谷が特徴的にみられる地形である。代表的なフィヨルドとしてスカンジナビアやチリ南部が挙げられる。

4　扇状地は，沖積平野のひとつであり，その中央部は扇央，末端部が扇端と呼ばれる地形である。扇央は水が豊富なために水田として，扇端は水が少ないために畑や果樹園として用いられることが多い。

5　洪積台地は，三角州や扇状地などが隆起して形成された土地である。水が少ないために畑に利用されることが多かったが，近世以降は，新田開発により水田に変わった例もある。

2 **南北アメリカに関する記述として，妥当なものはどれか。**
1　北アメリカ大陸のロッキー山脈とアパラチア山脈の間には，広大な砂漠地帯が広がっている。
2　北アメリカ大陸の気候は，西経100度付近を境にして東西で大きく異なり，東側には乾燥地帯，西側には湿潤地帯が広がっている。
3　大西洋西部やカリブ海，メキシコ湾で発生する熱帯低気圧のうち，最大風速が毎秒64ノット以上のものをハリケーンと呼び，メキシコ湾沿岸部に上陸して大きな被害を及ぼすことがある。
4　アマゾン川はアンデス山脈を水源として大西洋にそそぎ，流域はパンパと呼ばれる熱帯雨林におおわれている。
5　ギアナ高地はブラジルの南部に広がり，垂直に切り立ったテーブル状の岩山が数多く存在している。

3 **アジアの農業に関する記述として，妥当なものはどれか。**
1　モンスーンアジアでは，米作中心の集約的な農業が発達してきた。この農業は，大規模な経営規模や高い労働生産性を特徴としている。
2　西アジアから中央アジアにかけては，オアシス農業が行われている。地下水路を利用して，野菜や果物が栽培されている。
3　アジアの冷涼地域などには，アジア式畑作農業がみられる。ここで生産された小麦，あわ，コーリャンなどは，その多くが輸出されている。
4　東南アジアでは，今日でも，プランテーション農業が散見される。これは，主としてアメリカが持ち込んだ農業の形態である。
5　インドでは，多くの人口を支えるために穀物の生産が盛んである。東部，沿海部では小麦，内陸部では米の生産が多い。

4 **ヨーロッパに関する記述として，妥当なものはどれか。**
1　ヨーロッパの気候は，高緯度の割に温暖な地域が多い。これは，東からの風が比較的温かい地域から吹くことが多いことによる。
2　ヨーロッパの農業は，牧畜と農耕が結合した混合農業として営まれることが多い。この地域の穀物生産の中心は，とうもろこしである。
3　欧州統合の歴史は，石炭鉄鋼共同体（ECSC）の結成に端を発する。これは，オランダとドイツによる石炭と鉄鋼分野の協力が各国に広がったものである。

4　ヨーロッパでは，中東に比べると小規模ながら，石油の生産も行われている。この地域における最大の油田は，イギリスなどの経済水域に広がる北海油田である。

5　ヨーロッパにおける鉄山や炭田は，工業を支える基盤としての役割を担ってきた。特に，イギリスのヨークシャー炭田や，フランスのビルバオ鉄山などが有名である。

5　ケッペンの気候区分に関する記述として，妥当なものはどれか。

1　ツンドラ気候の地域では，夏は短いが，その間に永久凍土の表面が溶け，地衣類，蘚苔類が生え，トナカイの遊牧などが行われる。

2　熱帯雨林気候の周囲には，雨季と乾季があり，灌木，疎林，長草が分布するステップ気候が広がる。

3　サバナ気候の特徴として，半乾燥気候であること，樹木の無い短草草原が広がることなどが挙げられる。

4　ユーラシア大陸東岸の内陸部では，モンスーンや熱帯低気圧の影響を強く受けるため，降水量は夏季に比べて，冬季に多い。

5　ユーラシア大陸の西側に広がる西岸海洋性気候の地域では，寒流と偏西風の影響を強く受けている。

6　次の表は，2019年における主な穀物類等の生産量の順位を示したものである。Aに当てはまる国名は，次のうちどれか。

順位	米	小麦	とうもろこし	大豆
1	A	A	アメリカ	ブラジル
2	インド	インド	A	アメリカ
3	インドネシア	ロシア	ブラジル	アルゼンチン
4	バングラデシュ	アメリカ	アルゼンチン	A

1　日本　　2　ウクライナ　　3　中国　　4　トルコ　　5　メキシコ

7 **アジア・アフリカ諸国に関する記述として，妥当なものはどれか。**

1　アフガニスタンは，1948年の国連決議を受け入れて建国された後，アラブ諸国との間で4度にわたる中東戦争を戦ったが，近年では和平の道を模索している。

2　東ティモールの宗主国はポルトガルであり，住民の9割をカトリック教徒が占め，2002年5月にインドネシアから独立した。

3　南アフリカ共和国は，アフリカ大陸で最大の人口を有し，ニジェール川河口の油田地帯を中心として，アフリカ大陸で第1位の量となる原油を産出している。

4　ナイジェリアは，アフリカ大陸最古の独立国であるが，内戦や干ばつによる影響で世界の最貧国の一つとなっている。

5　タイは，周辺の国々が植民地化された状況の中でも古くから独立を守った国であり，近年ではルックイースト政策により，自動車，電子工業などが発達し，工業製品の輸出量が急増した。

8 **世界の民族に関する記述として，妥当なものはどれか。**

1　ラテン民族は，イタリア，スペイン，ポルトガル，フランスなどの地中海沿岸に多く居住し，正教会を信仰している者が多い。

2　ルーマニアは，東ヨーロッパの中では例外的にスラブ民族が多く，周囲をラテン民族が多数派の国に囲まれている。

3　ゲルマン民族は，ドイツ，イギリス，オランダ，北欧諸国などに多く居住し，プロテスタントの比率が高い。

4　アボリジニーは，狩猟や採集によって暮らしていたニュージーランドの先住民族である。

5　イスラエルは，第2次世界大戦後にユダヤ民族によって建国されたが，2017年にイギリスの首相がエルサレムを首都と認める立場を表明し，議論を呼んだ。

9 アメリカのミラーによって考案された図法で描かれた次の地図に関する記述として，妥当なものはどれか。

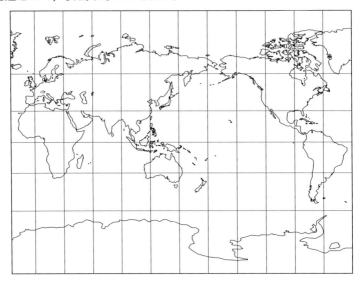

1 メルカトル図法における緯線の間隔を調節し，両極付近の地方を描きやすいような工夫がなされている地図である。

2 経線方向と緯線方向の拡大率が等しく，正角図法であるため，羅針盤の発明以来，海図として用いられてきた地図である。

3 この地図は他の図法による地図と比較すると，高緯度地方の大陸の形がより正確に表現されている。

4 図の中心から任意の1点までの方位と距離が等しくなるように描かれているため，航空図に用いられる。

5 モルワイデ図法とサンソン図法の長所を生かしながら，両者を組み合わせた図法である。

10 中国に関する記述として，妥当なものはどれか。

1 中国では，対外的な経済開放などが功を奏し，経済が急成長した。一方で，内陸部と工業化が進む沿海部との間で，経済格差の拡大がみられる。

2 中国において生産される農産物は，地域によって特色が大きく異なる。チンリン山脈やホワイ川より北では，畑作よりも米作の比重が高い。

3　中国の農業は，国家の制度によって大きく変貌を遂げた。永らく続いた生産責任制が廃止されるのと同時に，人民公社が設立され，今日に至る。

4　中国では，1970年代末から進められた人口抑制政策が効果的でなかったとの反省から，1990年代から一人っ子政策を導入し，近年，強化する動きもみられる。

5　世界貿易機関（WTO）は，社会主義国を排除する姿勢を明確にしている。中国は，その協定の改正と自国の加盟を働きかけている。

11 日本の地形に関する記述として，妥当なものはどれか。

1　越後山脈は，新潟県や関東地方の気候に大きな影響を与えている。南東から吹いてくる季節風が冬の関東地方に多くの降水をもたらす。

2　瀬戸内海に面した平野の多くは，夏・冬ともに季節風の影響を受け降水が全体的に少ない。水不足に対応するために，讃岐平野などではため池が見られる。

3　八郎潟は，かつて全国で二番目に大きな湖であった。しかし，かつて食糧の増産が叫ばれた時期に埋め立てによって農地化され，現在では大潟村となっている。

4　九州南部のシラス台地は，火山灰が積もって形成された平地である。火山灰であるため水はけが悪く，稲作が盛んになっている。

5　若狭湾は，沈水（沈降）によってできた海岸平野である。典型的なフィヨルドがみられ，その地形を活かした原子力発電所が建設されている。

12 日本の産業に関する記述として，妥当なものはどれか。

1　長野県や栃木県では促成栽培が盛んであり，キャベツやレタスなどの野菜を首都圏中心に出荷している。

2　宮崎県や高知県では抑制栽培が大規模に行われ，ピーマンやナスなどの野菜が高速道路を利用して出荷されている。

3　北海道の太平洋側の十勝平野では稲作が盛んであり，一方，日本海側の石狩平野ではジャガイモや豆類などを生産する畑作が大規模に行われている。

4　東北地方や九州地方は，他の地方に比べて土地などのコストが低いため，こうした条件を利用した半導体産業が発展している。

5　群馬県は，かつて富岡製糸場が操業していたように，製糸業に加えて養蚕に必要な桑の栽培も盛んであり，現在でも生糸の輸出に貢献している。

《 解 答 ・ 解 説 》

1　5

解説 1. デルタができる要因，ナイル川の河口が典型的なデルタであるという点は正しい。しかし，テムズ川の河口はデルタではなくエスチュアリーである。　2. エスチュアリーができる要因は正しい。しかし，ガンジス川やミシシッピ川の河口はデルタである。エスチュアリーの代表はテムズ川やエルベ川，ラプラタ川などである。　3. フィヨルドが沈水海岸であるという点は正しい。しかし，形成要因は河川の侵食ではなく，氷河による侵食である。4. 扇状地は典型的な沖積平野であるが，その地形利用に差がある。扇央は水が少ないために果樹園や畑，扇端は水が豊富なために水田や集落に利用される。　5. 正しい。江戸時代の新田開発で大規模に開発されたのがこの洪積台地であった。代表的な土地として，武蔵野や牧之原が挙げられる。

2　3

解説 1. 誤り。ロッキー山脈とアパラチア山脈の間には，中央平原が広がり，北アメリカ大陸最長のミシシッピ川が流れている。ミシシッピ川の西側は，プレーリーやグレートプレーンズと呼ばれる草原である。砂漠地帯は，アメリカの南西部に見られる。　2. 誤り。北アメリカ大陸の気候は，西経100度付近を境にして，東側に湿潤地帯，西側に乾燥地帯が広がっている。　3. 正しい。北大西洋やカリブ海，メキシコ湾で発生した熱帯低気圧のうち，最大風速が毎秒64ノット以上のものをハリケーンという。ハリケーンは，台風同様，東から西に進路をとり，その後時計回りに北東方向に向かう。　4. 誤り。パンパは，アルゼンチンの中央部に広がる大平原のことをいう。アマゾン川流域に広がる熱帯雨林は，セルバと呼ばれる。　5. 誤り。ギアナ高地は，ブラジルの北部，ベネズエラ，ガイアナなど5か国とフランス領ギアナにまたがって広がり，多くのテーブル状の岩山が点在している。

3　2

解説 1. 誤り。モンスーンアジアにおける米作は，小規模経営が多く，労働生産性は低い。　2. 正しい。オアシス農業では，なつめやし，野菜，すいか，メロンなどが栽培されている。　3. 誤り。アジア式畑作農業は，自

給的であり，「その多くが輸出」という記述は誤りである。　4．誤り。プランテーション農業をもたらしたのは，アメリカではなくヨーロッパである。
5．誤り。米と小麦の生産についての記述が逆になっている。

4　4

解説　1．誤り。高緯度の割に温暖なヨーロッパの気候は，暖流の北大西洋海流と偏西風によりもたらされる。　2．誤り。ヨーロッパにおける穀物生産の中心は，麦類である。　3．誤り。フランスの外相シューマンは，フランスとドイツによる石炭・鉄鋼分野の包括的な協力関係の構築の構想を表明した。このシューマンプランが各国に広がることによって，欧州石炭鉄鋼共同体（ECSC）が結成された。　4．正しい。北海油田は，北海にある150余りの海底油田・ガス田の総称である。　5．誤り。ビルバオ鉄山があるのは，スペインである。なお，フランスには，比較的大規模なロレーヌ鉄山がある。

5　1

解説　1．正しい。「ツンドラ」は，「木がない土地」を意味する。　2．誤り。選択肢の文章は，サバナ気候についての記述である。　3．誤り。選択肢の文章は，ステップ気候についての記述である。なお，ステップ気候は，砂漠気候の周囲に分布する。　4．誤り。「夏季」と「冬季」が逆になっている。これらを入れ替えると，温暖冬季少雨気候（温帯夏雨気候）の記述になる。
5．誤り。西岸海洋性気候の地域では，暖流の北大西洋海流と偏西風の影響を受け，高緯度である割に温暖である。

6　3

解説　世界の穀物生産量は年間約30億トンで，生産国の上位は，第1位中国（約6億トン），第2位アメリカ（約4億トン），第3位インド（約3億トン）である。日本は米の生産量が第11位，ウクライナは小麦が第7位，とうもろこしが第5位である。トルコは野菜の生産量が世界第4位で，なす，きゅうり，トマトで上位となっている。メキシコはとうもろこしの生産量が第8位，さとうきびが第6位，そのほか，果実の生産量は世界第5位となっている。
以上より，正解は3。

7 2

解説 1．イスラエルに関する記述である。 2．正しい。東ティモールでは，1976年にスハルト政権に武力併合されて以降，激しい独立運動が展開されてきた。また，アジア最大のイスラム教国であるインドネシアとは，度々宗教対立もみられた。 3．ナイジェリアに関する記述である。南アフリカ共和国は，金やダイヤモンドなどの地下資源が豊富であることから，経済は鉱業に依存している。 4．エチオピアに関する記述である。 5．ルックイースト政策は，タイではなくマレーシアが行った政策である。

8 3

解説 1．誤り。ラテン民族の居住地域に関する記述は正しいが，この中で比較的多いのはカトリックである。 2．誤り。「スラブ民族」と「ラテン民族」を入れ替えると正しい記述になる。 3．正しい。ゲルマン民族は，歴史的には4世紀末頃から大規模に移動し，フランク王国などの諸国をヨーロッパ各地に建設した。 4．誤り。アボリジニーは，オーストラリアの先住民族である。 5．誤り。「イギリスの首相」を「アメリカ合衆国の大統領」とすると正しい記述になる。2017年にアメリカ合衆国のトランプ大統領がエルサレムをイスラエルの首都と正式に認めた。

9 1

解説 1．正しい。ミラー図法は，1942年にアメリカのミラーによって考案された図法である。 2．誤り。メルカトル図法に関する記述である。 3．誤り。高緯度地方の大陸の形が比較的正確に描かれた例として，モルワイデ図法が挙げられる。 4．誤り。正距方位図法に関する記述である。 5．誤り。グード図法に関する記述である。

10 1

解説 1．正しい。中国では，5つの地域に経済特区を設け，外国資本を積極的に導入した。 2．誤り。チンリン山脈やホワイ川より北では畑作が，南では米作が盛んである。 3．誤り。中国の農業は，人民公社から生産責任制に移行した。 4．誤り。中国では，一人っ子政策を緩める動きもみられる。 5．誤り。中国は2001年に世界貿易機関（WTO）に加盟した。

11 2

解説 1. 日本の夏の季節風は南東から，冬の季節風は北西から吹いてくる。日本は，周囲を海に囲まれているため，季節風は湿潤になり，それが山脈にぶつかることによって上昇気流が発生した際に降水が発生する。なお，越後山脈を越えてくるときには乾燥した風になってしまう。 2. 正しい。瀬戸内海は，中国山地と四国山地に囲まれているため，季節風が両山地にぶつかって上昇気流が発生し，山地を越えた風は乾燥してしまう。よって，瀬戸内海では，季節風が乾燥した風になることが多い。 3. 八郎潟は農地化され，現在では大潟村となっている。しかし，農地化するときに用いたのは「埋め立て」ではなく「干拓」である。 4. 鹿児島県を中心としたシラス台地は火山灰地であり，水はけがよい。よって，水を大量に用いる稲作には適さない。 5. 若狭湾には多くの原子力発電所が建設され，「原発銀座」とも呼ばれる。しかし，フィヨルドではなくリアス式海岸である。そもそも，日本にフィヨルドはない。

12 4

解説 1. 長野県や栃木県には高原が多くあり，その高冷地を利用した抑制栽培（高冷地栽培）が盛んである。 2. 宮崎県や高知県は黒潮の影響で温暖であり，その気候を利用した促成栽培が盛んになっている。 3. 十勝平野は畑作や酪農，石狩平野は稲作が有名。いずれの地も多くの農産物の生産量が国内で有数の規模になっている。 4. 正しい。東北地方は「シリコンロード」，九州地方は「シリコンアイランド」とよばれ，半導体の生産が盛んになっている。その他にも，水や交通機関の整備なども発展条件に含まれる。5. かつて群馬県では富岡製糸場が操業し，現在でも国内の生産量は多い。しかし，現在日本は生糸の輸入国となっている。

人文科学　国語・文学・芸術

|||||||||||||||||||||||||||| **POINT** ||||||||||||||||||||||||||||

文学：日本古典文学と日本近現代文学，世界の文学からの出題が多い。年表に出てくる著名な作品名と作者名ぐらいは覚えておくようにしたい。余裕があれば各作品の冒頭の文章も併せて覚えておくとよい。短歌・和歌や俳句は，百人一首や俳句集で有名な作品を暗記しておこう。

　学習法としては，高校の問題集，参考書を使って，全領域に関する基礎的な知識を身につけることである。そうすれば十分に対応できるだろう。それと同時に重要なのは，とにかく問題に多く当たることである。問題の分析から出題の傾向，レベル，解答のパターンを熟知し，効率的な学習を行うことが，短期決戦の姿勢として求められる。

芸術（美術）：出題される内容は，高校の「世界史」や「日本史」の教科書に掲載されているレベルのものも多いので，文化史の芸術分野について読み返し，覚えるのもよい。

　日本美術史では，歴史の流れとともにそれぞれの時代の文化や宗教的な影響を考えながら，様式の特徴と代表的な建築や作品を覚える。近代以降では，作者個人の考え方や特徴がポイントになるので，作者と作品を併せて理解しておこう。特に西欧文化とのかかわりで見ていくとよい。

　西洋美術史の古代から中世までは，建築物や彫刻作品を中心に作者と作品を押さえておきたい。近代以降は，各主義とその特徴，代表的な作者や作品について図版と共に覚える。まれに工芸やデザインにかかわる分野から出題されることがあるので，「アールヌーボー」や「バウハウス」などの用語については，調べておいた方がよい。

芸術（音楽）：例えば，次のような一般教養的な知識が問われやすい傾向にある。

■有名な音楽家の作品，楽譜が誰の作品か，いつの時代かを問うもの
①バロック音楽 … ヴィヴァルディ，バッハ，ヘンデル
②古典派 … モーツァルト，ベートーヴェン，ハイドン

③ロマン派／国民楽派 … シューベルト，ショパン，ワグナー，ヴェルディ，ビゼー，チャイコフスキー／ムソルグスキー，スメタナ，ドボルザーク，グリーグ，シベリウス

④近・現代音楽 … ドビュッシー，ラヴェル，ガーシュイン

■楽曲の種類や様式を問うもの

①有名なオペラの作品名や作曲者…プッチーニ〈蝶々夫人「ある晴れた日に」〉，ヴェルディ〈「アイーダ」凱旋行進曲〉など

②交響曲と協奏曲の違い…交響曲はソナタ形式の楽章を含む4楽章の管弦楽作品，協奏曲は独奏楽器＋管弦楽で3楽章の作品

③交響曲と交響詩の違い…前者は古典派（ベートーヴェン）時代に完成した様式，後者はロマン派（リスト）以後に作られた管弦楽曲で，自由な形式の一般的には1楽章のみの楽曲

■日本人作曲家の有名な作品名，楽譜が誰の作品かを問うもの

①歌曲作品…滝廉太郎（「荒城の月」「花」「箱根の山」），山田耕筰（「赤とんぼ」「待ちぼうけ」「からたちの花」），中田喜直（「夏の思い出」「雪の降る町を」「めだかの学校」），成田為三（「浜辺の歌」），團伊玖磨（「花の街」）

②その他…宮城道雄「春の海」，日本古謡「越天楽今様」「さくら」

狙われやすい！ 重要事項

☑ 西洋美術
☑ 西洋音楽
☑ 日本美術や芸能

演 習 問 題

1　近代における日本の音楽に関する記述として，妥当なものはどれか。

1　幕末から明治期にかけて，西洋音楽が移入した。軍楽隊，宮内省雅楽部による洋楽伝習，鹿鳴館での演奏会，賛美歌などがもとになり，東京音楽学校において教育の場での広がりを見せた。

2　伊沢修二は，日本の音楽教育の発展に大きく貢献した。彼は1880年以降，旧来の三味線による，民謡，能楽などに重点を置きながらも，一部において西洋音楽を取り入れた唱歌を導入した。

3　滝廉太郎は，19世紀末から20世紀初頭に活躍した。西洋音楽を重視する流れに抗し，和風の音階を用いて，すぐれた作品を残した。

4　政治や時代の風刺は，大衆音楽に取り入れられた。一方，演歌の源流とされるオッペケペー節は直ちに禁止され，戦後に解禁されるまで民衆に広がることはなかった。

5　音楽教育において大きな役割を果たしたのは，東京音楽学校であった。当時の文部省は，この学校を改組し，文部省内に音楽取調掛を設置した。

2　日本における近代以降の詩に関する記述として，正しいものはどれか。

1　与謝野晶子は，新詩社を結成して雑誌『明星』を創刊した他，第一歌集『みだれ髪』で一躍脚光を浴び，浪漫的歌風で明星派の全盛時代を築いた。

2　正岡子規を代表とする「根岸派」は，『万葉集』にみられた写実性を重んじ，短歌における「写生説」を提唱した。

3　水原秋桜子は『凍港』などを執筆し，近代社会の諸問題に作品の題材を求めた。

4　中野重治は，堀辰雄らと雑誌『四季』を創刊し，叙情詩の伝統に立ち，西欧の主知的精神を踏まえた上で，理性と感性との調和を目指した。

5　宮沢賢治は，雑誌『歴程』を舞台に活動した詩人であったが，存命中は知名度は高くなく，作品の多くは没後に全国に急速に広まった。

3　日本における近代文学の流れに関する記述として，妥当なものはどれか。

1　坪内逍遥や二葉亭四迷らが主張した写実主義は，人間の内面を写実的に描くことによって，儒教的な勧善懲悪や効用を重視する功利主義を再評価するものであった。

2　山田美妙や尾崎紅葉らは，話し言葉と文章において用いる表現を厳密に

区別すべきであると主張し，文語表現の保存に尽力した。

3　青年と社会的現実の葛藤などを描いた島崎藤村による『破戒』や，弟子に対する露骨な感情などを描いた田山花袋による『蒲団』は，自然主義を代表する作品として高く評価された。

4　文学における美の復権を求める白樺派の代表である永井荷風や谷崎潤一郎らは，官能や退廃の中に美を見出そうとする作品を残した。

5　イギリスにおいて発展した自由主義を信奉する作家たちは，抑圧された労働者の状況とその解放のための文学を提唱するプロレタリア文学を構築しようとしたが，当時の政府による厳しい弾圧にさらされた。

4　**次の冒頭文で始まる作品名の組み合わせが，すべて正しいものはどれか。**

ア　つれづれなるままに日暮らし，硯に向かひて…

イ　をとこもすなる日記といふものを，をんなもしてみむとて…

ウ　月日は百代の過客にして，行かふ年もまた旅人なり。

エ　春はあけぼの。やうやうしろくなりゆく山際すこしあかりて…

オ　ゆく河の流れは絶えずして，しかももとの水にあらず。

	ア	イ	ウ	エ	オ
1	徒然草	更級日記	奥の細道	枕草子	平家物語
2	大鏡	土佐日記	浮世草子	源氏物語	方丈記
3	徒然草	更級日記	浮世草子	枕草子	方丈記
4	大鏡	更級日記	奥の細道	源氏物語	平家物語
5	徒然草	土佐日記	奥の細道	枕草子	方丈記

5　**江戸時代の絵画に関する記述として，妥当なものはどれか。**

1　18世紀半ばごろには，喜多川歌麿により，多色刷の技法を用いた浮世絵版画が創始された。

2　18世紀末に活躍した東洲斎写楽は，1年に満たない期間で140枚もの役者絵や相撲絵を残した。

3　江戸時代には，外交が制限されていたため画家が来日することはできず，その間に日本独自の画法が発展した。

4　司馬江漢は，日本で初めて絵画を鉄の板に刻んで印刷する技法を用いて，洋画の研究を活かしたすぐれた作品を残した。

5　秋田蘭画は，秋田藩において，西洋の絵画を模写した作品群の総称であった。

6　西洋文学に関する記述として，妥当なものはどれか。

1　古典主義文学は，調和や形式を重視する傾向がある。これは，ヘレニズムやオリエントの文化を手本としたことによる。

2　ルネッサンス文学は，シェークスピアらに代表される。この文学の特徴として，自由や個性を重んじながら，時代への風刺を盛り込んでいることなどが挙げられる。

3　自然に湧き出す人間の感情を重視する傾向に対抗したのが，ロマン主義文学であった。スタンダールやバルザックは，この文学に大きな足跡を残した。

4　写実主義文学は，現実をありのままに見て，描写しようとする芸術観に立つ文学である。その流れが生まれたのは，20世紀の初頭であった。

5　自然主義文学は，写実主義文学の否定に端を発する文学である。その描写の対象については，人間の世界から離れ，自然環境の描写に重きが置かれていた。

7　世界の音楽に関する記述として，妥当なものはどれか。

1　表現派と呼ばれる音楽は，ロマン主義に基づく民族自覚の風潮から影響を受けたものであり，ロシアのムソルグスキーやリムスキーなどの活躍によって確立された。

2　バロック音楽は，17世紀～18世紀半ばに栄えた音楽様式であり，歌詞の内容に即した情感あふれる声楽様式や，それを支える和声的声音の組み合せなどにより構成される。

3　古典派音楽は，均整の取れた形式美を追求したものであり，交響曲，弦楽四重奏曲ソナタ形式が形成され，後のバロック音楽に影響を与えた。

4　チャイコフスキーは，印象派の画家や印象派の詩人と交流をする中で独自の音楽技法を開拓し，また，日本風物を好み，版画や広重，歌麿などの絵を愛したといわれている。

5　マーラーは，オーストリア出身の作曲家であるとともに近代歌曲の創始者であり，歌曲の王とも呼ばれ，その代表作として『美しき水車小屋の乙女』や『未完成交響曲』などが挙げられる。

8　西洋の美術に関する記述として，正しいものはどれか。

1　ロマン主義の代表的な絵画には，ダヴィッドの『ナポレオンの戴冠』，アングルの『泉』などがある。

2　ロココは「いびつな真珠」を意味するポルトガル語であり，ロココ様式
は誇張された動きや強い装飾性，劇的な光の対比などの表現を特徴とする。

3　後期印象派は1880年代から起こり，代表的な画家にはセザンヌ，ゴー
ギャン，ゴッホ，マティスらがいる。

4　表現主義は人間の内面を表現することを目指した20世紀初頭のアメリ
カに起こった芸術運動で，代表的な画家にはカンディンスキーらがいる。

5　バルビゾン派は19世紀のフランスで，郊外の自然や農民の姿などを描
いた一派である。代表的な画家にはミレーやコローらがいる。

9　ルネサンス期の芸術に関する次の記述と，作者との組み合わせが正し
いものはどれか。

A　門扉見本競技の題材として『イサクの犠牲』を作製し，その作品はバル
ジェッロ国立美術館に展示されることとなった。

B　『楽園追放』や『貢の銭』などの新古典様式の典型ともいえる表現で人物
などを描き，多くの画家から高く評価された。

C　イタリアのルネサンス期を代表する芸術家であり『最後の晩餐』『モナ
リザ』などの作品で知られるほか，様々な分野に顕著な業績を残した。

	A	B	C
1	マサッチオ	ブリューゲル	ギベルディ
2	ギベルディ	レオナルド・ダ・ヴィンチ	ブリューゲル
3	ギベルディ	マサッチオ	レオナルド・ダ・ヴィンチ
4	ブルネレスキ	マサッチオ	ブリューゲル
5	ブルネレスキ	ギベルディ	レオナルド・ダ・ヴィンチ

10　下線部について，例と同じ意味を表すものとして，妥当なものはどれか。
例）この風景を見ると，昔のことが思い出される。

1　国王は，1週間後に帰国される。

2　先生は，毎日，学習の心構えを話される。

3　葬儀の様子を見ると，故人の人柄がしのばれる。

4　この木の実は，よく洗えば食べられる。

5　その人は，よくニックネームで呼ばれる。

11 下線部の漢字の用法として，妥当なものはどれか。

1　学生時代は，講義に欠かさず出席した。

2　前の試合では，我ながら完璧な試合ができた。

3　先哲達は，普遍的な真理を求めて，様々な探求を行った。

4　物事をとらえる際，巨視的な視点だけではなく，嫩視的な分析も大切である。

5　油象的な言葉だけでは，真意は伝わらない。

12 次の慣用句とその意味の組み合わせとして，妥当なものはどれか。

1　足が出る　　　　— 余計な行動に至る

2　歯牙にかけない — 相手にしない

3　腰が低い　　　　— 体の調子が悪い

4　口に糊する　　　— 言うべきでないことは決して言わない

5　眉唾　　　　　　— 注意深い様子

13 次のことわざとその意味の組み合わせとして，妥当なものはどれか。

1　蝸牛角上の争い — しのぎを削る激しい戦い

2　学問に王道なし — 身分の高い者は，学問において大成できない

3　豆腐にかすがい — 食べ物を粗末にしてはならない

4　あばたもえくぼ — 愛する人の欠点が美点に見える

5　濡れ手に粟　　　— 物事には，周到な準備が必要である

14 次の故事・成語とその意味の組合せとして，妥当なものはどれか。

1　漁夫の利　　　　— 第三者が得る利益

2　杞憂　　　　　　— 耐えがたいほどの悲しい思い

3　逆鱗に触れる　　— 地位が下の者を怒らせる

4　画竜点睛を欠く — 取り越し苦労をする

5　蛇足　　　　　　— 重要な付け足し

《 解 答 ・ 解 説 》

1 1

解説 1．正しい。幕末から明治期にかけて移入した西洋音楽は，その後，日本の作曲家，演奏家などにより，独自の発展を遂げた。　2．誤り。1880年以降，伊沢修二は，三味線，民謡，能楽などを排除した上で，唱歌による教育を始めた。　3．誤り。滝廉太郎が西洋音楽を重視する流れに抗し，和風の音階を用いていたという事実はない。なお，彼の代表作として，『花』『荒城の月』が挙げられる。　4．誤り。オッペケペー節は，川上音二郎の寄席口説から大流行した。　5．誤り。選択肢の文章は，時系列が逆になっている。文部省内に設置された音楽取調掛が，東京音楽学校の前身であった。

2 2

解説 1．新詩社を結成して，雑誌『明星』を創刊したのは与謝野鉄幹である。与謝野鉄幹の作品としては『亡国の音』などが挙げられる。　2．正しい。正岡子規は『歌よみに与ふる書』（評論）で『古今和歌集』と旧派を攻撃し，『万葉集』と源実朝を賞賛し，写生主義を主張した。　3．選択肢は山口誓子に関する記述である。水原秋桜子は花鳥諷詠を不満としてホトトギス派を離れた後，雑誌『馬酔木』の刊行に加わった。　4．選択肢は三好達治に関する記述である。中野重治はマルクス主義やプロレタリア文学運動に参加し，『中野重治詩集』などの作品を残した。　5．雑誌『歴程』の創刊は宮沢賢治没後の1935年である。宮沢賢治の作品の中で存命中に刊行されたものは『春と修羅』と『注文の多い料理店』のみだったため，無名に近い状態であった。彼の没後に草野心平らにより作品群が広められ，国民的作家となった。

3 3

解説 1．誤り。坪内逍遥や二葉亭四迷らが写実主義を主張したという点は正しいが，儒教的な勧善懲悪や効用を重視する功利主義については批判的であった。　2．誤り。山田美妙や尾崎紅葉らは，話し言葉で文章を書くべきであるとする言文一致の運動に尽力した。　3．正しい。日本における自然主義は，技巧的表現を批判し，客観的な描写と自己告白への欲求をありのままに見つめることなどを主眼にしていた。　4．誤り。白樺派を耽美派とすると

正しい文になる。白樺派は，雑誌『白樺』に集い，個性的な自我や人間の尊厳を重視する立場の作家たちを指す。　5．誤り。プロレタリア文学は，自由主義ではなく，社会主義の思想を基盤とする文学である。

4 5

解説　ア．吉田兼好の『徒然草』。吉田兼好は鎌倉時代末期から南北朝初期の歌人・随筆家。『徒然草』は鎌倉時代末期の成立で，「隠者の文学」として知られている。　イ．紀貫之の『土佐日記』。紀貫之が女性の立場から描いた平安時代の代表的な日記文学。　ウ．松尾芭蕉の『奥の細道』。江戸時代初期の成立。俳人の松尾芭蕉が弟子の曽良を連れて江戸から東北を旅したときの様子を俳句とともに描いた紀行文。　エ．清少納言の『枕草子』。平安時代初期の成立。宮廷生活の見聞を鋭く描いた随筆。　オ．鴨長明の『方丈記』。鎌倉時代初期成立。世の無常や世俗を捨てた閑居生活の楽しさなどを描く。なお『枕草子』『徒然草』『方丈記』は三大随筆とよばれている。よって正解は5である。

5 2

解説　1．誤り。浮世絵版画の創始者は，喜多川歌麿ではなく，鈴木春信である。喜多川歌麿は，美人画の大家として名高い。　2．正しい。東洲斎写楽は，個性的な役者絵や相撲絵によって知られている。　3．誤り。例えば，享保年間には，清の画家である沈南蘋が来日し，写実法などを伝えた。　4．誤り。司馬江漢は，日本で初めて銅版画による作品の制作に成功した。　5．誤り。秋田蘭画は，平賀源内の教えを受けた小田野直武らによって生み出された和洋折衷の絵画である。

6 2

解説　1．誤り。古典主義文学が手本としたのは，ギリシアやローマの文化である。　2．正しい。ルネッサンス文学の特徴として，自由，自然，個性の尊重が挙げられる。　3．誤り。ロマン主義文学は，人間の自然な感情を肯定し，重視する立場であった。　4．誤り。写実主義文学は，19世紀中期に発展を遂げた。他の記述については正しい。　5．誤り。自然主義文学は，写実主義文学を発展させることによって成立した。人間の世界から離れたわけではなく，日常的な現実を客観的に写し出すところに特徴がある。

7 2

解説 1．国民楽派に関する記述である。表現派は，ピカソなどの影響を受けた即興を重んじる音楽であり，シェーンベルクやバルトークなどがその代表的な作家である。　2．正しい。バッハはバロック音楽の総合者として知られ，音楽の父とも呼ばれる存在である。　3．古典派音楽は1750〜1820年頃に，バロック音楽を継承して展開された音楽様式である。　4．ドビュッシーに関する記述である。　5．シューベルトに関する記述である。

8 5

解説 1．18世紀後半に起こった新古典主義についての記述である。
2．16世紀末から17世紀にかけてのバロック様式についての記述である。
3．マティスは20世紀初頭のフォービズム（野獣派）の画家である。後期印象派のゴッホやゴーギャンの影響を強く受け，単純化された線と色彩だけでの画面構成を追及した。代表作は『緑の線の肖像』『ダンスⅡ』など。　4．表現主義はアメリカではなく，20世紀初頭のドイツに起こった芸術運動である。ロシア出身のカンディンスキー，ノルウェーで活躍したムンクなどが代表的である。　5．正しい。

9 3

解説 Aはギベルディ。ギベルディは，初期ルネサンスの彫刻家であり，フィレンツェ随一の芸術家とも称され，フィレンツェ洗礼堂のブロンズ浮き彫りなども手掛けた。Bはマサッチオ。マサッチオはルネサンス初期の画家で，近代絵画の創始者である。遠近法を確立し，カルミネ寺院の壁画も手掛けた。Cはレオナルド・ダ・ヴィンチ。レオナルド・ダ・ヴィンチはルネサンスの最盛期を代表する芸術家である。「万能の天才」ともよばれ，科学者としてもその名を広く知らしめた。以上より，正解は3である。

10 3

解説 「れる」「られる」の意味について識別させる問題である。例に示したものは，自然とそうなるという「自発」を表し，感情を示す表現においてよく用いられる。この場合，これに該当するのは3である。1と2は「尊敬」，4は「可能」，5は「受身」を意味する。

11 3

解説 1．誤り。「講義」が正しい。　2．誤り。「完璧」が正しい。　3．正しい。「普遍的」とは，あらゆるものに共通して当てはまる様子を意味する。4．誤り。「微視的」が正しい。　5．誤り。「抽象的」が正しい。

12 2

解説 1．誤り。「足が出る」とは，予算を越えて赤字になることである。2．正しい。「歯牙にかけない」とは，問題にせず，相手にしないことを意味する。　3．誤り。「腰が低い」とは，へりくだった態度を表す。　4．誤り。「口を糊する」とは，貧しく暮らすことであり，言うべきでないことを言わないことは，「口が堅い」という。　5．誤り。「眉唾」とは，偽物やいかがわしいものを意味する。

13 4

解説 1．誤り。「蝸牛角上の争い」とは，本来取るに足らないことで争うことである。　2．誤り。「学問に王道なし」ということわざは，楽をして学問を修めることはできないことを表す。　3．誤り。「豆腐にかすがい」は，手ごたえがない様子を表すことわざであり，「のれんに腕押し」「ぬかに釘」と同義である。　4．正しい。「あばた」は欠点，「えくぼ」は美点を象徴する表現である。　5．誤り。「濡れ手に粟」は，少ない労力で利益を得る様子を意味する。

14 1

解説 1．正しい。「漁夫の利」とは，争いの当事者ではなく，それに加わらない者が得る利益である。　2．誤り。「杞憂」は，必要のない心配を意味する。　3．誤り。「逆鱗に触れる」とは，地位の高い人をひどく怒らせることである。　4．誤り。「画竜点睛を欠く」とは，大切な仕上げができていない様子である。　5．誤り。「蛇足」は，「不要な付け足し」を意味する。

第3部

教養試験
自然科学

- 数　学
- 物　理
- 化　学
- 生　物
- 地　学

自然科学　　　　　　　数　学

||||||||||||||||||||||||||　P O I N T　||||||||||||||||||||||||||

　数学の分野では，高校までの学習内容が出題される。教科書に出てくる公式を覚えるだけではなく，応用問題への対応が必要となる。以下に示す単元ごとの最重要事項を確実に押さえ，本書でその利用法を習得しよう。

　「数と式」の内容では，一見何をしたらよいか分かりづらい問題が出てくるが，「因数分解」，「因数定理」，「剰余の定理」，「相加平均・相乗平均の関係」などを用いることが多い。その他にも，「分母の有理化」や根号，絶対値の扱い方などをしっかり確認しておこう。

　「方程式と不等式」の内容では，特に二次方程式や二次不等式を扱う問題が頻出である。「二次方程式の解と係数の関係」，「解の公式」，「判別式」を用いた実数解や虚数解の数を求める問題は確実にできるようにしたい。また，「二次不等式の解」，「連立不等式の解の範囲」については，不等号の向きを間違えないように注意しよう。余裕があれば，「三次方程式の解と係数の関係」や「円の方程式」なども知っておきたい。

　「関数」の内容でも，中心となるのは二次関数である。「二次関数のグラフの頂点」，「最大値と最小値」，「x軸との共有点」は確実に求められるようにしよう。また，グラフを「対称移動」や「平行移動」させたときの式の変形もできるようにしたい。その他にも，「点と直線の距離」，「三角関数」の基本的な公式なども知っておきたい。

　「数の性質」の内容では，「倍数と約数」，「剰余系」，「n進法」などの問題が出題される。これらについては，とにかく多くの問題を解いてパターンを覚えることが重要である。

　「微分・積分」の内容では，グラフのある点における「接線の方程式」，グラフに囲まれた「面積」が求められるようになっておきたい。

　「場合の数と確率」の内容では，まずは順列・組合せと確率計算が正しくできなければならない。その際，場合の数が多かったり抽象的であったりして考えにくいようであれば，樹形図の活用や問題の具体的な内容を書き出すことで，一般的な規則性が見つかり解法が分かることがある。余事象を利用することで，容易に解ける問題もある。「同じものを含む順列」，「円順列」など

もできるようにしたい。

　「数列」の内容では，等差数列，等比数列，階差数列の一般項や和の公式を覚えよう。余裕があれば，群数列にも慣れておこう。

　「図形」の内容では，三角形の合同条件・相似条件，平行線と角に関する性質，三角形・四角形・円などの基本的性質や，面積の計算方法などは必ずと言ってよいほど必要となるので，しっかりと整理しておくこと。

　数学の知識は「判断推理」や「数的推理」の問題を解く際にも必要となるため，これらと並行して取り組むようにしたい。

狙われやすい！ 重要事項

☑ 二次方程式・不等式
☑ 二次関数の最大値・最小値
☑ 平面図形の面積

《 演 習 問 題 》

1 次の文中のア～イにあてはまるものの組み合わせとして，正しいのはどれか。

　720の正の約数は（ア）である。また，これらの約数の総和は（イ）である。

	（ア）	（イ）
1	30個	2400
2	30個	2418
3	30個	2432
4	32個	2400
5	32個	2432

2 $x=\sqrt{5}+\sqrt{2}$，$y=\sqrt{5}-\sqrt{2}$ のとき，x^2+xy+y^2の値として正しいものはどれか。

　1 15　　　2 16　　　3 17　　　4 18　　　5 19

3 二次関数$y=ax^2+bx+c$が2点 (1, 5)，(4，－1) を通り，軸の方程式が直線$x=2$とき，$a+b+c$の値は次のうちどれか。

　1 －3　　　2 0　　　3 1　　　4 3　　　5 5

4 横の長さが縦の長さの2倍である長方形の厚紙がある。この厚紙の四すみから，一辺の長さが4cmの正方形を切り取って，折り曲げ，ふたのない直方体の容器を作る。その容積が64cm³のとき，もとの厚紙の縦の長さは何cmか。

1 $6 - 2\sqrt{3}$　　2 $6 - \sqrt{3}$　　3 $6 + \sqrt{3}$

4 $6 + 2\sqrt{3}$　　5 $6 + 3\sqrt{3}$

5 24kmの道のりを，はじめは時速4km，途中から時速3kmで歩いたところ，7時間以内で着くことがわかった。時速4kmで歩いた道のりの範囲として，正しいものはどれか。

1 8km以上　　2 8km以内　　3 12km以上

4 12km以内　　5 16km以上

6 放物線$y = x^2$上の点Bからy軸に下ろした垂線の長さをaとし，図のように正方形ABCDを作る。このとき，点Bが$y = x^2$($x > 0$) 上を動くとき，点Cの描く軌跡の方程式として正しいものはどれか。

1 $y = 2x^2 + x$
2 $y = -2x^2 - x$
3 $y = -x^2 - x$
4 $y = x^2 - x$
5 $y = x^2 + x$

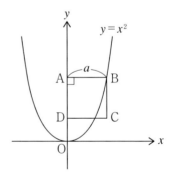

7 2次方程式$x^2 - 2kx + k + 6 = 0$の異なる2つの実数解が，ともに1より大きくなるためのkの範囲は次のうちどれか。

1 $3 < k < 5$
2 $k < -2,\ 3 < k$
3 $k < -2$
4 $3 < k < 7$
5 $1 < k < 7$

8 図において，△HIJは正三角形，四角形HKLMはひし形であり，さらに，HM//IJである。また，点Kは辺HJ上の点であり，線分JMと辺KLの交点をNとする。HK：KJ＝2：1のとき，△LMNと四角形HJLMの面積の比として，正しいものはどれか。

1 4：15
2 2：7
3 1：4
4 3：5
5 3：13

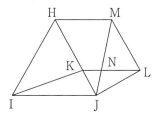

9 △ABCにおいて，CA＝2，∠B＝45°，∠C＝60°のとき，辺BCの長さとして正しいものはどれか。

1 $\sqrt{2}$
2 $\sqrt{2}+2$
3 4
4 $\sqrt{3}$
5 $\sqrt{3}+1$

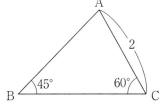

10 右の図において，円C_1の半径は2，円C_2の半径は5，2円の中心間の距離は$O_1O_2＝9$である。2円の共通外接線lと2円C_1，C_2との接点をそれぞれA，Bとするとき，線分ABの長さとして正しいものは次のどれか。

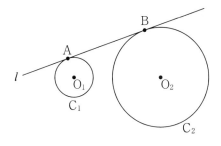

1 $3\sqrt{7}$　　2 8　　3 $6\sqrt{2}$　　4 $5\sqrt{3}$　　5 $4\sqrt{5}$

《 解 答 ・ 解 説 》

⑴ 2

解説

（ア）$720 = 2^4 \cdot 3^2 \cdot 5$ より，720 の正の約数は

$(4 + 1) \cdot (2 + 1) \cdot (1 + 1) = 30$〔個〕

（イ）約数の総和は

$(2^0 + 2^1 + 2^2 + 2^3 + 2^4) \cdot (3^0 + 3^1 + 3^2) \cdot (5^0 + 5^1)$

$= (1 + 2 + 4 + 8 + 16) \cdot (1 + 3 + 9) \cdot (1 + 5)$

$= 31 \times 13 \times 6$

$= 2418$

以上より，正解は2。

⑵ 3

解説 $(x + y)^2 = x^2 + 2xy + y^2$ であるから，$x^2 + xy + y^2 = (x + y)^2 - xy$ と表せる。

ここで，$x + y = (\sqrt{5} + \sqrt{2}) + (\sqrt{5} - \sqrt{2}) = 2\sqrt{5}$

$xy = (\sqrt{5} + \sqrt{2})(\sqrt{5} - \sqrt{2}) = 5 - 2 = 3$

であるから，求める値は $(x + y)^2 - xy = (2\sqrt{5})^2 - 3 = 20 - 3 = 17$

以上より，正解は3。

⑶ 5

解説 軸の方程式が直線 $x = 2$ より，この二次関数は $y = a(x - 2)^2 + q$ とおける。

これが2点 $(1, 5)$，$(4, -1)$ を通るので，$a + q = 5$，$4a + q = -1$

これを解いて，$a = -2$，$q = 7$

よって，この二次関数は $y = -2(x - 2)^2 + 7$

$= -2x^2 + 8x - 1$

したがって $a = -2$，$b = 8$，$c = -1$ より $a + b + c = -2 + 8 + (-1) = 5$

以上より，正解は5。

4 4

解説 厚紙の縦の長さを x 〔cm〕とすると，横の長さは $2x$ 〔cm〕である。また，容器の底面は，縦 $(x-8)$ cm，横 $(2x-8)$ cmの長方形で，容器の高さは4cmである。

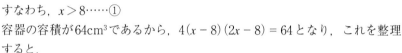

厚紙の縦，横，及び，容器の縦，横の長さは正の数であるから，

$x>0$，$x-8>0$，$2x-8>0$

すなわち，$x>8$……①

容器の容積が64cm³であるから，$4(x-8)(2x-8)=64$ となり，これを整理すると，

$x^2-12x+24=0$

よって，$x=6\pm\sqrt{6^2-24}=6\pm\sqrt{12}=6\pm2\sqrt{3}$

このうち①を満たすものは，$x=6+2\sqrt{3}$

以上より，正解は4。

5 3

解説 時速4kmで歩いた道のりを a 〔km〕とすると，時速3kmで歩いた道のりは $24-a$ 〔km〕となり，時間 $=\dfrac{距離}{速さ}$ より，$\dfrac{a}{4}+\dfrac{24-a}{3}\leqq7$

$a\geqq12$ 〔km〕

以上より，正解は3。

6 4

解説 点Bの座標を (a, a^2) とすると，AB = BC = CD = DAであることから，点Cの座標を (a, a^2-a) とおくことができる。

点Bが $y=x^2$ 上を動くとき点Cの描く軌道を (x, y) とすると，

$x=a$，$y=a^2-a$ と表すことができる。

ここから $y=x^2-x$ を得ることができる。

以上より，正解は4。

7 4

解説　$x^2 - 2kx + k + 6 = 0$の判別式

をDとおくと

異なる2つの実数解をもつ条件より，

$\dfrac{D}{4} = (-k)^2 - (k+6) > 0$

$\qquad k^2 - k - 6 > 0$

$\qquad (k+2)(k-3) > 0$

$\therefore \quad k < -2, \ 3 < k \cdots\cdots①$

$f(x) = x^2 - 2kx + k + 6$とおくと

$\quad f(x) = (x-k)^2 - k^2 + k + 6$

右図より，軸の条件は直線$x = k > 1\cdots\cdots②$

$\quad f(1) = 1 - 2k + k + 6 > 0 \quad \therefore \quad k < 7\cdots\cdots③$

①〜③より　$3 < k < 7$

以上より，正解は4。

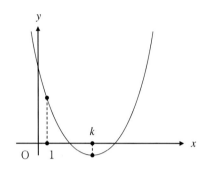

8 1

解説　四角形HKLMはひし形よりHM∥KNなので，MN：NJ＝HK：KJ

＝2：1。

　　よって，△LMN：△LJN＝2：1…①

また，HJ∥MLなので，HJ：ML＝3：2。また，HJ∥MLより，四角形MHJL

は台形なので，△HJMと△LMJの高さは等しい。

　　よって，△HJM：△LMJ＝3：2＝9：6…②

①より，△LMN：△LMJ＝2：3＝4：6…③

②③より，△LMN：四角形HJLM＝△LMN：（△HJM＋△LMJ）＝4：（9＋6）

$\qquad\qquad\qquad\qquad\qquad\qquad\qquad\qquad\qquad\qquad = 4：15$

以上より，正解は1。

9 5

解説 点AからBCに垂線を引きBCとの交点をHとすると，△ABHは垂直二等辺三角形となる。ここで，∠A = 180° − 45° − 60° = 75°より，∠CAH = 30°となるので，△ACHは

CH：AC：AH = $1：2：\sqrt{3}$ の直角三角形となる。

よって，CH = 1，AH = BH = $\sqrt{3}$ なので，

BC = BH + HC = $\sqrt{3}$ + 1

以上より，正解は5。

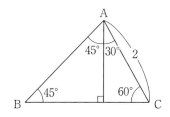

参考：三角関数を用いる場合

$$HC = CA\cos60° = 2 \cdot \frac{1}{2} = 1$$

$$AH = CA\sin60° = 2 \cdot \frac{\sqrt{3}}{2} = \sqrt{3}$$

$$BH = AH = \sqrt{3}$$

よって，BC = BH + HC = $\sqrt{3}$ + 1

10 3

解説 円の接線と半径の関係より，$O_1A \perp l$，$O_2B \perp l$であるから，点O_1から線分O_2Bに垂線O_1Hを下ろすと，四角形AO_1HBは長方形となる。

HB = O_1A = 2より，O_2H = 5 − 2 = 3

△O_1O_2Hにおいて，三平方の定理より，

$O_1H = \sqrt{9^2 - 3^2} = 6\sqrt{2}$

よって，AB = O_1H = $6\sqrt{2}$

以上より，正解は3。

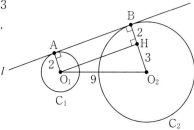

自然科学 　　　物　理

|||||||||||||||||||||||||||　P O I N T　|||||||||||||||||||||||||||

　物理の分野では，ほとんどが高校物理の内容を中心とした問題で，下記の
いずれの単元からも出題される可能性がある。しかし，出題パターンは限ら
れており，優先的に取り組むべきなのは「力学」で，「電磁気」，「波動」がこ
れに続く。ほとんどが計算問題であるが，正誤問題や穴埋め問題が出る場合
もある。

　「力学」では，「等速直線運動」や「等加速度直線運動」が基本となり，「落
体の運動」，「斜面をすべる物体の運動」などはこれらの知識を用いて解いてい
くことになる。また，覚えた公式をどの問題で，どういう形で利用するのか，
自身で判断できるようにならなければいけない。例えば，「落体の運動」では
自由落下，鉛直投げ下ろし，鉛直投げ上げ，水平投射，斜方投射といった
様々な運動形態が出てくる。その他にも，「糸の張力」，「ばねの弾性力」，「浮
力」といった力の種類や，「仕事とエネルギー」，「運動量」などを題材にした
問題も多い。

　「熱と気体」では，「熱量の保存」に関する計算問題や，「物質の三態と状態
変化」に関する正誤問題または穴埋め問題が頻出である。覚えることが少な
い単元なので，しっかりと練習しておけば得点源になりやすい。

　「波動」では，まず波の基本公式を覚え，波長，振動数，速さ，周期といっ
た物理量を用いて，式変形ができるようになっておくべきである。そして，
最も重要なのが「ドップラー効果」を題材にした計算問題であり，基本公式は
確実に覚えておかなければならない。そのうえで，音源と観測者が静止して
いる場合，近づく場合，遠ざかる場合によって，基本公式の速度の符号が変
わることに気を付けてほしい。実際の試験問題では，問題文からいずれの場
合であるか読み取り，自身の判断で公式を立てられるようにならなければい
けない。なお，この単元では波の性質（反射，屈折，回折，干渉など）やそ
の具体例，温度と音速の関係など，基本的性質を問う正誤問題が出題される
ことが多いので注意しよう。

　「電磁気」では，コンデンサーや電気抵抗のある電気回路を題材にした計算
問題が非常に多い。公式としては，「オームの法則」，「合成抵抗」，「合成容

量」,「抵抗率」に関するものは確実に使えるようになっておきたい。余力が
あれば,「キルヒホッフの法則」も覚えておこう。計算パターンは限られてい
るが, コンデンサーや抵抗の数, および接続方法を変えた多様な問題が出題
されるので注意が必要である。接続方法には「直列接続」と「並列接続」があ
り, 実際の試験問題では, 与えられた電気回路のどこが直列 (または並列) 接
続なのか自身で判断できなければならない。

「原子」では, まずはα線, β線, γ線の基本的な性質や違いを理解しよう。
そのうえで,「核分裂」や「核融合」の反応式が作れること,「放射性原子核の
半減期」に関する計算問題ができるようになっておこう。この単元も, 是非
とも得点源にしたい。

学習方法としては, 本書の例題に限らずできるだけ多くの問題を解くこと
である。公式を丸暗記するより, 具体的な問題を解きながら考える力を養っ
ていこう。難問が出題されることはほとんどないので, 教科書の練習問題や
章末問題レベルに集中して取り組むようにしたい。

👉 **狙われやすい! 重要事項** ································

☑ **力のつりあい**
☑ **等加速度運動**
☑ **音波の性質**
☑ **電気回路**

《《　演習問題　》》

1️⃣ 図のように，軽いひもを使って，天井から重さ20Nのおもりを吊るしている。∠XYZ＝90°，∠XZY＝30°のとき，ひもXYにかかる力の大きさとして，正しいものはどれか。

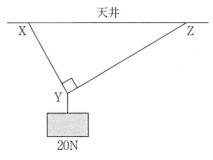

1　$5\sqrt{3}$ N　　2　10N　　3　$10\sqrt{3}$ N　　4　15N　　5　$15\sqrt{3}$ N

2️⃣ 振動数が440Hzの音が，温度が20℃の部屋から5℃の屋外へもれているとする。このときの音の振動数と波長の関係について正しいのはどれか。

1　振動数，波長ともに減少する。
2　振動数は変化しないが，波長は長くなる。
3　振動数は変化しないが，波長は短くなる。
4　振動数は減少するが，波長は変化しない。
5　振動数，波長ともに変化しない。

3️⃣ 起電力が3Vで内部抵抗が0.4Ωの電池Eが2個と，0.3Ωの抵抗Rがある。これらを図のようにつないだら，Rを流れる電流はいくらになるか。

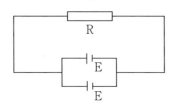

1　6A　　2　5A　　3　4A　　4　3A　　5　2A

4 右図のような単振り子に関する記述のう
ち，正しいのはどれか。

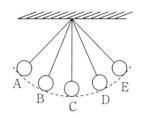

1 速度が最大になるのはB点とD点である。
2 おもりの加速度が最小であるのはA点と
E点である。
3 D点での加速度の向きは，いつも等しい。
4 運動エネルギーが最小であるのはC点である。
5 位置エネルギーが最大なのはB点とD点である。

5 なめらかな水平面上に質量5.0kgの物体が静止している。その物体を
一定の力Fで引いたところ5.0秒後に4m/sになった。物体を引いている力
Fはいくらか。

1 1.0N   2 2.0N   3 3.0N   4 4.0N   5 5.0N

6 質量aのおもりを吊るすと，$y$cm伸びるばねがある。このばねに関す
る記述として，妥当なものはどれか。ただし，いずれの場合も，ばねやひ
もの質量は無視できるものとする。

1 一般に，ばねの伸びは，荷重に比例するが，このような法則は，定比例
の法則と呼ばれる。
2 このばねを縦に2つつなぎ，質量aのおもりを3つ吊るすと，全体の伸
びは，$5y$cmとなる。
3 このばねを縦に3つつなぎ，質量$\frac{a}{2}$のおもりを6つ吊るすと，全体の
伸びは，$9y$cmとなる。
4 このばねの1つを横に置いて両端にひもを付け，それぞれのひもに定滑
車を通して質量aのおもりを吊るすと，その伸びは$2y$cmとなる。
5 このばねの1つを横に置いて両端にひもを付け，一方を壁につなぎ，も
う一方のひもに定滑車を通して質量aのおもりを吊るすと，その伸び
は$\frac{y}{2}$cmとなる。

7 質量10kgの物体を地面から鉛直上向きに初速度9.8m/sで投げ上げたとき，最高地点の地面からの高さとして，最も適するものはどれか。ただし，重力加速度は9.8m/s²，空気抵抗は無視できるとする。

1 4.9m　　2 9.8m　　3 14.7m　　4 19.8m　　5 24.5m

8 ある静止している観測者の方に，980Hzの音のサイレンを出しながら消防車が近づいてきたとき，観測者が聞いた音の周波数として最も近いものはどれか。ただし，音の速さを340m/秒，消防車の速さを20m/秒とする。

1 1035Hz
2 1038Hz
3 1041Hz
4 1044Hz
5 1047Hz

9 磁界に関する記述として，正しいものはどれか。
1 直流電流の周りに生じる磁界の向きは，右ねじを直線電流の向きに進むように回した場合の向きと同じとなる。
2 磁場は，磁気物質や電荷の運動によって他の物体に作用する力を生じさせることはなく，磁石同士の引き合いや反発は，磁場の相互作用によるものである。
3 磁力線の密度が疎なところは，磁力線の密度が密なところに比べて，磁場の強さが強くなっている。
4 磁力線の向きは磁界の向きを表しており，磁石の周りの磁力線は，S極から出てN極に入る。
5 磁石にはN極とS極があり，N極とN極の間，またはS極とS極の間には地場は生じないが，N極とS極の間には磁場が生じる。

《 解 答 ・ 解 説 》

1 3

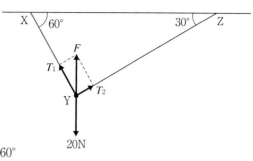

解説 右の図のように，
点Yの鉛直下向きに20Nの
力が作用し，その反作用力
Fは，ひもXYにかかる張
力T_1とひもZYにかかる張
力T_2に分解される。また，
$\angle YXZ = 180° - 90° - 30° = 60°$
であり，FYT_2のなす角は60°，FYT_1のなす角は30°となる。

よって，$T_1 = F\cos30° = 20 \times \dfrac{\sqrt{3}}{2} = 10\sqrt{3}$ 〔N〕

以上より，正解は3。

2 3

解説 音波の速さV〔m/s〕は，乾燥した空気中では振動数によらず，温度t〔℃〕に依存し，$V = 331.5 + 0.6t$の関係がある。よって，温度が下がると音速は減少する。

また，音波の振動数をf〔Hz〕，波長をλ〔m〕とすると，$V = f\lambda$の関係がある。ここで，振動数は媒質が変わっても変化しないので，音速が減少すると波長が短くなることがわかる。

以上より，正解は3。

3 1

解説 各部を流れる電流の強さをi_1，i_2，i_3〔A〕とすると，
つながれている電池2個は同じものなので，

$$i_2 = i_3 = \frac{1}{2}i_1$$

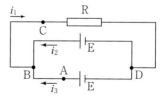

また，閉回路A→B→C→D→Aにこ
の向きを正の向きとして，キルヒホッフの
法則を用いると，

$3 = 0.3i_1 + 0.4i_3 = 0.3i_1 + 0.4 \times \dfrac{i_1}{2}$ より $i_1 = 6$ 〔A〕

以上より，正解は1。

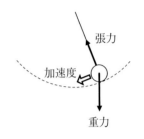

4 3

解説 図のように振り子が振れているとき，おもりにはたらく力は張力と重力だけである。また，どの位置であっても，おもりの運動方向はおもりが描く円弧の接線方向，つまり張力の垂直方向なので，張力はおもりに対して仕事をしない。よって，力学的エネルギー保存の法則が成り立ち，運動エネルギーと位置エネルギーの和は一定となる。

1. 誤り。運動エネルギーが最大となるのは，位置エネルギーが最小となるC点である。　2. 誤り。加速度が最小になるのはC点である。　3. 正しい。D点での加速度の向きは，図のように張力の垂直方向となる。　4. 誤り。運動エネルギーが最小になるのは，位置エネルギーが最大となるA，E点である。　5. 誤り。位置エネルギーが最大になるのは，高さが最大になるA，E点である。

5 4

解説 物体には一定の力が加わっているので，この物体は等加速度直線運動をしている。物体の初速度をv_0 〔m/s〕，速度をv 〔m/s〕，加速度をa 〔m/s²〕，時刻をt 〔s〕とすると，

$$v = v_0 + at$$
$$a = \frac{v - v_0}{t} = \frac{4 - 0}{5.0} = 0.8 〔\text{m/s}^2〕$$

したがって，物体を引く力Fは，運動方程式より，

$$F = 5.0 \times 0.8 = 4.0 〔\text{N}〕$$

以上より，正解は4。

6 3

解説 1. 誤り。「定比例の法則」ではなく，「フックの法則」である。定比例の法則とは，化学反応において，反応に関与する物質の質量の比が常に一定であるというものである。　2. 誤り。質量aのおもりを3つ吊るしたので，ばね1つあたりの伸びは$3y$ 〔cm〕である。ばねを縦に2つつないでいるので，

全体の伸びは$2 \times 3y = 6y$〔cm〕となる。　3．正しい。質量$\dfrac{a}{2}$のおもりを6つ吊るしたので，ばね1つあたりの伸びは$\dfrac{y}{2} \times 6 = 3y$〔cm〕である。ばねを縦に3つつないだので，全体の伸びは$3 \times 3y = 9y$〔cm〕となる。　4．誤り。ばねを天井に吊るして先端におもりを1つ吊るした場合と，ばねを横にして両端におもりを1つずつ吊るした場合の全体の伸びは等しいので，y〔cm〕となる。　5．誤り。4と同様に，ばねの両端にはおもり1つ分の力がはたらくため，伸びはy〔cm〕となる。

7 1

解説 等加速度運動の公式は，初速度v_0〔m/s〕，経過時間t〔s〕，移動距離x〔m〕，加速度a〔m/s²〕，t秒後の速度v〔m/s〕とすると，

$$x = v_0 t + \frac{1}{2}at^2$$
$$v = v_0 + at$$
$$v^2 - v_0^2 = 2ax$$

で示される。ここでは加速度aは重力加速度であり，重力加速度をg〔m/s²〕とすると，3つ目の式は，

$$v^2 - v_0^2 = 2gx$$

となる。
ここで，初速度が9.8m/sであり，最高地点での速度は0になる。また，鉛直上向きを＋とするので，下向きの重力加速度は－9.8m/sとなり，これを代入すると，

$$0 - 9.8^2 = 2 \times (-9.8) \times x$$
$$x = 4.9 \text{〔m〕}$$

よって，最高地点の地面からの高さは4.9mになる。なお，この運動において物体の質量は関係しない。

⑧ **3**

解説 以下のドップラー効果の公式を用いる。

$$f = \frac{V - v_0}{V - v_s} f_0$$

V：音速　　　　　　　　f_0：音源の出す周波数
v_0：観測者の速度　　　f：観測者の聞く周波数
v_s：音源の速度

問題文より，$V = 340$〔m/秒〕，$V_0 = 0$，$V_s = 20$〔m/秒〕，$f_0 = 980$〔Hz〕
聞こえる周波数は，$f = \dfrac{340 - 0}{340 - 20} \times 980 = 1041.25$〔Hz〕
よって，選択肢の中で最も近いのは，選択肢3の1041〔Hz〕である。
以上より，正解は3。

⑨ **1**

解説 1．正しい。「右ねじの法則」に関する記述である。電流の周りの磁界は，右ねじと同じ向き（時計回りの向き）に生じる。なお，磁石が磁極間で引き合う力や退け合う力を磁力（磁気力）といい，磁力を及ぼす領域を磁場・磁界という。磁石の両端を磁極，北を指す磁極をN極，南を指す磁極をS極という。　2．誤り。磁場により，磁気物質や電荷の運動によって他の物体に作用する力を生じるが，これにより，磁石同士が引き合ったり，反発したりする。　3．誤り。磁力線の密度が疎なところは磁力線の密度が密なところに比べて，磁場の強さが弱くなっている。選択肢の記述は，このことと逆のことが述べられているので誤りである。　4．誤り。磁石の周りの磁力線はN極から出てS極に入る。よって選択肢の記述は，N極とS極が反対に述べられているので誤りである。　5．誤り。磁気的な力がはたらく空間が磁場である。N極とN極の間，またS極とS極の間にも磁場が生じるので，選択肢の記述は誤りである。

自然科学　　化学

　化学の分野では，ほとんどが高校化学の内容から出題される。「理論化学」，「無機化学」，「有機化学」に大別されるが，主に「理論化学」からの出題が多い。また，「無機化学」や「有機化学」の内容は，「理論化学」の内容が分かれば理解・暗記がしやすいので，まずは「理論化学」に優先的に取り組むとよい。

　「理論化学」では，計算問題とそれ以外の問題が同じぐらいの割合で出題される。計算問題としては，化学反応式をもとにした物質の質量，体積，物質量などの計算や，与えられた原子量から化合物の式量や分子量を求めることが必須である。そのうえで，気体の状態方程式（圧力，体積，絶対温度など），混合気体の分圧や全圧，溶解度を用いた物質の析出量，熱化学方程式を用いた反応熱，中和滴定に必要な酸や塩基の体積や濃度，酸や塩基のpH，電気分解で析出する物質の質量などが求められるようになっておきたい。その他には，化学理論（分圧の法則など），物質の分離法，化学結合，物質の状態変化，化学平衡，コロイド溶液，化学電池などについてしっかり整理しておこう。

　「無機化学」では，計算問題はほとんど出題されず，大部分が物質の性質を問う正誤問題である。まずは，元素周期表の特徴をしっかりと理解し，性質の似た物質のグループがあることを把握すること。また，イオン化エネルギーや電気陰性度など，周期表と大きく関わる用語を覚えよう。無機物質は金属と非金属に大別される。金属では，1族の金属，2族の金属の他に，鉄，銅，銀，アルミニウム，チタンなどの代表的な金属の性質，化学反応，製法を覚えておくこと。非金属では，ハロゲン，希ガス，炭素やケイ素の性質，化学反応を覚えておくこと。そのうえで，代表的な気体（酸素，窒素，二酸化炭素，アンモニアなど），溶液（塩酸，硫酸，硝酸など）などについて，教科書レベルの知識を身に付けておきたい。

　「有機化学」では，計算問題としては有機化合物の元素分析の結果から分子量が求められるようになろう。その他には，教科書レベルの代表的な有機化合物の性質や反応性を覚えること，高分子化合物については，樹脂，繊維，

ゴムなどに利用される物質について整理しておこう。

　本書に限らず，できるだけ多くの公務員試験の問題に触れ，解いた問題を中心に知識を増やしていこう。出題傾向がつかめたら，大学入試センター試験や大学入学共通テストから類題を探すのもよい。

☞ 狙われやすい！ **重要事項** ……………………………………

☑ **基礎的な化学理論**
☑ **物質の状態変化**
☑ **酸と塩基**
☑ **化学平衡**
☑ **無機物質の性質**

《《　演 習 問 題　》》

1 トルエンを，触媒を用いて酸化すると固体物質が得られる。この物質は次のどれに属するか。

　　1　アミノ酸　　　　　　2　脂肪酸　　　　　3　芳香族カルボン酸
　　4　カルボン酸エステル　5　炭水化物

2 溶液に関する記述として，最も妥当なものはどれか。

　　1　墨汁にニカワを加えるのは，保護コロイドと呼ばれる疎水コロイドを加えて，凝析が生じるのを防ぐ作用を利用している。

　　2　二酸化炭素を溶かして酸性になった雨水が石灰岩の土地に降り，その主成分である炭酸カルシウムを溶食して地下に染み込む現象は，鍾乳洞の生成に大きく関わる。

　　3　固体や気体は，温度が高くなると溶解度が高くなるため，一般に，高温の液体には様々な物質が溶け込んでいる。

　　4　一定の温度であれば，一定量の溶媒に溶けることができる気体の質量または物質量は，その気体の圧力に反比例する。

　　5　一般に，沸点上昇や凝固点降下と溶液の質量モル濃度は，互いに反比例の関係にある。

3 金属のイオン化傾向が「大きい」ということを，間違って表している
ものはどれか。
1 電子を放出しやすい。
2 化学的に活性で，化合しやすい。
3 酸化作用が大きい。
4 還元力が強い。
5 陽イオンになりやすく酸化数が増加しやすい。

4 金属に関する記述として，最も妥当なものはどれか。
1 ナトリウムは，軽く柔らかい金属であり，水と反応すると酸素を発生する。
2 アルミニウムは，急速に錆を生じる性質があり，空気中に放置すると全体が急速に酸化してしまうため，メッキを併用して使用される。
3 リチウムは，電池や原子炉の内壁に使われ，赤色の炎色反応を生じる金属である。
4 チタンは，加工しやすいものの，単体では非常にもろいため，合金の一部として用いられる。
5 金は，イオン化傾向が小さいため，反応する酸が存在せず，単体でも極めて安定した状態が持続する。

5 結晶に関する記述として，最も妥当なものはどれか。
1 共有結合は結合力が強いといわれるので，氷やドライアイスなどの分子結晶は，硬度がきわめて大きい。
2 塩化ナトリウムや水晶のようなイオン結晶は，溶融した場合，電気伝導性がある。
3 ナフタレンや水素が昇華しやすいのは，分子間力が弱く，分子の熱運動により容易に分子間の結合が切れるためである。
4 氷は水よりも密度が小さい。これは，水の結晶では分子が比較的大きなすき間をつくって配列しているからである。
5 ダイヤモンドは互いに電子を出し合い，その自由電子によって結合しているので，融点，沸点は高い。

6 過マンガン酸カリウムとシュウ酸ナトリウムの反応におけるイオン反応式は次式で示される。このイオン反応式の係数 ア に当てはまる数値として，最も適するものはどれか。

$$2MnO_4^- + \boxed{ア} H^+ + \boxed{イ} C_2O_4^{2-} \rightarrow \boxed{ウ} Mn^{2+} + \boxed{エ} CO_2 + \boxed{オ} H_2O$$

1　2　　　　2　4　　　　3　8　　　　4　12　　　5　16

7 5.0×10^5 〔Pa〕，27℃，10Lの気体を，温度を変えずに25Lになるまで膨脹させると，圧力は何Paになるか。

1　1.0×10^5 〔Pa〕　　　2　1.5×10^5 〔Pa〕　　　3　2.0×10^5 〔Pa〕
4　5.0×10^5 〔Pa〕　　　5　12.5×10^5 〔Pa〕

8 ある物質25gを100gの水に溶かした。この水溶液の質量パーセント濃度はいくらになるか。

1　20%　　　2　25%　　　3　30%　　　4　50%　　　5　125%

9 化学変化に関する記述として，妥当なものはどれか。

1　気体が関係する化学反応において，同温かつ同圧の下で，反応する気体の体積間には簡単な整数比が成り立つ。

2　化学反応において，正触媒を加えると，活性化エネルギーが増大することを通じて反応速度が大きくなる。

3　可逆反応において，実際に反応が停止した状態を化学平衡といい，この状態に達した後に濃度や圧力など条件を変えても，新たな化学変化は起こらず，不変の状態が続く。

4　中和反応とは，酸の水素イオンと塩基の水酸化物イオンが反応して，水が生成することによってそれぞれのイオンの性質が打ち消される反応であり，物質によって吸熱反応と発熱反応のいずれかを示す。

5　ケン化と呼ばれる反応を利用して作られるのがセッケンであり，具体的には油脂に酸を加えることによって製造される。

《 解 答・解 説 》

1 3

解説 トルエン $C_6H_5CH_3$ は二酸化マンガンを触媒として酸化すると，安息香酸 C_6H_5COOH が生成する。

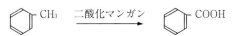

アミノ酸……………………酸性のカルボキシ基—COOHと塩基性のアミノ基—NH_2 を含んでいる化合物。

脂肪酸…………………………R—COOHという一般式で表される化合物。脂肪族カルボン酸ともいう。

芳香族カルボン酸………芳香族炭化水素（ベンゼン環を含む炭化水素）の水素原子1個またはそれ以上を，カルボキシ基—COOHで置換した化合物。

ヒドロキノン酸…………芳香族炭化水素の水素原子2個が，アルコール基—OHで置換されたもの。

カルボン酸エステル……カルボン酸とアルコールが反応して生成する化合物。

炭水化物……………………炭素の水和物として示される化合物。

2 2

解説 1．誤り。「疎水コロイド」を「親水コロイド」に置き換えると正しい記述になる。　2．正しい。雨水や地下水の作用による溶食や浸食によって空洞ができ，やがて鍾乳洞が生じる。　3．誤り。気体の溶解度は，固体と異なり，温度が高くなるほど小さく，温度が低くなるほど大きくなる。　4．誤り。「反比例」を「比例」とすると，ヘンリーの法則についての正しい記述である。　5．誤り。溶質が不揮発性であることを前提とすると，沸点上昇と凝固点降下は，ともに溶質の種類とは無関係に溶液の質量モル濃度に比例する。

3 3

解説 金属元素の原子は，一般にその最外殻電子の1個ないし数個を他に与えて，陽イオンになることがある。この性質が強いことを，イオン化傾向

が大きいという。電子を放出しやすいことから，次々と発展して，「電子を放出しやすい→陽イオンになりやすい→酸化数が増す→酸化されやすい→還元剤となる→化合しやすい」となる。

4 3

解説 1. 誤り。ナトリウムが水と反応すると水素を発生する。　2. 誤り。アルミニウムは，空気中に放置すると酸化被膜を生じるため，全体が急速に酸化してしまうことはない。　3. 正しい。リチウムは，銀白色の柔らかい金属であるが，ナトリウムよりは硬い。　4. 誤り。チタンは，単体でも合金でも強度がある一方，軽いので航空機などにも利用されている。　5. 誤り。金は王水には溶ける。王水とは，濃塩酸と濃硝酸を3対1の体積比で混合してできる橙赤色の酸化力が強い液体である。

5 3

解説 1. 誤り。分子結晶は，分子内の原子の結合は共有結合であるが，分子間力による結合力が弱いため，もろくてこわれやすい。　2. 誤り。水晶はイオン結晶ではなく，共有結合性結晶である。　3. 正しい。　4. 誤り。水ではなく氷の分子が，大きなすき間をつくって配列している。　5. 誤り。ダイヤモンドではなく鉄などの金属結晶の記述である。

6 5

解説 両辺の各元素の原子数が等しくなる。イオン反応式の係数を以下のように書き換えると，

$$2MnO_4^- + aH^+ + bC_2O_4^{2-} \rightarrow cMn^{2+} + dCO_2 + eH_2O$$

それぞれの元素の原子数は，次の関係を満たす。

Mn　$2 = c$　　　……①

O　$8 + 4b = 2d + e$　　　……②

H　$a = 2e$　　　……③

C　$2b = d$　　　……④

これらに両辺のイオンの持つ電荷の合計が等しくなることも含めると，

電荷　$-2 + a - 2b = 2c$　……⑤

②式に③式と④式を代入し整理すると，

$$8 + 2d = 2d + \frac{1}{2}a$$

$$a = 16$$

となる。よって，$\boxed{\text{ア}}$に当てはまるのは16である。

その他の係数も求めると，

$$b = 5, \quad c = 2, \quad d = 10, \quad e = 8$$

となる。このような化学反応式における係数の求め方を，未定係数法という。

$\boxed{7}$ 3

解説 膨張後の気体の圧力を P〔Pa〕とすると，ボイルの法則より，

$$(5.0 \times 10^5) \times 10 = P \times 25$$

$$P = \frac{(5.0 \times 10^5) \times 10}{25} = 2.0 \times 10^5 \text{〔Pa〕}$$

以上より，正解は3。

$\boxed{8}$ 1

解説 溶質の質量が25g，溶媒の質量が100gより，溶液の質量は25 + 100 = 125〔g〕となる。よって，この水溶液の質量パーセント濃度は，

$$\frac{25}{125} \times 100 = 20 \text{〔％〕}$$

以上より，正解は1。

$\boxed{9}$ 1

解説 1．正しい。気体反応の法則についての記述である。 2．誤り。正触媒を加えた場合，活性化エネルギーが減少することを通じて反応速度が大きくなる。 3．誤り。化学平衡の状態では，反応は止まっているように見えるものの，実際に止まっているわけではなく，右向きの反応と左向きの反応の速度が等しくなっている。また，化学平衡に達した後も，濃度，圧力，温度の影響により反応が進み，新たな平衡状態に達する。 4．誤り。中和反応は発熱反応であり，そこで生じる熱を中和熱という。 5．誤り。セッケンは，油脂に塩基である水酸化ナトリウムを加えて加熱することによって作られる。

自然科学　　　　生　物

################################ POINT ################################

　生物の分野では，高校までの内容が出題される。出題形式としては，ほとんどの問題が基本的な知識を問う正誤問題や穴埋め問題で，計算問題はごく一部である。また，教科書と同じような図表が与えられる問題が多いので，図表から必要な情報を的確に読み取れるように，教科書などをしっかり読み込んでおこう。暗記事項が多いものの，中学生物の知識だけで解ける問題もあるため，効果的な学習ができれば十分得点源となる。以下に，それぞれの単元で最重要事項をまとめるので，優先的に取り組んでほしい。

　「細胞」に関する内容として，まずは「細胞小器官」の構造やはたらきを覚え，「動物細胞と植物細胞の違い」を整理しよう。次に，「細胞分裂」について「体細胞分裂の一連の流れ」を覚え，その後「減数分裂」との違いを整理しよう。さらに，「動物細胞と植物細胞の分裂の仕組みの違い」についても理解しよう。図が与えられた問題の対策としては，「どの細胞のどの分裂のどの時期か」が判断できるようになっておきたい。なお，細胞周期や分裂細胞数の計算方法にも慣れておこう。

　「遺伝子」に関する問題として，まずは「DNAとRNA」の構造やはたらきを覚え，これらの違いを整理しよう。次に，「遺伝現象」について，「メンデルの法則に従う遺伝現象」の一連の流れや3つの法則，生まれてくる子の遺伝子型や表現型の分離比の計算方法を完璧に押さえること。その上で，「メンデルの法則に従わない遺伝現象」について，具体例とともに覚えよう。特に，「ABO式血液型」で生まれてくる子の血液型のパターンを問う問題は頻出である。余裕があれば，伴性遺伝の仕組みや組み換え価の計算などに挑戦しよう。

　「代謝」に関する問題としては，まずは「酵素」について基本的な性質を覚え，「消化酵素のはたらきと分泌腺」の組合せを覚えよう。次に，「呼吸」については3つの過程を覚え，それぞれの反応に関与する物質や生成するATPの数を覚えよう。また，「光合成」からは様々な論点や図表からの出題実績があるので，一連の流れを覚えるだけでなく，できるだけ多くの問題に触れること。

　「体内環境と恒常性」に関する内容としては，「免疫反応」の体液性免疫と細胞性免疫の流れと違い，「血液凝固」の仕組み，「ホルモン」のはたらきと分泌腺，「交感神経と副交感神経」のはたらきの違い，「腎臓と肝臓」のはたらき，「ヒトの脳」の部位とはたらきの違いなどがよく出題される。ほとんどがヒトに関わる内容なので取り組みやすいが，「ホルモン」については植物ホルモンから出題される場合も多い。

　「生態系」に関する問題としては，「食物連鎖」や「物質循環」がよく出題されるので，全体の流れをしっかりと把握し，図の読み取りや穴埋め形式の問題への対応をしよう。

　本書に限らず，できるだけ多くの公務員試験の問題に触れ，解いた問題を中心に知識を増やしていこう。出題傾向がつかめたら，大学入試センター試験や大学入学共通テストから類題を探すのもよい。

👉 狙われやすい! 重要事項

☑ **細胞**
☑ **代謝**
☑ **体内環境と恒常性**
☑ **生態系**

《 演 習 問 題 》

1 **遺伝の種類と具体的な例として，正しい組み合わせはどれか。**

1　複対立遺伝子 —— ヒトのABO式血液型
2　致死遺伝子 ——— スイートピーの紫と白の花色
3　伴性遺伝 ———— マルバアサガオやオシロイバナの花色
4　不完全優性 —— ヒトの赤緑色覚異常
5　補足遺伝子 ——— キイロハツカネズミの毛色

2 **植物の細胞，組織について，正しく記述されているものはどれか。**

A　葉の基本組織は，さく状組織にある柔細胞の集団よりなっている。細胞の形が不規則なためすき間が多く，葉緑体をもっている。

B　気孔は葉の表面にあり，水，水蒸気，二酸化炭素の通路となるのは，1対の孔辺細胞にはさまれたすき間である。孔辺細胞は葉緑体を含み，膨圧の変化で気孔を開閉している。

C　茎の形成層は分裂組織に属し，この細胞は原形質に富み，細胞壁は薄い。これは茎や根の肥大成長に直接関係している。

D　木部の道管は維管束に属し，原形質はもたない。上下の細胞壁が消失して1本の長い管になっており，管壁の細胞壁は木化し，部分的には肥厚しているところもあり，いろいろな模様をつくっている。

1　AとC　　2　AとD　　3　BとC　　4　BとD　　5　CとD

3 **植物の開花に関する記述として，最も妥当なものはどれか。**

1　エチレンは，植物の開花に大きな影響を与える液体のホルモンである。

2　日長時間の長さの変化により，花芽形成を含め，植物が影響を受ける性質を屈光性という。

3　長日植物は春から初夏に開花し，例として，ダイコン，ハナショウブなどがあげられる。

4　短日植物は，暗期が限界暗期よりも短いときに花芽を形成する植物である。

5　暗期の長さと花芽の形成に関連がない植物が中性植物であり，ダイズやイネなどがこれにあたる。

4 **人間の輸血に関する記述として，最も妥当なものはどれか。**

1　A型の人からB型の人への輸血は可能である。

2　A型の人からO型の人への輸血は可能である。

3　A型の人からAB型の人への輸血は可能である。

4　B型の人からO型の人への輸血は可能である。

5　AB型の人からB型の人への輸血は可能である。

5 大脳のはたらきを述べた記述として，最も妥当なものはどれか。
 1 からだの平衡を正しく保つ中枢がある。
 2 感覚・感情・記憶・推理・判断の中枢がある。
 3 内臓のはたらきを調節する中枢がある。
 4 呼吸・心臓のはく動・かむ・飲みこむなどの中枢がある。
 5 眼球運動，こう彩の中枢がある。

6 ヒトの色覚異常は劣性の遺伝病で，伴性遺伝をする。次のうち，ヒトの色覚異常の遺伝について，正しく記述されているものはどれか。
 1 父，母とも色覚異常でなくても，色覚異常の息子が産まれることがある。
 2 父，母とも色覚異常であっても，その娘が色覚異常であるとはかぎらない。
 3 母が色覚異常だったら，その子供はすべて色覚異常である。
 4 健康な父と，色覚異常の母では，その息子は健康で，娘は潜在色覚異常になる。
 5 色覚異常の父と，健康な母では，その息子は色覚異常で，娘は潜在色覚異常になる。

7 植物体の生理に関する記述として，最も妥当な記述はどれか。
 1 緑色植物の炭酸同化作用には，光のエネルギーのほかに，体内の糖分を分解することによって得られるエネルギーも利用される。
 2 ふつうの緑色植物では，大気中の遊離窒素を体内に吸収して，これを炭水化物と結合させてアミノ酸を生成する。そして最終的には，いろいろなタンパク質を合成する。
 3 水分の蒸散は，主として葉の裏面にある気孔を通じて行われる。また，蒸散は，昼間より夜間のほうが盛んで，早朝に葉に水滴が残っていることがある。
 4 気孔の開閉は，気孔の内側と外側の細胞の熱膨張率の違いによるものである。気孔が開くのは，外側の細胞がより膨張したときである。
 5 ある種の植物は，微生物と共生することにより，栄養分に乏しい土地でも生育することができる。

8 種子の発芽に必要な条件の組み合わせとして，最も妥当なものはどれか。

1　水　　　　温度　　　　空気
2　水　　　　温度　　　　土
3　土　　　　温度　　　　肥料
4　光　　　　土　　　　　温度
5　水　　　　光　　　　　温度

9 次の図は，横軸に時間，縦軸に細胞分裂における細胞1個当たりの DNA量の相対値を取り，その推移を示したものである。これについて述べた記述のうち，最も妥当なものはどれか。

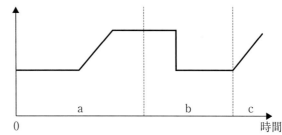

1　グラフの横ばいの部分において，原形質流動が停止している。
2　aの領域では，このグラフの中で，最も盛んに細胞分裂が起こっている。
3　細胞周期を間期と分裂期に分類した場合，bの水平部分が分裂期に対応する。
4　このグラフの推移を見ると，DNAの相対値が減少する部分を含むことから，生殖細胞についての現象が示されていることがわかる。
5　グラフの一部には，減数分裂が行われている部分が含まれている。

10 生態系に関する記述として，妥当なものはどれか。

1　自浄できる分量を大幅に超えた汚水が海などに流入すると，ほとんどのプランクトンが瞬時に死滅する。その結果，多くの魚類が捕食する対象を失うため，死滅に至る。
2　アンモニアは，窒素の循環において重要な役割を果たす。アンモニアは，植物の根によって吸収され，アミノ酸やタンパク質などに変えられる。

3　生態系ピラミッドは，生産者，第一次消費者，第二次消費者などによって構成される。いわゆる高次の消費者は，低次の者に比べると，個体数，エネルギー量において，大規模になる。

4　無機物から有機物を生み出す働きを持つのが生産者である。プランクトンや細菌はこれに含まれず，緑色植物が主な例として挙げられる。

5　湖沼における生態系に大きな脅威を与えているのは硫黄酸化物や窒素酸化物である。被害の最大の原因は，雨が少ない地域の湖沼において，自然界に古くから存在する化合物の濃度が上昇したことにある。

《 解 答 ・ 解 説 》

1　1

解説　1．正しい。複対立遺伝子は3つ以上の対立遺伝子による遺伝現象で，ヒトのABO式血液型などに見られる。　2．誤り。致死遺伝子はキイロハツカネズミの毛色の決定などに関わっている。　3．誤り。伴性遺伝は性染色体上に存在する遺伝子による遺伝現象で，ヒトの赤緑色覚異常などで見られる。4．誤り。不完全優性はマルバアサガオやオシロイバナの花色などで見られる。5．誤り。補足遺伝子はスイートピーの花の色の決定などに関わっている。

2　5

解説　A．誤り。葉の葉肉は，さく状組織と海綿状組織からなり，記述されているのは海綿状組織についてである。さく状組織は，葉緑体は多くもっているが，すき間が少ない。　B．誤り。気孔は葉の裏側に多く分布している。　C．正しい。形成層では，細胞分裂が活発に行われている。　D．正しい。道管は，死んだ細胞によってつくられる。
よって，正しいのはCとDである。以上より，正解は5。

3　3

解説　1．誤り。エチレンは気体のホルモンであり，果実の成熟を促進する。　2．誤り。選択肢は光周性に関する記述であり，屈光性は，植物の茎が光の当たる側に屈曲する性質である。　3．正しい。長日植物は，暗期が限

界暗期より短いときに花芽を形成する植物である。　4．誤り。短日植物は，暗期が限界暗期よりも長いときに花芽を形成する植物である。　5．誤り。中性植物についての説明は正しいが，ダイズやイネは短日植物である。

4 3

解説　実際の輸血の場合は，同じ血液型同士で行うが，理論上は次のようになる。

　各型の血液にはそれぞれ赤血球の中に凝集原（A，B）と，血しょうの中に凝集素（α，β）をもっている。そして輸血の際に，Aとα，Bとβが出会うと，抗原抗体反応が起こり，輸血は不可能となる。各型の凝集原，凝集素を表すと，

A型……A，β	B型……B，α
AB型……AとB，凝集素はナシ	O型……凝集原はナシ，αとβ

となる。つまり，輸血をして供血者と受血者のAとα，Bとβが共存しなければ輸血可能となる。

5 2

解説　1．誤り。これは小脳のはたらきに関する記述である。　2．正しい。3．誤り。これは間脳に関する記述である。　4．誤り。これは延髄に関する記述である。　5．誤り。これは中脳に関する記述である。

6 1

解説　ヒトの色覚異常に関する遺伝子は，X染色体上に存在する。健康な男性の性染色体をXY，健康な女性の性染色体をXXとし，色覚異常をもたらすX染色体をX′と表すと，色覚異常の男性はX′Y，色覚異常の女性はX′X′である。また症状は出ていないものの，X′染色体を1つもつ女性X′Xを潜在色覚異常とする。以上を組み合わせて産まれる可能性のある子どもは次の表のようになる。

	両　親		子　供	
	父	母	息　子	娘
ア	X Y	X X	X Y	X X
イ	X Y	X′ X	X Y, X′ Y	X X, X′ X
ウ	X Y	X′ X′	X′ Y	X′ X
エ	X′ Y	X X	X Y	X′ X
オ	X′ Y	X′ X	X Y, X′ Y	X′ X′, X′ X
カ	X′ Y	X′ X′	X′ Y	X′ X′

1. 正しい。イより，健康な父XYと潜在色覚異常の母X′Xの間には，色覚異常の息子X′Yが産まれる可能性がある。　2. 誤り。カより，色覚異常の父X′Yと母X′X′の間には，色覚異常の娘X′X′が産まれる可能性がある。3. 誤り。ウより，色覚異常の母X′X′と健康な父XYの間には，潜在色覚異常の娘X′Xが産まれる可能性がある。　4. 誤り。ウより，健康な父XYと色覚異常の母X′X′との間には，色覚異常の息子X′Yが産まれる。　5. 誤り。エより，色覚異常の父X′Yと，健康な母XXの間には，健康な息子XYが産まれる。

7　5

解説　1. 誤り。緑色植物の炭酸同化作用とは光合成のことであり，吸収した光エネルギーを用いて合成した化学エネルギー（ATP）が利用される。2. 誤り。一般的な植物は，空気中の窒素を直接利用することはできず，根を通して地中に含まれている硝酸イオンやアンモニウムイオンの形で吸収している。　3. 誤り。気孔は日中に開き，夜間閉じているため，水の蒸散は日中に多く，夜間は少ない。　4. 誤り。気孔の開閉は，孔辺細胞の膨圧の変化によるもので，孔辺細胞が吸水による膨圧でふくれると，気孔は開く。　5. 正しい。これはマメ科植物と根粒菌の相利共生の例である。

8　1

解説　一般に，種子の発芽に必要な条件は温度，水，空気であり，光，土，養分（肥料）は当てはまらない。

9　3

解説 1．誤り。グラフの横ばいの部分は，細胞1個当たりのDNAの量が不変という意味であり，原形質流動とは直接関係はない。　2．誤り。aの領域は間期であり，細胞分裂の準備が行われている。　3．正しい。bの領域の前半部分が分裂期であり，DNA量が半減してからは次の間期である。　4．誤り。グラフより，分裂の前後では細胞1個あたりのDNA量が変化していないので，体細胞分裂と判断できる。なお，生殖細胞における減数分裂の場合は，分裂後の細胞1個あたりのDNA量は，分裂前の半分となる。　5．誤り。減数分裂が行われる場合は，2回の分裂期が存在するはずである。

10　2

解説 1．誤り。汚水の流入は，特定のプランクトンの異常発生や増加をもたらす。その結果，酸素が不足することにより，魚類などの大量死に至る。2．正しい。植物の根から吸収されたアンモニアは，その植物の中で，アミノ酸，タンパク質などの有機窒素化合物の合成に利用される。　3．誤り。低次の消費者は，高次の者に比べると，個体数，エネルギー量，生体量のいずれも大きくなる。　4．誤り。植物プランクトンや光合成細菌は，生産者に含まれる。　5．誤り。酸性雨と富栄養化の説明が混同している。酸性雨が湖沼にもたらす影響は，硫黄酸化物や窒素酸化物が溶け込んだ雨により湖沼が酸性化し，魚などが減少することである。一方，富栄養化が湖沼にもたらす影響は，生活排水が大量に流入することで，湖沼に元から存在する栄養塩類の濃度が増加し，プランクトンなどが異常発生することである。

自然科学　　　　　地 学

　地学の分野では，高校までの内容が出題される。出題形式としては，ほとんどの問題が基本的な知識を問う正誤問題や穴埋め問題で，計算問題はごく一部である。中学の学習内容が最も役に立つ分野といえるので，高校地学の勉強が困難な場合は，中学地学から取り組むのもよい。以下に，それぞれの単元の最重要事項をまとめるので，優先的に取り組んでほしい。

　「地球の外観と活動」に関する内容として，まずは地殻や境界面の種類や特徴をしっかり覚えること。そのうえで，プレートやマントルなど，「地震」や「火山活動」につながる仕組みについて理解しよう。その他にも，ジオイドや重力の定義の理解，扁平率の計算などが出題されやすい。「地震」では，P波とS波の違いや震度とマグニチュードの違いについて理解するとともに，地震波の速度・震源からの距離・地震発生時刻の計算ができるようにしたい。「火山活動」を理解するためには，まずは「火成岩の分類」を完璧に覚える必要がある。鉱物組成の違いがマグマの粘度の差となって現れ，火山の形や活動様式の違いにつながっていく。

　「地球の歴史」に関する問題としては，地質年代を代表する生物の名称，大量絶滅などの出来事について，時系列で整理しておこう。また，示相化石や示準化石についても狙われやすい。

　「大気と海洋」については，「大気」に関する内容に優先的に取り組もう。日本の季節，前線の種類と特徴，台風の定義などは頻出である。また，フェーン現象を題材とした乾燥断熱減率・湿潤断熱減率を使った温度計算や，相対湿度の計算をできるようにしよう。その他にも，風の種類や大気圏の層構造について問われることがある。「海洋」については，エルニーニョ現象が起こる仕組みが頻出である。

　「宇宙」に関する問題としては，まずは地球から見て恒星・惑星・月・星座などがどのように見えるかを完璧に覚えよう。また，南中高度の計算もできるようにしておくこと。次に，「太陽や太陽系の惑星」について，それぞれの特徴を押さえよう。特に，地球型惑星と木星型惑星の違い，金星の見え方な

どが頻出である。会合周期の計算もできるようにしておきたい。さらに，「太陽系外の宇宙の構造」として，HR図を使った恒星の性質の理解，恒星までの距離と明るさの関係などを知っておこう。

　本書に限らず，できるだけ多くの公務員試験の問題に触れ，解いた問題を中心に知識を増やしていこう。出題傾向がつかめたら，大学入試センター試験や大学入学共通テストから類題を探すのもよい。

☞ 狙われやすい！ 重要事項 ·····················

- ☑ **太陽系**
- ☑ **地球の運動**
- ☑ **大気と海洋**
- ☑ **地球の内部構造**
- ☑ **地震**

《《　演 習 問 題　》》

1 **岩石に関する記述として，誤っているものはどれか。**

1　大地を形成する岩石は，火成岩，堆積岩，変成岩に大別される。このうち，火成岩はその生成過程により，火山岩，深成岩に分類される。

2　火成岩のうち，マグマが地殻の深部でゆっくり冷えて固まってできた岩石を深成岩とよび，カコウ岩やセンリョク岩などがある。

3　火山岩と深成岩の組織を比べると，火山岩が等粒状であるのに対し，深成岩は斑状になっている。

4　岩石を，化学組成により分類した場合，それぞれのSiO_2を含む割合によって，その多い順に酸性岩，中性岩，塩基性岩などに分類することができる。

5　酸性岩は白っぽく見えるが，塩基性岩は黒っぽい。

2 次の表は，太陽系に存在する天体についてのデータの一部である。それぞれの天体に関する記述として，最も妥当なものはどれか。ただし，天体A〜Eは，それぞれ水星，火星，土星，天王星，海王星のいずれかである。

	太陽からの平均距離 （天文単位）	赤道半径 （km）	公転周期 （太陽年）	自転周期 （日）
天体A	30.1104	24760	164.7740	0.671
天体B	19.2184	25560	84.022	0.718
天体C	9.5549	60000	29.458	0.444
天体D	1.5237	3397	1.8809	1.0260
天体E	0.3871	2439	0.2409	58.65

1 天体Aは，太陽系の天体ではあるが，惑星には分類されておらず，また，表面温度が約－200℃と非常に低温であるため，大気の成分のほとんどは固体となっていると考えられている。

2 天体Bは，木星型惑星に分類され，また，水素，ヘリウム，メタンなどから成る大気が存在しており，自転については，公転軌道面からみると，横倒しされたような方向に回転している。

3 天体Cは，地球型惑星に分類され，太陽系内において密度が最も小さく，赤道面と一致する環を持つなどの特徴がある。

4 天体Dの大気の主成分は窒素であり，気圧は地球に比べて極めて大きく，両極には，白く輝く極冠がみられる。

5 天体Eは，太陽に最も近い惑星であり，太陽に近いため，ヘリウムを主成分とする大気が存在し，また，太陽に面していない側の温度も非常に高く，あらゆる地点の温度が100℃を上回っている。

3 地震に関する以下の文章で，正しいものの組み合わせを選べ。

A 震度は各地での地震の揺れの大きさを表すが，震度は0から7までの10段階に分かれている。

B 地殻とマントルでは地震波の進む速度はマントルの方が速い。

C 地震波にはP波，S波，表面波があるがP波が最も速く，S波が最も遅い。

D 地震のエネルギーを表すマグニチュードは1大きくなると約32倍のエネルギーとなり，2大きくなると約64倍のエネルギーとなる。

 1 A・B 2 A・C 3 A・D 4 B・C 5 B・D

4 **寒冷前線が気温に与える影響について，最も妥当な記述はどれか。**
1　寒冷前線が近づくと気温は下がり，通過後，また元の気温にもどる。
2　寒冷前線は，温暖前線のような変化はなく，気温の変化はほとんどない。
3　寒冷前線が近づくと気温は下がり，通過後もその気温は変わらない。
4　寒冷前線が近づくと気温は上がり，通過後気温は下がる。
5　寒冷前線が通過すると，気温が激しく変化し，上昇するとも下降するとも一概には言えない。

5 **太陽に関する記述として，最も妥当な記述はどれか。**
1　太陽をおおう大気の最外層を彩層とよび，弱い光を発して，黒点の多い時期にほぼ円形になり，少ない時期には楕円形になっている。
2　太陽面上の暗い斑点状の点を黒点とよび，温度はその周辺に比べると低く，平均して約11年を周期として増減している。
3　太陽のまわりでは，絶えず赤い炎が高く吹き上げられたり下降したりしている。この部分をプロミネンス（紅炎）とよび，組成成分は水素，ヘリウム，カルシウムなどの軽い元素のみである。
4　太陽の大気の最下層部分をコロナとよび，太陽表面から非常に速く飛び出す赤く輝くガスの集合である。
5　太陽をおおっている大気を含めた全体を光球とよび，中心部が暗く，周辺部は明るい。

6 **大気圏に関する記述として，最も妥当なものはどれか。**
1　大気圏は地表から1000km以上の高空まで広がっており，下から順に，対流圏，電離圏，中間層，成層圏に分けられる。
2　対流圏では，雲，雨，台風，前線活動，雷などの天気現象が見られる。しかしながら，これは対流圏特有の現象ではない。
3　約10kmから約50kmの成層圏には，太陽からの紫外線を吸収するオゾン（O_3）を多く含むオゾン層がある。
4　中間圏の気温は，上層になるに従って上がり高度90kmでは摂氏約80度になる。
5　熱圏には，電子密度が極小となるいくつかの電離層が存在する。

7 台風に関する記述として，誤っているものはどれか。

1　北太平洋西部で発生した熱帯低気圧で，平均最大風速が17.2m/s以上のものを台風という。

2　台風の中心を台風の目という。この部分では上昇気流が生じ，積乱雲が発達する。

3　台風の地表付近では，風が反時計まわりにらせん状に吹き込んでいる。

4　台風の進路はさまざまであるが，季節によって大まかに決まる。これは台風が北太平洋高気圧の縁に沿って進むためである。

5　赤道付近で発生した熱帯低気圧は，海水温の高い海上で水蒸気を吸収し，水蒸気の凝結による潜熱によって発達する。

8 火山活動に関する記述として，最も妥当なものはどれか。

1　噴火の形式による分類によれば，最も穏やかなものがプレー式火砕流であり，最も激しいものがハワイ式溶岩流である。

2　火山ガスの成分の90％以上は硫化水素や二酸化硫黄であるため，直接吸入すると人体に多大な影響を及ぼす。

3　玄武岩質マグマは，二酸化ケイ素の含有量が少なく，粘性が低いので，その噴火は他のマグマに比べると穏やかである。

4　溶岩ドームは，二酸化ケイ素が少ないマグマによって形成される。

5　マグマが地表付近で急速に冷却されて固結した火山岩は，等粒状組織によって形成されている。

9 月はいつも同じ面を地球に向けている。このことを説明する事象として，最も正しいものはどれか。

1　月の公転周期が地球の自転周期に一致する。

2　月は自転も公転もしていない。

3　月の自転周期と月の公転周期が一致する。

4　月の自転周期が地球の自転周期に一致する。

5　月の公転周期が地球の公転周期に一致する。

《 解 答・解 説 》

1 3

解説 3.は「火山岩」と「深成岩」の説明が逆である。火山岩は斑状組織,深成岩は等粒状組織をもっている。

2 2

解説 1. 誤り。天体Aは海王星であり,太陽系の惑星の1つである。なお,太陽系の惑星の分類から外された天体は冥王星である。　2. 正しい。天王星についての正しい記述である。なお,木星型惑星は,赤道半径や質量が相対的に大きく,衛星数が多いなどの特徴がある。　3. 誤り。天体Cは土星であり,木星型惑星に分類される。地球型惑星は,赤道半径や質量が相対的に小さいなどの特徴がある。　4. 誤り。天体Dは火星であり,大気の主成分は二酸化炭素,気圧は地球の約170分の1である。　5. 誤り。天体Eは水星である。大気はなく,太陽に面している側の温度は約340℃,面していない側の温度は約 − 160℃である。

3 1

解説 A. 正しい。震度5と6には強と弱があり計10段階である。　B. 正しい。マントルは圧力などの要因により地殻に比べて岩石どうしが密着しており,弾性定数が大きく,硬いので,地震波が伝わりやすく速度が速くなる。　C. 誤り。P波が最も速く,次いでS波,表面波は最も遅い。　D. 誤り。マグニチュードが1大きくなると約32倍になることは正しいが,2大きくなると $32 \times 32 ≒ 1000$〔倍〕になる。

4 4

解説 ある地点を温帯低気圧が通過する際には,先に温暖前線が近づき,これが通過することで気温は上がる。このとき,その地点には後からくる寒冷前線が近づいており,寒冷前線が通過するとその地点の気温は下がる。以上より,正解は4。

5 2

解説 1．誤り。彩層の外側にはコロナという真珠色の層がある。　2．正しい。太陽の表面温度は約6000Kであるが，黒点では1500〜2000Kほど低温である。　3．誤り。プロミネンスとは，太陽表面から飛び出す赤いガスであり，カルシウムは含んでいない。　4．誤り。コロナより彩層の方が下層である。　5．誤り。太陽は中心部が最も明るく，周辺部ほど暗い。また，光球とは，光を出している厚さ約500kmの層のことである。

6 3

解説 1．誤り。大気圏は下から，対流圏，成層圏，中間圏，熱圏の順である。　2．誤り。天気の変化は，対流圏で起きる現象である。　3．正しい。オゾン層が太陽からの紫外線を吸収することにより，成層圏は高度が高くなるほど気温が上昇する。　4．誤り。中間圏の気温は，高度が高くなるほど下降する。　5．誤り。熱圏にある電離層は，電子密度が高い層である。

7 2

解説 1．正しい。北太平洋西部で発生した熱帯低気圧で，平均最大風速が17.2m/s以上のものを台風という。発達した熱帯低気圧は，北太平洋東部や北大西洋ではハリケーン，インド洋ではサイクロンと呼ばれる。　2．誤り。台風の中心付近では下降気流が生じており，この場所では雲はなく，風も弱く青空が見えることもある。　3．正しい。台風は低気圧なので，周りから反時計まわりに風が吹き込む。　4．正しい。台風は北太平洋高気圧のまわりに沿って進むので，北太平洋高気圧の南側では北西に進み，北側では偏西風に運ばれて北東に進む。　5．正しい。台風は赤道付近で発生する。海水温の高い海域で蒸気を吸収し，水蒸気が上昇して凝結することで，熱が放出される。状態変化に伴う熱を潜熱といい，放出される潜熱によって大気が暖められ上昇気流が生じる。

8 3

解説 1．誤り。噴火の形式は，激しいものから順に，プリニー式，ブルカノ式，ストロンボリ式，ハワイ式，アイスランド式である。　2．誤り。火山ガスを直接吸入すると人体に有害であることは正しいが，その主成分は水

蒸気である。　3.　正しい。二酸化ケイ素の含有量が多く粘性が高いマグマほ
ど，激しく噴火する。　4.　誤り。溶岩ドームを形成するのは，二酸化ケイ素
の含有量が多く，粘性が高い流紋岩質マグマなどである。　5.　誤り。火山岩
は，石基と斑晶からなる斑状組織によって形成されている。

9 3

解　説 月は地球の周りを1回公転するごとに，1回自転しており，月の公転
周期と月の自転周期が一致している。その自転周期は27.3日で，地球より長
い。

第4部

文章理解

- 現代文
- 英　文

文章理解　　　　　　　　**現代文**

IIIIIIIIIIIIIIIIIIIIIIIIIIII　P O I N T　IIIIIIIIIIIIIIIIIIIIIIIIIIII

　長文・短文にかかわらず大意や要旨を問う問題は，公務員試験においても毎年出題される。短い時間のなかで正解を得るためには，次のような点に注意するのがコツである。

① 全文を，引用などに惑わされず，まず構成を考えながら通読してみること。

② 何が文章の中心テーマになっているかを確実に把握すること。

③ 引続き選択肢も通読してしまうこと。

④ 選択肢には，正解と似通った紛らわしいものが混ざっているので，注意すること。

⑤ 一般に本文中にも，選択肢と対応した紛らわしい要素が混ざっているので，これを消去すること。

　こうすると，5肢選択といっても，実際には二者択一程度になるので，後は慌てさえしなければ，それほど難しいものではない。

《　演　習　問　題　》

1 次の文章の内容と一致するものはどれか。

　感傷はただ感傷を喚び起こす，そうでなければただ消えてゆく。

　情念はその固有な力によって創造する，乃至は破壊する。しかし感傷はそうではない。情念はその固有の力によってイマジネーションを喚び起こす。しかし感傷に伴うのはドリームでしかない。イマジネーションは創造的であり得る。しかしドリームはそうではない。そこには動くものと動かぬものとの間の差異があるであろう。

　感傷的であることが芸術的であるかのように考えるのは，一つの感傷でしかない。感傷的であることが宗教的であるかのように考える者に至っては，更にそれ以上感傷的であるといわねばならぬ。宗教はもとより，芸術も，感傷からの脱出である。

1 宗教と芸術には，共通点を見出すことができる。
2 イマジネーションは，創造性と無縁である。
3 いかなる感傷も，粘着性を持って残存する。
4 情念と感傷は，極めて類似した性質を持つ。
5 高度で強い願望こそが，宗教が生じる源泉である。

[2] **次の下線部の理由として最も適切なものはどれか。**

　歴史的に見て，日本は固有の文字をもっていなかった。自分の言葉—「土着」の感性—を書くために，異質な文字—「舶来」の漢字—を使わなければならなかった。日本語を書く緊張感とは，文字の流入過程，つまり日本語の文字の歴史に否応なしに参加せざるを得なくなる，ということなのだ。誰でも，日本語を一行書いた瞬間に，そこに投げ込まれる。それは，中国人もアメリカ人もフランス人も，意識せずに済む緊張感だ。

　このことは，ぼくがアメリカと日本の間だけを往還していた時代には，必ずしも見えるものではなかった。日本とアメリカ，あるいは日本と西洋という動きに加え，日本と中国大陸という，もうひとつの行き来があったときに初めて，はっきりと見えてきた。

1 これらの国々では，必ずしも土着の感性の表現を求められないから。
2 これらの国々と日本を往来するようになり，文化の摩擦を意識せざるを得なくなったから。
3 これらの国々では，外国の影響を受けることなく，文字と文化を発展させることができたから。
4 これらの国々においても，日本においても，舶来の文字を使うことは避けることができず，そのことこそが文化の本質であるといえるから。
5 これらの国々の言語を書く際には，必ずしも文字の歴史に参加することを求められないから。

[3] **次の文章の内容と一致するものはどれか。**

　多数の人が，集団を作って助け合って生きている場合，いつの間にか，長い時間の中で，お互いを理解し合い行動を予測することのできる，大きなルールのかたまりのようなものができあがります。それは，たとえば日本語を作ったのは誰であり，いつ頃でき上がったのか決してわからないのと同じように，いつの間にか，次第にまとまりをもったものとして集団のメンバーによって受

け入れられ維持され，さらに若い世代に伝達されるのですが，決して，いつ，誰が作ったのかわかりません。このルールのかたまりのようなものを，文化人類学という学問では「文化」と呼んでいます。

1　集団の中で伝承されてきたルールの集合体のようなものが文化と呼ばれている。

2　文化人類学の発展の中で，特定の言語を作ったのは誰であるかが次第に明確化されてきた。

3　言語の成立の時期については，おぼろげながらではあるが，特定されつつある。

4　ルールについての世代間の断絶は，あらゆる文化について普遍的にみられる事象である。

5　行動の予測を可能にする道具として，言語によらないコミュニケーションが発達してきた。

4　**次の文章の内容と一致するものとして，妥当なものはどれか。**

　私たちの家庭は，成員の相互理解という点で，いろいろの長所や欠陥が生まれた。長所については後に触れる。欠陥をまず考えよう。

　読者は一度自分の家でのやりとりを録音して聞いてみられるとよい。記憶がうすれると，自分自身でも何のことを話していたのか，わからなくなるような対話で埋められているはずだ。「おい，そのあの，あれはどうした。」「ああ，あれ，すんだわよ。」というたぐいなのである。

　赤ん坊だっていろいろ意志を持つ。だが，赤ん坊は細かい表現はできない。手段としては泣き声と若干の身ぶりしか持ち合わせていない。だが，鋭敏な親はその直観によって，あらゆる要求をききわけることができる。それは本能的なものだ。生半可な知識は，かえってその直観力を乱し破壊する。要するに，いっさいはこの直観で行われるのである。大人に対しても，それで行けばよい。このことは逆に，直観力を持つ人たちにかこまれている場合には，別にくわしい表現力を養う必要がないという結果を生む。

1　私たちの家庭は，赤ん坊の存在を不可欠な要素としてきた。

2　直観力を持つ人々の集団では，詳細な表現力は必ずしも求められない。

3　赤ん坊の要求を聞き分けるためには，育児についての知識が不可欠である。

4　親子間のコミュニケーションの前提として重要なのは，直観力ではなく，本能である。

5　教育の現場でコミュニケーション能力を養成する際，論理的なものより
　　直観力について重きを置かなければならない。

⑤　**次の文章の内容として，妥当なものはどれか。**

　芸術家の労働は，室内で働く職人の労働と似た面もあるが，またちがった面
もある。似ているのは，技術的にたくみであらねばならぬという点である。そ
ういった技巧は先達に学び，また忍耐強い修練をつんで初めて得られるもので
ある。もちろん才能は必要である（モーツァルト，バイロン，ユゴー，シャトー
ブリアン）。しかしだいじなことは，才能もみがかなければついに何も生みだし
えないと心得ることだ。私はヴァレリイが仕事をするさまを見たことがあるし，
プルーストの手書き原稿を調べたこともある。そこに見たものは，忍耐強い探
究と果てることのない推敲，ただそれにつきた。頭の中にある考えを正確に表
現しうる言葉を探す努力，ぴたりと決めるべきただひとつの語を，対照と調和
の神秘的な組合せにもとづいて追求する努力に，すべてがつらぬかれていた。

1　芸術の価値は，一般に考えられているような神秘性とは無縁である。
2　芸術作品がよりすぐれたものとなるために重要な役割を果たすのは，専
　　ら，並外れた天才的な才能である。
3　作品を仕上げる上で，より良いものを目指して改善する姿勢は重要であ
　　るが，ある程度の妥協も不可欠な要素である。
4　芸術や技術を極めるためには，過去から粘り強く学ぶ姿勢と未来に対す
　　る鋭い洞察力が求められる。
5　芸術家と職人の労働は，技術的にたくみでなければならない点が類似し
　　ている。

⑥　**次の文章の内容と一致するものはどれか。**

　日本の社会は家族主義的であるといわれているにもかかわらず，家族集団
の防衛機能は，ヨーロッパの場合に比べてむしろ弱い。家族外の世間の基準
に従って家族成員が裁かれた時，家族は彼を世間の非難から護るどころか，
家族の体面を傷つけたという理由によって，世間の彼に対する非難に同調す
る。それは世間の中にあっての家族の自立性の弱さからくるやむをえない措
置なのである。日本のファシズムがドイツのファシズムとその性格を異にする
点は少なくないが，これらの相違を明らかに表している一例として，国家権
力が家族を取り扱った仕方をあげることができよう。

1　ファシズムは，その凶暴性故に，あらゆる国家の枠を越えて画一的な性質を有するものである。

2　日本において，家族の体面は，家族に対する態度に影響を与えない。

3　家族集団の防衛機能は，時間の経過によって急速に失われつつあり，近年では，家族について考察する上で重視されていない。

4　社会における民主主義の浸透の度合いは，家族のあり方にも大きな影響を与え続けてきた。

5　日本において，家族の成員が裁かれた時，他の家族は，裁かれた者に対する非難に同調する。

7 次の文章の主旨と一致するものはどれか。

「春立つや四十三年人の飯」。小林一茶は働き者の多い北信の農村から江戸に出て，かろうじて芸で身を立てたので屈折した言を吐く。「耕さぬ罪もいくばくか年の暮れ」。江戸時代の言語芸人は引け目を感じていた。食糧生産はりっぱな仕事で，商工業はそれに劣る。だが，統治の知を操る武家，転じて儒家は「修身斉家治国平天下」を目指すのだから重大な使命があり，プライドも並ではなかった。儒家と俳人はともに「読み書き作る」人とはいってもずいぶん格差がある。

「老いが身の値ぶみをさるるけさの春」などといじけたような句を連発した一茶だが，実は突き抜けたプライド，いや求道心をのぞかせてもいる。「何もないが心安さよ涼しさよ」，これは俳句を詠みながら，「読み書き作る」ような意識が何もないところを遠望している。「日が長い長いと無駄な此世かな」という句では，あくせく暮らす「此世」を達観して死の気配を漂わせている。『おらが春』の末尾では，「ともかくもあなた任せのとしの暮」と詠みつつ，地獄でも極楽でもいい，そこまでお任せという境地だ，そううそぶいている。真宗門徒としては落第だろう。

私自身は50歳を過ぎてやっと「死生観」の語が身近になり，お互いの苦境をそれとなく察しあうような振舞いに引かれるようになった。この種の超越意識は明治後期以降の知識人の内面性を支えた超越のあり方とは少し異なる。19世紀から20世紀へと，「読み書く」意識の主流は統治の知から文明の知，教養の知，自立の知へと展開したが，右肩上がりをやめた今，凡人臭さを露わにしつつ，実は超凡の域を垣間見させる「浮世」の芸の伝統があらためて参考になるような気がする。

1 小林一茶は屈折していて，真宗門徒としても落第である。
2 50歳を過ぎてやっと「死生観」の語が身近になったので，小林一茶のような「浮世」芸を身につけたい。
3 小林一茶は屈折しているが，突き抜けたプライドもある。
4 ことばをつなぐ世界も成長が止まったようなので，小林一茶が再評価されてもよい。
5 「死生観」の語が身近になれば，小林一茶のような「浮世」芸の価値が高くなる。

8 次の文章の空欄に入る内容として，妥当なものはどれか。

　偉大なる思想・教説は永遠に新しいのであって時空を超越する。プラトンは大哲であったばかりではなく，また偉大なる教育思想家であった。彼は人間・国民・国家がいかにあり，またあるべきかということについて深い関心をもっていた。彼は国家論・法律論・政治論・正義論等において真に人間・国民・国家の［　　　　］を企図したのであった。
　プトランは当時アテナイの人民を愚民制や潜主制の虐政から救済しようとする熱烈なる念願をもっていた。その方法として彼は国家及び国民生活のうちに正義の理念を実現せんとしたのである。それがためには，彼は国政の目的は国民を教育して有徳な人間にすることであった。それ故に統治者は最も教養のある・最も訓練された・最も有徳な人格でなければならない。これがいわゆる哲人王といわれるものである。
1 存在について時空を超越する水準に高めること
2 支配をアテナイの人民から解放すること
3 あり方において僭主性の重要性を再評価すること
4 青写真を作成すること
5 あるべき姿に教え導くこと

9 次の文章の内容と一致するものとして，妥当なものはどれか。

　ひとは食べずには生きていけない。そして食べるためには，食べるものを作らなければならない。狩猟民や採集民にしても，獲物や採集物を，調理もせずに食べるのはまれであろう。調理は，人間生活におけるもっとも基礎的な行動であることは疑いない。火がしばしば文明の象徴とされるのも，おそらくそういう理由からであろう。

　が，この調理といういとなみに，奇妙なことが起こっている。独身の人たちにかぎらず，料理をしないひとが増えてきたというのは，正確な数字情報はもっていないけれども，コンビニエンス・ストアやデパートの地下の食料品売り場，あるいは夜の居酒屋などの風景を見るかぎり，どうもたしかな事実のようである。昼休みともなると，みずから調理したお弁当を開けるひとはさらに少なくなる。ほとんどのひとが社員食堂に行くか，弁当を買いに行く。パンやスナック菓子ですませるひとも少なくない。

1　社員食堂に群がったり，弁当を買いに行ったりする人々は，それぞれがみんな孤独であり，心の豊かさからかけ離れた生活を営んでいる。

2　人が生きる上で食べることが不可欠であるという前提は，崩れつつある。

3　自分で調理したものを食べずに食事を済ませることが，昼休みの一般的な風景となっている。

4　狩猟や採集によって食物を得ていた時代と，それ以降の時代を区別する基準として，食における調理の有無が挙げられる。

5　食育を効果的に進めることは，人類にとって普遍的な課題である。

10　次の文章の内容と一致するものとして，妥当なものはどれか。

　フィヒテによれば，私の行為が義務に適っていると私が確信するとき，私は，私の行為に，私の現在の確信についての概念を照合させるだけではなく，私の可能な全確信についての概念に，私が現在の瞬間に思惟することが可能な限りでの「全確信の体系」を照合させること，そしてそれと一致させることが必要である。しかし，このような照合だけでは私は誤りうるし，私が義務を果たすかどうかは偶然性に依存しているといえる。そこで，この課題を解決するためにフィヒテが主張するのが，「義務についての私の確信の正しさを判定する絶対的基準」の必要性である。

　フィヒテはこの「絶対的基準」を解明するために，次のような問いを提出する。それは，「義務についての理論的判断は道徳法則によって確証されるといわれるが，この確証はいかに現れ，また何に基づいて認識されるのか」という問いである。いかなる人間にとっても，それぞれの状態や場面において，行為の選択肢が複数あるが，その選択肢の中でも，ある特定の行為だけが義務に適っている。このように義務に適う行為を判断するよう要求するのが「時間的存在者に適用された道徳法則である。人間がある特定の行為をなすとき，この特定の行為をなすかどうかは理論的能力である判断力によって

判断される。このように判断力に対して判断するよう要求するのは，衝動の
働きである。

1　行為が義務に適合しているとの確信は独善に過ぎず，その独善を排除す
　ることが哲学の出発点である。

2　衝動は，人間が特定の行為をなすかどうかを判断力によって判断するこ
　とを要求するように働く。

3　人間が義務を果たそうとする際，それができるかどうは偶然性とは無関
　係であり，必然的に決定されている。

4　フィヒテは，義務についての確信の正しさに関する絶対的基準について，
　その探求を放棄すべきであるとしている。

5　道徳法則に関する探究の試みはあまたあるが，他の学説に比べて，フィ
　ヒテによる解明は卓越している。

11　次の文章の内容と一致するものとして，妥当なものはどれか。

　お盆を古里や行楽地で過ごし，日本の原風景のかやぶき家屋を目にした人
も多いのではないか。合掌造り集落で知られる岐阜，富山両県の「白川郷・
五箇山」だけではない。都心近郊でも奥多摩の「馬場家御師住宅」など全国で
数万棟あるらしい。

　だが疑問がわく。イネ科の茎を並べただけでなぜ雨漏りをしないのか。東
京大名誉教授ら7人でつくる同人会「ロゲルギスト」も関心を寄せた。謎解き
の様子は著書「物理の散歩道」に詳しい。

　同書を含む多分野の本を読み，豊富な教養と知識を身につけて学者棟梁と
呼ばれる大工がいた。国の特別史跡「吉野ケ里遺跡」（佐賀県）の北内郭復元
を含む国内外の文化財建造物の修復，社寺建築，住宅・店舗の施工を手がけ
た田中文男さんである。2010年8月に78歳で亡くなった。

　終戦後の住宅難を目の当たりにして大工を志した。高校の夜学に通ううち
に古民家の調査に携わったのが縁で，東大建築学科に正規学生のごとく出入
りした。職人だけでなく，工学院大の後藤治理事長ら多くの有識者も育成し
た。

　昨年の十三回忌はコロナ禍とあって，延期した「偲ぶ会」の開催準備が現
在，進められている。発起人を務める千葉県成田市の建築会社社長，岩瀬繁
さんはことあるごとに，師匠の言葉を思い出す　「世の中変わるから，俺に教
わったことだけで食えると思ったら，違うぞ」「時間が欲しかったら，一度で

やれ」。通じるのは建築分野だけではないだろう。変化の激しい今こそ，肝に銘じたい。

1　田中文男氏は，世の中の変化を見据えた上で，自らの教えだけがすべてではないことを言い聞かせていた。

2　イネ科の茎を並べただけでなぜ雨漏りをしないのかを明らかにしたのが，田中文雄氏であった。

3　岩田繁氏は，国の特別史跡「吉野ケ里遺跡」の復元を手掛け，その功績は高く評価された。

4　日本の原風景は，人々の心をいやすとともに，探求心をかきたてるものであるが，それが残る地域はわずかになった。

5　全国で，かやぶき家屋は急減しており，近年では，約数千棟を残すのみとなった。

12　**次の文章の内容と一致するものはどれか。**

　そして自律的といわれる知性も，それ自身技術的であり，固有の道具をもっている。言語とか概念とか数とかは，そのような知性の道具とみられるであろう。知性の道具は物質的なものでなく，観念的乃至象徴的或いは記号的なものである。理論というものも，アリストテレスの論理学が「機関」（オルガノン）と呼ばれ，ベーコンが近世において「新機関」を工夫したように，技術的である。知性は自己自身に道具を具えており，思惟の諸道具は思惟の諸契機にほかならぬ。知性は構成されたものによって所与のものを超える力であるが，知性の機能に属する一般化の作用もかような性質のものである。思惟の技術は本質的に媒介的である。その一般化の作用によって作られる概念は，特殊をその根拠であるところの普遍に媒介することによって作られるのである。思惟の媒介的な本質は，概念から判断，判断から推理と進むに従って，次第に一層明瞭になってくる。知性の自律性は合理性として現われる，合理的とは思惟によって自律的に展開され得ることである。

1　知性は本質的に自律性とかけ離れたものである。

2　言語や概念の道具が知性である。

3　概念は一般化の働きによってもたらされるものである。

4　「思惟」と「媒介」は本質的に隔たった関係にある。

5　思惟の媒介は，推理，判断，概念の順に進められる。

13 次の文章の内容と一致するものとして，妥当なものはどれか。

　ある企業で，荷物の搬入などがある際，すべての部署の者が交代で担当する「デバン」という取り組みがあるそうだ。もちろん，語源は「出番」である。普段は顔を合わせない人々が，共同して作業に取り組む際，雰囲気はとても明るいものとなるようだ。

　組織が巨大化すると，仕事はどうしても「縦割り」になりがちであり，メンバーに好ましからざる「縄張り」意識が生じることも少なくない。この事象は，経営学や組織論の中で度々論点とされてきた。

　一方で，これらのデメリットを軽減させる例として，部署を横断して連携をはかる新たな組織を作ったり，プロジェクトチームの形態を多用したりすることが挙げられる。これらに共通するのは，生じてしまった「縦割り」を固定化させまいとする意図である。

　ただし，一見「縦割り」に思える組織であっても，長年培われてきた効率的な分業が反映されている場合もある。つまり，必ずしもそれが非効率的であったり，大幅な見直しが求められたりするとは限らない。

　仕事を円滑に進めるためには，良好な人間関係が広範に築かれていることが前提であり，必要な情報の流れもそこから生まれる。難解な経営学や組織論の学問的なレベルでの成果を待つことなく，「デバン」のように，時間や仕事を決めて，あらゆる部署の人が一つの仕事に取り組む機会を設けることが，これからの組織や社会に求められることといえるだろう。

　1　「デバン」が始まった当初は，暗い雰囲気が問題となったものの，やがてそれは克服された。
　2　日本において縦割り組織が多いのは，行政機関や巨大な企業において培われてきた官僚制が影響している。
　3　部署を越えて同一の仕事に取り組む機会は，これからの組織や社会に求められている。
　4　一見して縦割りされている組織は，非効率的な運営の温床となっている例がほとんどである。
　5　プロジェクトチームは，積み重ねられてきた組織原則をないがしろにするため，成功しない例が多い。

14 次の文章の内容と一致するものとして，妥当なものはどれか。

　言論活動の中で，自らと異なる意見を批判するとき，「偏向している」という言葉を用いることほど，空虚なことはない。意見を述べる上で，どの立場であるにせよ，「偏り」が生じるのは不可避であるからである。

　では，「偏らない」とはどういうことか。例えば，意見が二分される際に，その中間の立場を取ったとしよう。この場合でも，新たな意見が生じただけで，その立場が偏っていないということにはならない。偏りを避け，中立を保つためには，的確に論点を整理し，両者の立場を尊重する以外に方法はない。

　一方，「偏る」あるいは「偏向する」とはどういうことか。これは，自らの立場を明らかにし，主張することである。つまり，先に述べたように，あらゆる言論活動にとって偏向は避けられないのである。ただし，否定されるべき「偏向」もある。それは，本来多様な観点から論ずるのが望ましいテーマについて，自らと異なる意見であることのみを以て否定することである。異なる意見の根拠に目を向けることなく否定することは，独断以上に忌むべきことである。

　真の言論活動は，異なる意見をよく知り，尊重することを出発点とし，自らの意見の偏りを認めながら，根拠を示しつつ，その正当性を主張することによって成り立つと私は考えている。逆にいえば，自らと異なる意見に対して「偏向」という言葉を用いることは慎むべきである。

　1　異なる意見の根拠に着目せず，否定することは避けなればならない。
　2　偏った意見を表明することは，慎まなければならない。
　3　言論活動やディベートについての教育の不足が，社会全体に悪影響を及ぼしていることについて，反省しなければならない。
　4　偏らない意見は，正反対の2つの意見の中間を取ることによって形成される。
　5　独断と偏見は，言論活動がもたらした負の側面を象徴している。

15 次の文章の空所に入る内容として，妥当なものはどれか。

　若い世代の言葉遣いに対して，「日本語の乱れ」という批判が浴びせられるようになって久しい。私は，目上の人などの多くの人が失礼であると感じるような「乱れ」は正すべきであると考えている。一方で，模範的な日本語を想定し，それに合わせるべきであるとする立場には，疑念を抱く。

　ある国語学者は，「日本語は乱れているのではなく，揺れているのである」

と述べるとともに，「揺れていない言葉は，死んでいる」と主張している。私も，その通りであると思う。そして，若い世代の言葉遣いに疑問を持ったときにも，［　Ａ　］することを押し付けるのではなく，それが言葉の［　Ｂ　］の一つかもしれないことも踏まえて接していきたい。

	［　Ａ　］	［　Ｂ　］
1	調整	揺らぎ
2	矯正	揺らぎ
3	調整	乱れ
4	矯正	乱れ
5	整理	急変

16 **次の文章を意味が通るように並べ替えたものとして，妥当なものはどれか。**

　甚大な被害をもたらした災害を経験した地域の自治体の元首長が，彼の著書の中で，「行政の役割は『想定外の事態』を想定することである」という趣旨のことを述べていた。

Ａ　なぜならば，甚大な被害が生じてしまった場合，「想定外であった」という言葉で逃げてしまう事例が多い中で，あえて被害と正面から向き合い，責任を引き受けるとともに，そこから教訓を引き出そうとする強い思いを感じるからである。

Ｂ　そもそも，行政に携わる者が，「想定外であった」という一言で，自ら，あるいは，自らが属し，率いる組織の責任を免れようとすることは，生産的ではない。

Ｃ　さらに，前例にこだわらず，様々な角度から防災や減災のための方策を検討する姿勢も見受けられる。

Ｄ　この表現は，逆説的で，一見矛盾することのように思えるが，とても示唆に富んでいると感じる。

　少なくとも，法的責任は別に論じることとして，道義的責任を引き受け，建設的な姿勢で，未来に向けて，国民や住民とともに歩むという気概を持って欲しいものである。

1　BACD　　2　BCDA　　3　DBCA

4　DABC　　5　DACB

《《 解 答 ・ 解 説 》》

1 1

解説 三木清『人生論ノート』より。　1．正しい。最後の文において述べられている「宗教はもとより，芸術も，感傷からの脱出である」という内容と一致する。　2．誤り。「イマジネーションは創造的であり得る」という内容と一致しない。　3．誤り。冒頭に述べられている「ただ消えてゆく」という内容と一致しない。　4．誤り。第2段落の内容と一致しない。　5．誤り。「高度で強い願望」や「宗教が生じる源泉」については，本文で触れられていない。

2 5

解説 リービ英雄『我的日本語The World in Japanese』より。　1．土着の感性とは，自分の言葉のことであり，下線部の国々においてその表現を求められないという趣旨のことは書かれていない。　2．筆者は，アメリカと日本に加え，日本と中国大陸を往復する中で，日本語を書く緊張感などについて意識するようになったとしているが，一方で，文化の摩擦については触れられていない。　3．これらの国々の文字や文化が外国の影響を受けていないとは述べられていない。　4．舶来こそが本質であるとの記述はない。　5．正しい。「日本語を書く緊張感とは，文字の流入過程，つまり日本語の文字の歴史に否応なしに参加せざるを得なくなる」という箇所から，下線部に示した国々では，そのようなことに参加することを必ずしも求められないことがわかる。

3 1

解説 波平恵美子『生きる力をさがす旅』より。　1．正しい。最後の文章の内容に一致している。　2．本文中では，日本語を作ったのが誰であるか「決してわからない」とされている。　3．言語の成立の時期についても，決してわからないとされている。　4．ルールがまとまりを持ち，集団によって受け入れられ，維持され，若い世代にも伝達されると述べられている。つまり，断絶については触れられていない。　5．言語によらないコミュニケーションについては，触れられていない。

4 2

解説 金田雄次『日本人の意識構造』より。　1．赤ん坊の存在について，不可欠であると述べている箇所はない。　2．正しい。最後の部分に，直観力を持つ人にかこまれている場合には，くわしい表現力を養う必要がないという趣旨の内容が述べられている。　3．生半可な知識は，赤ん坊の要求を聞き分ける直観力を乱すとされている。　4．赤ん坊の要求を聞き分ける直観力は，本能的なものであると述べられている。　5．教育の現場については触れられていない。

5 5

解説 A・モーロワ『人生をよりよく生きる技術』より。　1．最後の一文で，「神秘的な組合せ」についてそれにもとづき追求する努力を肯定的に評価している。　2．本文中では，「もちろん才能は必要である」としながらも，修練や努力の必要性が強調されている。　3．最後から2番目の文で「果てることのない推敲」について触れられており，妥協が不可欠であるとは述べられていない。　4．本文中には触れられていない。　5．正しい。第2文の内容と一致している。両者とも「技術的にたくみであらねばならぬ」としている。

6 5

解説 作田啓一『恥の文化再考』より。　1．誤り。「ファシズムの凶暴性」については触れられておらず，また，「画一的な性質」という内容も本文と一致しない。　2．誤り。家族が裁かれた時，家族の体面を傷つけたという理由により，裁かれる者に対する非難に同調するという内容と一致しない。　3．誤り。家族集団の防衛機能について，比較する内容は述べられているが，時間の経過によって失われつつあるということについては触れられていない。　4．誤り。民主主義の浸透の度合いについては触れられていない。　5．正しい。第2文の内容と一致する。

7 4

解説 島薗進『凡人のひがみと達観』より。本問は「主旨」を問う問題。したがって内容と一致していても主旨に合わなければ誤答となる。よって1，3，5は誤り。2の後半の部分「「浮世」芸を身につけたい」は本文にはない。よって誤り。主旨を表した文は最後の一文である。よって正解は4。

8 5

解説 今井直重『プラトンの教育思想』より。　1．誤り。文中において時空を超越するとされているのは「偉大なる思想・教説」であり，「人間・国民・国家」の「存在について時空を超越する水準に高めること」と直接の関係はないので，誤りである。　2．誤り。本文によれば，プラントンは，アテナイの人民を愚民制や潜主制の虐政から救済しようとしていたのであるから，「アテナイの人民から解放」という表現を含む選択肢は誤りである。　3．誤り。第2段落冒頭に「当時アテナイの人民を愚民制や潜主制の虐政から救済しようとする熱烈きなる念願をもっていた」と述べられているおとプラトンが僭主制を批判していることがわかるので，誤りである。なお，僭主制とは，一般に，非合法な手段で権力を得た上で，人々の支持などを背景に受けて独裁的な支配を行うことを意味する。　4．誤り。本文において「青写真を作成すること」ついて触れられていないので誤りである。　5．正しい。第2段落の第3文において，「国政の目的は国民を教育して有徳な人間にすること」と述べられており，文章全体においてプラトンの教育論が展開されていることから「あるべき姿に教え導くこと」が空欄に入ることが判断できる。

9 3

解説 鷲田清一『普通をだれも教えてくれない』より。　1．誤り。「心の豊かさ」や「孤独」については論じられていない。　2．誤り。冒頭に，「ひとは食べずにはいきていけない」とあり，このことを否定する内容は含まれていない。　3．正しい。第2段落の最後に述べられている内容と一致する。4．誤り。狩猟民や採集民についても，「調理をせずに食べるのはまれであろう」と述べられている。　5．誤り。食育について触れた個所はない。

10 2

解説 佐々木達彦『フィヒテ初期道徳論における良心』より。　1．誤り。冒頭の文において行為が義務に適っているとの確信について考察されているが，「独善を排除すること」や「哲学の出発点」については触れられていないので，誤りである。　2．正しい。最後の2文において述べられた「この特定の行為をなすかどうかは理論的能力である判断力によって判断される」「判断力に対して判断するよう要求するのは，衝動の働きである」という内容と一致

している。　3．誤り。第1段落の第2文において，「私が義務を果たすかどう
かは偶然性に依存している」と述べられていることから，「偶然性とは無関係
であり，必然的に決定されている」との記述は誤りである。　4．誤り。第
2段落において，フィヒテが「絶対的基準」を解明すべく問いを提出している
ことが述べられているので，「その探求を放棄すべきであるとしている」との
記述は誤りである。　5．誤り。本文中において，フィヒテ以外の道徳法則に
関する探究について触れられていないので，「他の学説に比べて，フィヒテに
よる解明は卓越している」との記述は誤りである。

11　1

解説 毎日新聞『余録』2023年8月20日より。　1．正しい。第5段落に
示された「世の中変わるから，俺に教わったことだけで食えると思ったら，違
うぞ」という田中氏の言葉と一致している。　2．誤り。第2段落において，
東京大名誉教授ら7人でつくる同人会「ロゲルギスト」による著書「物理の散
歩道」において謎解きがなされた旨が示されているので，田中文雄氏が明らか
にしたとの記述は誤りである。　3．誤り。岩田繁氏は，田中文男氏の「偲ぶ
会」の発起人であるが，吉野ケ里遺跡の復元に関わった旨については書かれて
いない。　4．誤り。日本の原風景のはたらきや，それが残る地域がわずかに
なったことについては本文中に触れられていない。　5．誤り。第1段落にお
いて，「数万棟あるらしい」と述べられているので，「約数千棟を残すのみと
なった」との記述は誤りである。

12　3

解説 岩波新書『哲学入門』三木清より。　1．知性の自律性を否定した言及
はない。　2．知性の道具として，言語・概念・数が挙げられている。　3．正
しい。「一般化の作用によって作られる概念」の部分と内容が一致している。
4．「思惟の技術は本質的に媒介的である」とある。　5．思惟の媒介的な本質
が明瞭になる過程として，順番に，概念，判断，推理の順に挙げられている。

13　3

解説 1．誤り。「デバン」について，はじめは暗い雰囲気であったとする
記述はない。　2．誤り。官僚制については触れられていない。　3．正しい。

最後の文と一致する。　4.　誤り。第4段落において，「効率的な分業が反映されている場合もある」と述べられている。　5.　誤り。プロジェクトチームについて否定的に述べた箇所はない。

14　1

解説　1.　正しい。第3段落の最後の文の内容と一致している。　2.　誤り。第1段落と第3段落において，意見に偏りが生じることは避けられない旨が述べられている。　3.　誤り。教育について言及した箇所はない。　4.　誤り。選択肢の文は，文中の「新たな意見が生じただけで，その立場が偏っていないことにならない」という内容と一致しない。　5.　誤り。「言論活動がもたらした負の側面」について触れた箇所はない。

15　2

解説　［　A　］については，文脈から若い世代の乱れた日本語を正しいものに戻すという趣旨となるから，「調整」や「整理」ではなく，「矯正」が当てはまる。また，［　B　］については，「乱れ」や「急変」ではなく，「揺れていること」に近い「揺らぎ」が適切である。
以上より，正解は2。

16　5

解説　文章の整序問題における着眼点は，指示語の示している内容と接続語，文脈である。まず，冒頭の文における「『想定外の事態』を想定する」という内容を受けるのは，Dにある「この表現」である。次に，Aの「なぜならば」以降に，Dで述べた「示唆に富んでいる」理由が示されている。その次に，Cの「さらに」に続いて，Aで述べた内容に付け加える記述が綴られている。また，Bで用いられている「そもそも」とは，それまで述べてきた内容について，原則などに立ち返る際に使われる表現であり，Cの次に「想定外」という言葉で責任逃れをしようとすることを批判するBの内容が続く。また，この位置にBが来ることは，「生産的」ということが述べられているその次の内容につながることからも明らかである。これらから，D，A，C，Bの順番が適切である。
以上より，正解は5。

文章理解　英文

|||||||||||||||||||||||||||||　**POINT**　|||||||||||||||||||||||||||||

　英文解釈は，公務員試験における英語の中心となるものである。書かれて
ある英文の内容を正しく理解するためには，主語，述語，目的語，補語とい
う英文の要素をしっかりおさえるとよい。

　「主語＋述語動詞」に注目しよう。どれほど修飾語句で飾られた文でも，ま
たどれほど難語，難句でかためられた文でも，裸にすれば，主語と述語動詞
の2つが残る。よって，英文を読む時には，まずその主語をつきとめ，次に
その主語に対する述語動詞をさがし出すことである。そして自分の持つ関連
知識と常識力を総動員して全体を理解するよう努めることである。つねに「主
語＋述語動詞」を考えながら読もう。

《　演 習 問 題　》

1 筆者の述べている内容と一致するものはどれか。

　The National Astronomical Observatory of Japan holds regular
astronomical star parties for the public at its headquarters in the western
Tokyo city of Mitaka.

　According to an observatory official, visitors are invariably most
impressed by the sight of the planet Saturn. Even adults let out a whoop of
delight when they see this beautiful, ringed planet through the telescope.

　I am sure Saturn's popularity is unchallenged at all observatories around
the nation.

　Galileo Galilei (1564-1642), to whom the famous comment "and yet it
(the Earth) moves" is attributed, was the first man to observe Saturn
through a telescope. Dutch astronomer Christiaan Huygens (1629-1695)
later confirmed the planet's two rings.

　Then, Giovanni Domenico Cassini (1625-1712) of Italy discovered a wide
gap between the two rings in 1675. This gap came to be known as the

Cassini Division.

And now, we have valuable date from NASA's Saturn probe Cassini, named after the Italian astronomer.

Years of analyses and tests has revealed that it is highly probable that an environment capable of sustaining life exists on Enceladus, one of Saturn's moons. Apparently there is a subterranean sea with hot water spouting from the seabed.

1　オランダのホイヘンスは，土星を初めて望遠鏡で観察した人物である。

2　土星の地下にはマグマが存在し，海底からマグマが噴出していることが研究結果より予想できた。

3　土星の輪をはっきりと確認した人物にちなんで付けられた名前をもつ土星探査機カッシーニは，貴重なデータを地球に送ってきた。

4　何年間にも及ぶ分析や実験の結果，土星を回る衛星の一つに，生命の育つ環境が存在する可能性を発見することができた。

5　国立天文台の天体観望会では，土星の天体観測をメインとしてきたが，近年その人気が揺らいできた。

② 次の英文の内容として，正しいものはどれか。

Over the last two years, in my lab, we built 50,000 Foldscopes and shipped them to 130 countries in the world, at no cost to the kids we sent them to. This year alone, with the support of our community, we are planning to ship a million microscopes to kids around the world. What does that do? It creates an inspiring community of people around the world, learning and teaching each other, from Kenya to Kampala to Kathmandu to Kansas.

And one of the phenomenal things that I love about this is the sense of community. There's a kid in Nicaragua teaching others how to identify mosquito species that carry dengue by looking at the larva under a microscope. There's a pharmacologist who came up with a new way to detect fake drugs anywhere. There is a girl who wondered: "How does glitter actually work?" and discovered the physics of crystalline formation in glitter. There is an Argentinian doctor who's trying to do field cervical cancer screening with this tool. And yours very truly found a species of flea that was dug inside my heel in my foot one centimeter deep.

Now, you might think of these as anomalies. But there is a method to this madness. I call this "frugal science" -- the idea of sharing the experience of science, and not just the information. To remind you: there are a billion people on this planet who live with absolutely no infrastructure: no roads, no electricity and thus, no health care. Also, there a billion kids on this planet that live in poverty. How are we supposed to inspire them for the next generation of solution makers? There are health care workers that we put on the line to fight infectious diseases, to protect us with absolutely bare-minimum tools and resources.

1 情報を共有するだけではなく, 実際に科学的な体験をしようというアイ
　デアは, 貧困状態にある子供たちを, 次世代の問題解決者へと育てる手助
　けとなる。
2 筆者はこの2年間, コミュニティのサポートのお陰で, 百万個の顕微鏡
　を世界中の子供達に送ることができた。
3 ニカラグアでは医師が, フォールドスコープを用いながら蚊の幼虫がデ
　ング熱を媒介する種類か判断する方法を子どもたちに教えた。
4 インターネットの普及により, 世界中から人々が参加する刺激的なコ
　ミュニティが生まれ, 互いに学び合い, 教え合うことが可能になった。
5 フォールドスコープが最も使用されている地域はアルゼンチンである。

3 次の英文は, 自転車についての偉大な記録を打ち立てたマルシャンさ
んについて述べた文章である。彼に関する内容と一致するものとして, 妥
当なものはどれか。

If you're seeking some inspiration for the new year, you might want to follow the example of a French centenarian. The 105-year-old man has set a new world record for cycling.

Robert Marchand made history by pedaling more than 22.5 kilometers in one hour on a track near Paris.

The former fireman was born in 1911 but only started cycling seriously in his late 60s.

At 102, Marchand bested his own record in the over-100 category when he rode nearly 27 kilometers in an hour.

He had this to say after his latest accomplishment.

"I didn't see the sign that said I was down to 10 minutes. Otherwise I would have been quicker."

Marchand said the secret to his good health is eating lots of fruits and vegetables every day.

1 彼が自転車に真剣に取り組み始めたのは，80代になってからであった。

2 野菜と果物を毎日たくさん摂ることが健康の秘訣であると述べた。

3 現役時代の職業は，警察官であった。

4 「残り10分」という表示を見て，ペースを上げたことが偉大な記録の達成につながった。

5 自己記録を今後も更新し続けることが夢であるとその決意を表明した。

4 次の英文の内容と一致するものはどれか。

Back in Tokyo from London where she has long lived, an acquaintance says she has noticed the prominence of three words in Japanese newspapers and magazines and conversations with friends. She has stayed with her parents for about 20 days.

The three words that came to her attention are *seiketsu* (sanitary), *kirei* (clean) and *yasashii* (mild)–used as in "seiketsu na ofuro" (sanitary bathtub), "kirei-zuki no wakamono" (young people with a penchant for cleanness) and "hada ni yasashii" (mild to the skin). Cited together, these examples illustrate a certain aspect of Japanese society–a preoccupation with cleanness.

"When they wash their hands in the toilets at department stores, most people splash water over the faucet before turning it off," my acquaintance also noted. "Nine out of every 10 people do that. There is no point in splashing water over the faucet. I've never seen people do it in Britain and France."

1 ロンドンでは，住民の「清潔志向」が目立つようになった。

2 「清潔」「きれい」「やさしい」などの言葉は，ロンドンと東京が住みやすさを目指した共通のテーマを表している。

3 ロンドンの新聞には，日本の「きれい好きな若者」に関する記事が掲載されていた。

4　筆者の友人は，日本人がデパートのトイレで手を洗って蛇口を閉める前に，蛇口に水をかけている光景を目の当たりにした。
5　日本でのあらゆることに対する「清潔志向」は，英国やフランスでも尊敬されつつある。

5 筆者の述べている内容と一致するものはどれか。

So is there something we can do, each of us, to be able to face the future without fear? I think there is. And one way into it is to see that perhaps the most simple way into a culture and into an age is to ask: What do people worship? People have worshipped so many different things -- the sun, the stars, the storm. Some people worship many gods, some one, some none. In the 19th and 20th centuries, people worshipped the nation, the Aryan race, the communist state. What do we worship? I think future anthropologists will take a look at the books we read on self-help, self-realization, self-esteem. They'll look at the way we talk about morality as being true to oneself, the way we talk about politics as a matter of individual rights, and they'll look at this wonderful new religious ritual we have created. You know the one? Called the "selfie." And I think they'll conclude that what we worship in our time is the self, the me, the I.

And this is great. It's liberating. It's empowering. It's wonderful. But don't forget that biologically, we're social animals. We've spent most of our evolutionary history in small groups. We need those face-to-face interactions where we learn the choreography of altruism and where we create those spiritual goods like friendship and trust and loyalty and love that redeem our solitude. When we have too much of the "I" and too little of the "we," we can find ourselves vulnerable, fearful and alone. It was no accident that Sherry Turkle of MIT called the book she wrote on the impact of social media "Alone Together."

1　現代の人々は，国家を崇拝することで，未来と対峙している。
2　私たちが，道徳についてどのように考えているのかは，未来の人類学者が，私たちの読んだ本を参考に考察するはずである。
3　ソーシャルメディアは，友情や信頼，忠誠心や愛など，人間の孤独な心を満たす大きな役割を果たしている。

4　筆者を含め，私たちは，人間の進化の歴史のほとんどを，大きなグループで過ごしてきた。

5　いつの時代であっても人々の崇拝するものには共通点がある。

6 次の英文の内容と一致するものはどれか。

In his teens the young man is impatient of what he considers to be the unduly stilted* vocabulary and pronunciation of his elders and he likes to show how up to date he is by the use of the latest slang, but as the years go by some of his slang becomes standard usage and in any case he slowly grows less receptive to linguistic novelties*, so that by the time he reaches his forties he will probably be lamenting the careless speech of the younger generation, quite unaware that some of the expressions and pronunciations now being used in all seriousness in churches and law-courts were frowned upon by his own parents. In this respect language is a little like fashions in men's dress. The informal clothes of one generation become the everyday wear of the next, and just as young doctors and bank clerks nowadays go about their business in sports jackets, so they allow into their normal vocabulary various expressions which were once confined to slang and familiar conversation.

　*stilted 誇張した，堅苦しい　*linguistic novelties 目新しい言葉

1　10代のときには，若者は，必要以上に堅苦しいと思う年長者の語彙や発音や最新の俗語を使って自分がいかに時代の先端を行っているかを示したがる。

2　年月が経つにつれて，次第に目新しい言葉に対する受容性を失っていくので彼が使う俗語の中には標準語法になってしまうものもある。

3　40代になる頃には，教会や法廷で大真面目に使われている表現や発音の中には自分の両親が眉をひそめたものもあることにはまったく気づいていない。

4　ある世代の正装は次の世代の普段着になり，そして若い医師や銀行員が今日スポーツ用の上着を着て仕事に取り組んでいる。

5　通常の語彙をかつては俗語や打ち解けた会話に限られていた様々な表現の中に取り入れていく。

7 次の英文の内容と一致するものはどれか。

The philosopher Plato once said, "Music gives a soul to the universe, wings to the mind, flight to the imagination and life to everything." Music has always been a big part of my life. To create and to perform music connects you to people countries and lifetimes away. It connects you to the people you're playing with, to your audience and to yourself. When I'm happy, when I'm sad, when I'm bored, when I'm stressed, I listen to and I create music.

When I was younger, I played piano; later, I took up guitar. And as I started high school, music became a part of my identity. I was in every band, I was involved with every musical fine arts event. Music surrounded me. It made me who I was, and it gave me a place to belong.

Now, I've always had this thing with rhythms. I remember being young, I would walk down the hallways of my school and I would tap rhythms to myself on my leg with my hands, or tapping my teeth. It was a nervous habit, and I was always nervous. I think I liked the repetition of the rhythm -- it was calming.

Then in high school, I started music theory, and it was the best class I've ever taken. We were learning about music -- things I didn't know, like theory and history. It was a class where we basically just listened to a song, talked about what it meant to us and analyzed it, and figured out what made it tick. Every Wednesday, we did something called "rhythmic dictation," and I was pretty good at it. Our teacher would give us an amount of measures and a time signature, and then he would speak a rhythm to us and we would have to write it down with the proper rests and notes. And I loved it. The simplicity of the rhythm -- a basic two-to four-measure line and yet each of them almost told a story, like they had so much potential, and all you had to do was add a melody.

1 音楽理論の講義では，リズムの聴き取りの講義が繰り返し行われた。

2 筆者は，幼少期からギター教室へ通いギターを習い始め，高校では様々なバンドに参加した。

3 幼少期に様々なリズム音に興味を持つことは，ごく一般的なこととされている。

4 音楽は，一緒に演奏する人たちと，聞いている人たちの間に異なる感覚を与える。

5 音楽を作り，演奏することによって，国や時を超えて人を結びつけることができる。

---

8 次の英文の内容と一致するものはどれか。

Throughout history humans have dreamed of a life without disease. In the past hundred years, as scientists learned more about the causes of disease and as new miracle drugs were made, people began to look forward to the defeat of disease. But disease is far from conquered and there is little chance that it ever will be.

'Good health' is a hard term to define, but the health of a group of people is usually measured by how many of them survive childhood and how long they live. By these measures, only a few countries in the world have healthy populations. In the other countries, where two-thirds of the earth's people live, the picture of health is quite different. In India, for example, only one of three people born today can expect to live to the age of fifty. And in many African and Asian countries, those boys and girls who survive the many childhood diseases still face a hard life without enough of the right kinds of food.

1 科学者が病気の原因についてより多くのことを知り，そして新しい特効薬が作られるのと同じように，人々は病気の克服を待望するようになった。

2 病気は征服されるどころではなく，これから征服される見込みもほとんどない。

3 人間の集団の健康は通常，そのうちの何人が幼児期を生き延びるか，つまり幼児死亡率の平均年齢によって評価される。

4 健康な国民を有する国は世界に少数しかないことになる。それ以外の国々の中には，健康の状況はまったく異なっている国もある。

5 アフリカやアジアの多くの国々では，幼児期に栄養バランスの取れた食事が十分にない厳しい生活に，いまだに直面している子供たちが様々な病気を生き延びている。

[9] 次の英文の内容と一致するものはどれか。

There's big money to be made from America's jails and prisons. Outsourced companies, such as Texas-based prison-industry giant Securus Technologies Inc., make a profit every time a deposit is paid into an inmate's account and from the use of video visiting systems, which are threatening to eliminate in-person visiting. "These companies have figured out a way to monetize both human contact and the only way a prisoner's family can help them out," says Carrie Wilkinson, of the Human Rights Defense Center. Portland street paper Street Roots investigates the money being squeezed from captive consumers.

1 テキサス州の刑務所では，家族の直接面会が一切できなくなった。

2 米国において，刑務所と民間企業が契約を結ぶことは今回が初めてであり極めて珍しいケースであった。

3 企業は，人と人とのつながりや家族のことも考えた結果，今回のようなシステムを導入することを提案している。

4 テキサス州に拠点を置く刑務所業界最大手のセクラス・テクノロジーズ社とビデオ訪問システムに関する契約を結んだ。

5 米国の刑務所では，受刑者による新しいビジネスの発展が注目を集めており，それに伴い企業側から刑務所への投資が行われるようになった。

[10] 次の英文を読み，筆者の述べている内容と一致するものはどれか。

The influx of migrants into Europe and the United States, the terrorism, the increasing criminal activities are the result of the Culture of Violence that pervades human life. This chaos is only the beginning of what is going to be a torrent in the years to come. Typically, Europe has reacted with violent response. Blockade with naval ships, destroying smuggler's boats and who knows what will follow. The question we have to ask is : Can we solve all problems with violence and force?

1 世界各国で起きているテロや紛争などは，現在最高潮に達しており，今後収束していくことが予想される。

2 ヨーロッパは，テロや紛争に対し，常に対話でもって平和的解決ができないか模索してきた。

3 密輸業者のボートに対する措置は，全て軍艦の指揮に委ねられている。

4　このような混沌とした情勢を乗り越えるには，ある程度の暴力や武力で
もって解決する必要がある。

5　欧米への移民の流入，テロ，犯罪の増加は，暴力の文化が人の生活に広
がっていった結果である。

---

11 次の英文の内容と一致するものとして，妥当なものはどれか。

I have always thought of flights as a means to an end. Even as a mode
of transport, it is hardly my favourite. Whenever realistically possible,
I prefer to take a train or ferry. They are infinitely more pleasant to travel
on, and one does not have to endure long customs queues and the stress of
stringent security checks and baggage restrictions. Not to mention the
limited legroom and the inability to stretch one's limbs on what could be a
very cramped and crowded flight.

What if I had a business class seat? I've only had the opportunity to fly
business class twice, thanks to a work trip sponsored by an airline. The
experience was definitely more comfortable than flying economy, but even
then, it's not distinctive enough for it to be appealing. If I really wanted to
indulge myself, a hotel stay would probably feel more satisfying.

1　筆者は，飛行機のビジネスクラスのフライトよりも，ホテルでの滞在の
方が，満足感があるだろうと述べている。

2　筆者は，自費でビジネスクラスに乗ったことについて，その費用の負担
について後悔している。

3　筆者によれば，旅の楽しみに比べれば，長い税関の行列や厳しい安全検
査によるストレスは取るに足らないものである。

4　筆者によれば，電車やフェリーで行く旅は，長い時間の移動が強いスト
レスを感じるもとになる。

5　筆者は，ビジネスクラスよりさらに上位の座席について，強いあこがれ
を抱いている。

---

12 筆者の述べている内容と一致するものはどれか。

Some of the fishermen who operated out of Yoshiwa Fishing Port* in
Onomichi, Hiroshima Prefecture, lived abroad houseboats. The local word
ebune* (houseboat) was used to describe their lifestyle, rather than the

boats. The boats were about 10meters long and two meters wide. Whole families lived aboard them with all their possessions. The fishermen earned their living mainly by rod fishing, an occupation requiring sophisticated skills and experience. They traveled as far as the waters off Kyushu and the Sea of Japan. By the age of 15, the children were given the knowledge and techniques they needed to live as fishermen, including how to read the current and the wind and how to operate vessels.

It was an educational method by which parents directly gave their children the ability to make a living. But it also violated the parental obligation to send children to school. The municipal Onomichi Student Dormitory* was established to accommodate the children from houseboats to enable them to live on land apart from their parents to attend school. Opened in 1955, the number of students at the dormitory showed a sharp increase. In time, a reversal set in, eventually forcing it to close in 1977.

　　*吉和漁港　*家船（家族全員で漁をしながら船上で生活する）　*尾道学寮

　1　尾道学寮は，開設当初こそ寮生は少なかったものの，1977年にかけて
　　その数は増えていった。
　2　親が直接生きる力を授ける教育は現代に必要とされており，家船のあり
　　方が改めて注目を集めている。
　3　吉和漁港には家船という独特の暮らしがあり，主に広島県の近海での一
　　本釣り漁に特化したものであった。
　4　家船の子どもたちは，15歳を過ぎると，潮の流れや風の読み方，船の操
　　作など，漁師に必要な知識と技術を仕込まれた。
　5　家船による独特の暮らしは，家船の子どもたちが不就学になるというよ
　　うな問題を生んだ。

13　次の文章の内容について，正しく述べられているものはどれか。

Three years ago, two people from Finland had an idea: a complaints choir. A complaints choir is a choir where people sing their complaints. They sing about the things that worry them or annoy them or make them angry. These things include bad dates, noisy neighbors and global warming.

The names of the two people from Finland are Oliver Kochta-Kalleinen and Tellervo Kalleinen.

The first complaints choir was in Birmingham, England. They sang about the high price of beer. After people heard about this choir, complaints choirs started in Helsinki and Budapest. The Helsinki complaints choir sang about boring dreams. The Budapest complaints choir sang about a neighbor who practiced folk dance in an apartment upstairs.

Now there are complaints choirs in many countries, including Australia and Israel. There are more than 20 complaints choirs around the world. The first U.S. complaints choir debuted recently in Chicago.

Oliver Kochta-Kalleinen and Tellervo Kalleinen say it is good that there is now a complaints choir in the United States. They say that people in the United States are too focused on positive thinking. (AP)

1　クレーム合唱団を創った2人は，心配やイライラすること，怒りを感じることについて歌うが，これらのことには，日常生活で感じることは含まれない。

2　最初のクレーム合唱団はヘルシンキとブダペストではじめに結成され，やがて，イギリスのバーミンガムでも結成された。

3　ブダペストのクレーム合唱団が歌う題材として取り上げたのは，つまらない夢についてであった。

4　今では，オーストラリアやイスラエルを含む多くの国でクレーム合唱団が存在しており，世界中には20以上のクレーム合唱団がある。

5　最初のアメリカのクレーム合唱団も近いうちに結成される予定であり，クレーム合唱団を創った2人はそのことを喜んでいる。

14 次の文章の要旨として，妥当なものはどれか。

Studies have actually told us that sleep is critical for memory in at least three different ways. First, we know that you need sleep before learning to actually get your brain ready, almost like a dry sponge, ready to initially soak up new information. And without sleep, the memory circuits within the brain effectively become waterlogged, as it were, and we can't absorb new information. We can't effectively lay down those new memory traces.

The first mechanism is a file-transfer process. And here, we can speak about two different structures within the brain. The first is called the hippocampus　and the hippocampus sits on the left and the right side of your brain. And you can think of the hippocampus almost like the informational inbox of your brain. It's very good at receiving new memory files and holding onto them.

The second structure that we can speak about is called the cortex. This wrinkled massive tissue that sits on top of your brain. And during deep sleep, there is this file-transfer mechanism. Think of the hippocampus like a USB stick and your cortex like the hard drive. And during the day, we're going around and we're gathering lots of files, but then during deep sleep at night, because of that limited storage capacity, we have to transfer those files from the hippocampus over to the hard drive of the brain, the cortex. And that's exactly one of the mechanisms that deep sleep seems to provide.

The final way in which sleep is beneficial for memory is integration and association. In fact, we're now learning that sleep is much more intelligent than we ever imagined. Sleep doesn't just simply strengthen individual memories, sleep will actually cleverly interconnect new memories together. And as a consequence, you can wake up the next day with a revised mind-wide web of associations, we can come up with solutions to previously impenetrable problems.

Hippocampus…海馬, cortex…大脳皮質

1 学習を効果的にするために大切なことは, 学習前ではなく学習後に睡眠をとることである。

2 記憶をめぐる脳の役割の中で, 海馬と視覚野の2つの構造が関わっており, 海馬の記憶容量の限界を視覚野が補っている。

3 睡眠が記憶において大切な役割を果たすのは, 情報収集の準備, ファイルの転送, 統合と連想などの役割を果たすからである。

4 睡眠の役割は, 気分転換, 精神的な安定などを通じて, 大量の記憶に向けた準備を整えることにある。

5 記憶の定着のためには, 脳をあらかじめ水浸しスポンジのような状態に近づけておく必要がある。

15 次の英文の要旨として，妥当なものはどれか。

I don't think universities will exist in their current format 10 years from now. Technology changes so quickly that unless you study something very specialised, the things you learned in your first year will no longer be relevant by your second or third years. Professors who are experts in their fields won't be able to keep up with AI.

So what would a university look like?

Students would still go to campuses but instead of listening to a lecturer in person, they would study individually from online programs and courses, with assistants on hand to help. Three-month courses would be common and successful graduates would automatically enter into job pools of their choosing and be hired by companies on merit.

Quality teachers would be paid more. Imagine the best maths teacher in the world charging students ¥100 per hour online for the best maths lesson anyone could have. Any parent would happily pay that. An online lesson could easily get more than a million paying students, meaning the best teacher in the world could earn ¥100 million for an hourlong lesson.

1　これまでに，数学の分野において世界でも優秀な教員が，1時間の授業で1億円を稼ぐことに成功した実例があるが，将来これが一般的になる。

2　オンラインレッスンの発展は，100万人以上の学生に有料のサービスを提供することを可能にし，世界各国のインフルエンサーらがその主要な担い手になる。

3　未来の大学では，学び方，学ぶ期間，卒業後の就職，教員たちの報酬などが大きく変わると考えられ，特に，優秀な教員には，多くの報酬が与えられるようになる。

4　未来の大学では，急速な技術の進歩は，各学年において学ぶ内容をあらかじめ明確にしておく必要性を高める。

5　時代が進むにつれて，各学問分野の統合や再編が進み，そのことが学習方法やシステム，教員による教育方法を大きく変えることなる。

《 解 答 ・ 解 説 》

1 4

解説 原書房『朝日新聞　天声人語2015春』より。（全訳）東京・三鷹の
国立天文台が開く天体観望会で，人を一番感動させるのは土星だという。美
しい輪を持つ姿を望遠鏡でのぞくと大人も歓声をあげる。全国どこの天文台
でも人気は揺らぐまい。

　土星を初めて望遠鏡で観察したのは「それでも地球は回る」のガリレオだっ
た。輪をはっきりと確認したのはオランダのホイヘンス。さらにイタリア生
まれのカッシーニは輪に隙間があることを発見した。その名をもらった土星
探査機カッシーニが，貴重なデータを送ってきた。

　何年もかけた分析や実験の結果，土星を回る衛星の一つのエンケラドスに，
生命の育つ環境が存在する可能性があると分かった。地下には海があって，
海底から熱水が噴出しているらしい。

　1. 第4段落の1文目から，ホイヘンスではなく，ガリレオ・ガリレイが初
めて望遠鏡で土星を観察したことが分かる。　2. 研究の結果により，土星を
回る衛星の一つであるエンケラドスの地下には，マグマではなく海があり，
海底から熱水が噴出しているらしいということが，最後の一文から読み取れ
る。　3. 土星の輪を確認したのはホイヘンスであり，カッシーニは土星の輪
に隙間があることを発見した。後半の文は正しい。　4. 正しい。「Years of
analyses and tests has revealed that it is highly probable that an
environment capable of sustaining life exists on Enceladus, one of Saturn's
moons.」の部分から，選択肢の内容が読み取れる。　5. 第3段落から，全国
どこの天文台でも土星の人気が揺るがないであろうことが読み取れる。

2 1

解説 TED Talks：Manu Prakash「紙で作る，命を救う科学の道具」よ
り。（全訳）この2年間で，私たちの研究室ではフォールドスコープ
（Foldscope）を5万個作り，世界130カ国の子供達に無料で届けてきました。
今年はコミュニティのサポートのお陰で，百万個の顕微鏡を世界中の子供達
に送ろうとしています。そうすると，何が起きるのか。世界中から人々が参
加する刺激的なコミュニティが生まれ，互いに学び合い，教え合うのです。
ケニアからカンパラ，カトマンズ，カンザスにまで及びます。

　これについて気に入っている凄いところは，共同体意識です。ニカラグアの子供が他の子達に蚊の幼虫を顕微鏡で見て，デング熱を媒介する種類か判断する方法を教えています。薬理学の専門家が顕微鏡で偽薬を見分ける新しい方法を考え出しました。ものがキラキラするのはどういう仕組みなのか，疑問に思った女の子が燦めきの中に結晶構造の物理の世界を発見しています。アルゼンチンのお医者さんは，この顕微鏡を使って出先で子宮頸癌の検査をやろうとしています。そして私自身も踵に1センチも潜り込んでいた蚤の一種を見つけました。

　そういうのは例外的なことだと思うかもしれません。でも，そういう凄いことを引き起こせる方法があるのです。私はこれを「質素な科学」と呼んでいます。情報だけでなく，科学する体験を共有しようというアイデアです。考えてみてください。まったくインフラのないところに暮らしている人が，世界には10億人いるのです。道路もなく，電気もなく，医療もありません。また，貧困状態にある子供が世界には10億人います。そういう人たちが次世代の問題解決者へと育つためには，何をすればいいのでしょう？最前線で我々を守るために，まったく最低限のツールとリソースだけで感染症と戦っている医療従事者がいます。

　1．正しい。第3段落で筆者が述べている内容と一致する。　2．誤り。第1段落冒頭部分より，筆者は「この2年間で，私たちの研究室ではフォールドスコープを5万個作り，世界130カ国の子供達に無料で届けた」ということが読み取れる。　3．誤り。第2段落の「There's a kid in Nicaragua teaching others how to identify mosquito species that carry dengue by looking at the larva under a microscope.」この部分から，ニカラグアでは子供たちが中心となって，蚊の幼虫がデング熱を媒介する種類か判断する方法を教えあっているということが読み取れる。　4．誤り。インターネットに関する内容については，本文中では述べられていない。　5．誤り。本文中では，アルゼンチン在住の医者がフォールドスコープを使用している例が述べられているが，フォールドスコープは，ケニアやカンザスまで幅広い地域に分布しており，最も使用されている地域については言及されていない。

3 2

解説 『ニュースで英会話』2017年4月号より。（全訳）もしあなたが新年において何らかの刺激を求めているのであれば，フランスの100歳代の方をお手本にしてみるといいかもしれません。105歳の男性が，自転車で世界新記録を打ち立てました。

ロベール・マルシャンさんは，パリ近郊の競走路で，22.5km以上を1時間でこぐという歴史的な偉業を成し遂げました。

元消防士（のマルシャンさん）は1911年に生まれましたが，真剣に自転車を始めたのは60代後半に入ってからでした。

102歳のときにマルシャンさんは1時間で27km近くを走り，100歳以上の部門で自己記録を塗り替えました。

マルシャンさんは，最新の達成について次のように述べました。

「残り10分という表示を見なかったんです。もし見ていたら，もっと速度を上げていましたね」

マルシャンさんは，健康の秘訣は毎日たくさんの果物と野菜を食べることだと述べました。

1. 誤り。自転車に真剣的に取り組み始めたのは，60代の後半である。
2. 正しい。最後の1文の内容と一致している。　3. 誤り。警察官ではなく，消防士である。　4. 誤り。「表示を見ていなかった」と言っている。　5. 誤り。自らの抱負や決意は述べていない。

4 4

解説 『天声人語 '99春』より。（全訳）ロンドン暮らしが長い知り合いの女性が，東京の親元に20日ほど帰ってきた。久しぶりに故国の新聞や雑誌を読み，友人とおしゃべりをして，3つの単語がとても目立つのに気づいたという。「清潔」「きれい」「やさしい」だそうだ。「清潔なおふろ」「きれい好きの若者」「肌にやさしい」と彼女が挙げた用例を並べると，今の日本のある状況が浮かび上がってくる。いささか行き過ぎた「清潔志向」である。「デパートなどのトイレにはいると，10人のうち9人まで，手を洗って蛇口を閉める前に，蛇口に水をかけている。まるで無意味。英国でもフランスでも見たことがない」。

1. ロンドンではなく，日本の行き過ぎた「清潔志向」について述べられている。　2. 本文中から読み取れない。また，筆者の知り合いは「清潔」「き

れい」「やさしい」という単語が目立つことに気づいたのは東京のみである。
3. 選択肢に挙げた「きれい好きの若者」などについては，ロンドンの新聞ではなく日本の新聞や雑誌に取り上げられているということが本文から読み取れる。　4. 正しい。第3段落から読み取ることができる。　5. 「I've never seen people do it in Britain and France.」この部分から，日本の特殊な清潔志向に対して，英国でもフランスでも見たことがなく，無意味なことであると指摘している。

5 2

解説　TED Talks：Rabbi Lord Jonathan Sacks「恐れずに共に未来へ向かうには」より。（全訳）私たちそれぞれが恐れることなく未来と対峙するために，私たちに何かできることはあるでしょうか。私はあると思っています。おそらく最も簡単な一つの方法は，その文化と時代についてこう問うことです。「人々は何を崇拝しているだろうか？」人々は様々なもの—太陽，星々，嵐など—を崇拝してきました。ある人々は多神教を崇拝し，またある人々は唯一神を，または神を持たなかった。19世紀と20世紀には人々は国家やアーリア学説，共産主義国家を崇拝してきました。では，私たちは何を崇拝しているでしょうか？未来の人類学者はおそらく，私たちの読んだ本を参考にするでしょう。自己啓発，自己実現，自尊心などについての本です。私たちが道徳について，どのように考えているのかに注目するでしょう。自己に忠実で，個人の権利の問題として捉える政治についての考え方も，それから私たちが生んだ新たなすばらしい宗教的儀式にも目を向けるでしょう。何だか分かりますか？「セルフィー（自撮り）」ですよ。そして人類学者たちの結論はこうでしょう。この時代に私たちが崇拝したのは「自己，自分，私」だったと。

それはそれで素晴らしいのです。開放的で力を与えてくれます。素晴らしいことです。でも私たちは生物学的には社会的動物だということを忘れてはなりません。私たちは人間の進化の歴史の殆どを，小さなグループで過ごしてきました。私たちが実際に顔を合わせ，利他主義の調整を学び，友情や信頼，忠誠心や愛など，私たちの孤独な心を満たす精神的な産物を作ります。「I（自分）」が大きすぎて，「we（私たち）」が小さすぎると，自分が傷つきやすく，恐怖して，孤独であることが分かります。MITのシェリー・タークルが，ソーシャルメディアの影響についての著書を『Alone Together（一緒に

いても孤独)』と題したのは，偶然ではありませんでした。

　1．誤り。第1段落の終わりに，現代人は「自己，自分，私」を崇拝していると述べられている。また，筆者は，19世紀と20世紀の人々は国家を崇拝していたと述べている。　2．正しい。第1段落の後半で述べられている内容と一致する。　3．誤り。第2段落の後半部分では，ソーシャルメディアの影響については，一緒にいても孤独などと例を挙げて，自己に与える影響について言及している。　4．誤り。第2段落の「We've spent most of our evolutionary history in small groups.」この部分から，選択肢で述べられた内容は誤りである。　5．誤り。本文中に述べられていない。また，第1段落の内容より，選択肢の内容は誤りであることがわかる。

6　3

解説　（全訳）10代のときには，若者は，必要以上に堅苦しいと思う年長者の語彙や発音を我慢できず，最新の俗語を使って自分がいかに時代の先端を行っているかを示したがるが，しかし年月が経つにつれて，彼が使う俗語の中には標準語法になってしまうものもあり，またいずれにしても当人は次第に目新しい言葉に対する受容性を失っていく。その結果，40代になるころには，おそらく若い世代の不注意な言葉づかいを嘆くようになっているが，教会や法廷で大真面目に使われている表現や発音の中には自分の両親が眉をひそめたものもあることにはまったく気づいていない。この点で，言語は男性の服の流行に少し似ている。ある世代の略装は次の世代の普段着になり，そして若い医師や銀行員が今日スポーツ用の上着を着て仕事に取り組んでいるのとちょうど同じように，彼らは，かつては俗語や打ち解けた会話に限られていた様々な表現を通常の語彙に取り入れていくのである。

　1．誤り。若者は，年長者の語彙や発音に我慢できないと述べられている。2．言葉に対する受容性を失うことと，俗語が標準語法になることは，別の話である。　3．正しい。第1文目後半の「so that by the time…」以下の内容と一致する。　4．誤り。「正装」ではなくて「informal clothes（略装）」が普段着になると述べられている。　5．誤り。俗語や打ち解けた会話表現が，通常の語彙に取り入れられていくのである。

7 5

解説 TED Talks：Anika Paulson「音楽を通していかに自分を見つけたのか」より。（全訳）かつて哲学者プラトンは言いました。「音楽は，宇宙には魂を，心には翼を，想像力には飛翔を与え，すべてのものに命を与える」と。音楽はずっと私の人生の大きな部分を占めてきました。音楽を作り演奏することは，国や時を超えて人を結びつけます。一緒に演奏する人たち，聞いている人たちと，自分自身を結びつけるのです。楽しいとき，悲しいとき，退屈なとき，ストレスを感じるとき，私は音楽を聴き，曲を作ります。

　子供の頃にピアノを始め，後にギターを弾くようになりました。高校生になると，音楽は私のアイデンティティの一部となりました。バンドというバンドに加わり，音楽のイベントにはすべて参加しました。私は音楽に囲まれていました。音楽が私を形作り，居場所を与えてくれたのです。

　私はリズムというものにずっと惹かれていました。小さな頃，学校の廊下を歩きながらよくリズムを取っていたものです。脚を手で叩いたり，歯を鳴らしたりして，神経質な癖ですけど私はいつも神経質だったのです。リズムの繰り返しが好きだったのだと思います。そうすることで自分が落ち着いたのです。

　それから高校の授業で音楽理論を習い始めましたが，それは私にとって最高の授業でした。理論や歴史など，音楽について知らなかったことを色々学びました。その授業では基本的にはただ曲を聴き，その意味について議論し，分析し，その何が心を動かすのかを解き明かしました。毎週水曜日に「リズム聴音」というものがあって，私はすごく得意でした。先生が小節数と拍子記号を示してリズムを口にします。それを私たちが音符と休止符を使って書き取るのです。それが大好きでした。リズムは簡単な2〜4小節のシンプルなものでありながら，それぞれが物語を語っているようであり，すごく大きな可能性がありました。あとやるべきなのは，メロディを加えることだけです。

　1．誤り。第4段落2文目に，音楽理論の講義では，音楽の歴史や理論などが学ばれたと筆者は述べている。リズムの聴き取りは，「リズム聴音」の講義の内容であることが本文から読み取れる。　2．誤り。筆者は幼少期からピアノを習い始めたが，ギター教室に通っていたという記述はない。なお，第2段落より，筆者が様々なバンドに加わったという点は正しい。　3．誤り。本文中では述べられていない。　4．誤り。第1段落の「It connects you to the people you're playing with, to your audience and to yourself.」の部分より，

「一緒に演奏する人たち，聞いている人たちと，自分自身を結びつける」という内容は読み取れるが，選択肢にある「異なる感覚」に関しては本文中では述べられていない。　5．正しい。第1段落で述べられている内容と一致する。

8 2

解説　(全訳) 歴史を通じて，人間は病気のない生活を夢見てきた。この百年の間に，科学者が病気の原因についてより多くのことを知り，そして新しい特効薬が作られるにつれて，人々は病気の克服を待望するようになった。しかし病気は征服されるどころではなく，これから征服される見込みもほとんどない。

　「健康」は定義の難しい言葉だが，人間の集団の健康は通常，そのうちの何人が幼児期を生き延び，そしてどのくらい長生きするかによって評価される。こうした基準によると，健康な国民を有する国は世界に少数しかないことになる。それ以外の国々では，地球の人間の3分の2がそうした国々に住んでいるのだが，健康の状況はまったく異なっている。たとえばインドでは，今日生まれる3人のうち1人しか50歳まで生きる見込みがない。そしてアフリカやアジアの多くの国々では，幼児期の様々な病気を生き延びた子供たちが，栄養バランスの取れた食事が十分にない，厳しい生活にさらに直面する。

　1．誤り。第1段落第2文の中の2つの「as」は比較級ではなく，「～につれて」を意味する接続詞。　2．正しい。第1段落第3文の内容と一致する。3．誤り。幼児死亡率の平均年齢については述べられていない。　4．誤り。健康な国民を有する国は「only a few」であり，それ以外の国々「in the other countries…」では健康の状況がまったく異なると，対比的に述べられている。5．誤り。幼児期の病気を生き抜くことができても，その後食料問題に直面すると述べられている。

9 4

解説　『THE BIG ISSUE　VOL.262　2015 May.1』より。(全訳) 今，米国の塀の中で大金が動いている。テキサス州の刑務所業界の大手セクラス社などの外注企業は，受刑者の家族からのビデオ面会の利用料を徴収することで利益を得ており，獄中に居る相手との直接面会は停止の危機にさらされている。「こうした企業は，人と人とのつながりも，家族が受刑者を支援できる唯

一の手段さえもお金にしていく方法を考え出したのです」と，NPO「人権保護センター」のキャリー・ウィルキンソンは語る。ポートランドのストリート紙であるストリートルーツは，受刑者家族などから搾取された資金を調査しています。

　1．本文中に「threatening to eliminate …」とあることから，まだ面会できなくなったわけではないとわかる。　2．刑務所と民間企業が契約を結ぶことが，米国において初めてのケースであるかについては本文中に述べられていない。　3．キャリー・ウィルキンソンは「こうした企業は，人と人とのつながりも，家族が受刑者を支援できる唯一の手段さえもお金にしていく方法を考え出した」と述べている。　4．正しい。第2文から読み取ることができる。5．本文中には述べられていない。第1文に「今，米国の塀の中で大金が動いている。」と述べられているが，これは受刑者のビジネスに関するものではない。

10 5

解説 『THE BIG ISSUE　VOL.268　2015 Aug.1』より。（全訳）欧米への移民の流入，テロ，犯罪の増加は，暴力の文化が人の生活に広がっていった結果である。今の混沌はほんの始まりにすぎず，今後，堰を切ったように起こる。ヨーロッパは概して，暴力でもってこれに応えてきた。密輸業者のボートを破壊し，軍艦で封鎖。この後はいったいどんなことが起きるのだろう。私たちは，こう問いかけてみなくてはならない。私たちは，暴力や武力であらゆる問題を解決できるのだろうか？

　1．第2文より「今の混沌はほんの始まりにすぎず，今後，堰を切ったように起こる。」と述べられていることが分かる。　2．「Typically, Europe has reacted with violent response.」この部分から，ヨーロッパは概して，暴力でもってこれに応えてきたということが読み取れる。　3．選択肢の内容は本文中には記載されていない。また，本文中には「密輸業者のボートを破壊し，軍艦で封鎖した」という内容が述べられている。　4．本文中で述べられていない。また，最後の文章から，筆者は「私たちは，暴力や武力であらゆる問題を解決できるのだろうか？」と質問を投げかけていることが読み取れる。5．正しい。第1文から読み取ることができる。

11 1

解説 『The Japan Times Alpha：October 16, 2020』より。（全訳）私は常々，フライトは目的を達成するための手段だと思ってきた。移動の一形態としても，私の気に入っているものではあまりない。現実的に可能であればいつも，電車やフェリーに乗る方が好きだ。それらは断然移動が快適で，長い税関の行列や，厳しい安全検査，荷物制限のストレスに耐える必要もない。とても窮屈で混雑した飛行機の中で足元の空間は限られ，手足を伸ばせないことは言うまでもない。

　ビジネスクラスの座席ならどうか。私は，航空会社がスポンサーになった仕事の旅行のおかげで，飛行機でビジネスクラスに乗る機会が2回だけあった。その体験は，エコノミークラスでのフライトよりも確実に快適だったが，そのときでさえも，魅力を感じるのに十分なほどは際立っていなかった。本当に存分に楽しみたければ，たぶん，ホテルでの滞在の方がずっと満足感があるだろう。

　1．正しい。最後の1文の内容と一致している。　2．誤り。第2段落で，航空会社がスポンサーになった仕事の旅行でビジネスクラスに乗ったことは述べられているが，筆者が費用を負担したことは読み取れない。　3．誤り。第1段落において，税関の行列や安全検査はストレスを感じる対象とされている。　4．誤り。第1段落において，筆者が電車やフェリーの旅を好む旨が述べられている。　5．誤り。「ビジネスクラスよりさらに上位の座席」については触れられていない。

12 5

解説 朝日新聞『天声人語99春』より。（全訳）広島県尾道市の吉和漁港には「家船」という独特の暮らしがあった。長さ10メートル，幅2メートルほどの船に家族が家財とともに乗り込んで，漁業に生きる。高度な技量と経験を要する一本釣りが中心で，遠く九州や日本海にまで乗り出していった。子どもたちは，15歳くらいまでに潮の流れや風の読み方，船の操作など，漁師に必要な知識と技術を仕込まれた。

　親が直接，生きる力を授ける教育は，一方で不就学という問題を生んだ。市立「尾道学寮」は，家船の子どもたちが親たちと離れ陸で集団生活をしながら学校へ通うために設けられた。1955年，開設と同時に寮生は急増し，そし

て減って，1977年には閉鎖に至る。

　1．最後の一文から，開設と同時に寮生は急増し，そして減って，1977年には閉鎖に至ったことが分かる。　2．本文中に記載されていない。　3．「They traveled as far as the waters off Kyushu and the Sea of Japan.」の部分から，広島県の近海ではなく，遠く九州や日本海にまで乗り出していたことが分かる。　4．第1段落の最後の文から，15歳になるまでに，潮の流れや風の読み方，船の操作など，漁師に必要な知識と技術を仕込まれたということが読み取れる。　5．正しい。第2段落の最初の文と一致する。

[13]　4

■解説■　The Japan Timed ST『Choirs sing their complaints』Nov.23,2007より。（全訳）3年前，フィンランドの2人の人々がアイデアを持ち出し「クレーム合唱団」というものを創った。クレーム合唱団とは，人々が自分たちの不満を歌う合唱団である。彼らは，心配やイライラすること，怒りを感じることについて歌う。これらのことには，悪いデート，騒々しい隣人，地球温暖化などが含まれる。

　フィンランドの2人の人物の名前はオリバー・コフタ＝カレイネンとテレヴォ・カレイネンです。

　最初のクレーム合唱団はイギリスのバーミンガムで結成された。彼らはビールの高い値段について歌った。この合唱団のことを聞いた人々の後押しで，ヘルシンキとブダペストでもクレーム合唱団が結成された。ヘルシンキのクレーム合唱団はつまらない夢について歌い，ブダペストのクレーム合唱団は上階のアパートで民族舞踊を練習する隣人について歌った。

　今では，オーストラリアやイスラエルを含む多くの国でクレーム合唱団が存在している。世界中には20以上のクレーム合唱団がある。最初のアメリカのクレーム合唱団は最近，シカゴでデビューした。

　オリバー・コフタ＝カレイネンとテレヴォ・カレイネンは，アメリカにも今やクレーム合唱団があることを喜んでいる。彼らはアメリカの人々がポジティブ思考に集中しすぎているという。

　1．誤り。「クレーム合唱団を創った2人は，心配やイライラすること，怒りを感じることについて歌う」という記述は正しい一方，「They sing about the things that worry them or annoy them or make them angry.」の部分から，

悪いデート，騒々しい隣人などについても歌っていることが読み取れるので，「日常生活で感じることは含まれない」との記述は誤りである。　2．誤り。「The first complaints choir was in Birmingham, England.」の部分から，最初のクレーム合唱団はイギリスのバーミンガムで結成されたことが読み取れるので，「ヘルシンキとブダペストではじめに結成され」との記述は誤りである。　3．誤り。「The Helsinki complaints choir sang about boring dreams.」の部分から，選択肢の「ブダペスト」を「ヘルシンキ」とすると正しい記述になることがわかる。　4．正しい。「Now there are complaints choirs in many countries, including Australia and Israel. There are more than 20 complaints choirs around the world.」の部分から，選択肢で述べられている「オーストラリアやイスラエルを含む多くの国でクレーム合唱団が存在しており，世界中には20以上のクレーム合唱団がある」という内容が読み取れる。　5．誤り。「Oliver Kochta-Kalleinen and Tellervo Kalleinen say it is good that there is now a complaints choir in the United States.」の部分から，既にアメリカでもクレーム合唱団が結成されたことが読み取れるので，「最初のアメリカのクレーム合唱団も近いうちに結成される予定であり」との記述は誤りである。

14　3

解説　『Hacking your memory — with sleep』より。（全訳）数々の研究から，睡眠は記憶にとって，少なくとも3つの点で不可欠だと分かっている。まず，脳を学習に備えるためには，学習前に睡眠を取る必要がある。カラカラに乾いたスポンジのように，新しい情報を吸収するための準備をする。十分な睡眠を取らないと，脳の記憶回路は水浸しのスポンジと同じ状態になり，新しい情報を吸収できなくなってしまう。新しい記憶の跡を脳に残すことができない。

　1つ目のメカニズムは「ファイル転送」です。ここでは脳の2つの構造が関わっている。1つ目は海馬と呼ばれるものである。海馬は脳の左右に位置している。ます。そして，海馬は脳の情報の受信箱とでも言うべきものである。新しい記憶のファイルを受信して保持するのがとっても得意である。

　2つ目の構造は大脳皮質です。脳の表面にあって，しわの刻まれた大きな組織である。熟睡しているときにこのファイル転送が行われるわけだが，海馬はUSBメモリのようなものだと考えて欲しい。そして大脳皮質がハードドライブである。日中に色々と動き回ってたくさんのファイルを集める。でも，

メモリ容量が限られているので，夜の熟睡状態の間に，それらのファイルを海馬から脳のハードドライブである大脳皮質に移さないといけない。これこそが，深い眠りが与えてくれるメカニズムなのである。

　睡眠が記憶に役立つ最後の方法は，統合と連想である。かつて考えられていたよりも，睡眠はもっとずっと合理的なものだと分かりつつある。睡眠は単に個々の記憶を強化するだけではない。新しい記憶どうしをうまく結びつけるのである。その結果，翌朝目覚めたときには脳内全体に整理された連想の網が張り巡らされていることになり，前は解決できそうにもなかった問題の解決策を思いつくこともできる。

　1．誤り。第1段落の第2文に，学習に備えるためには，学習前に睡眠を取る必要がある旨が述べられているので，選択肢の「学習を効果的にするために大切なことは，学習前ではなく学習後に睡眠をとることである」との記述は誤りである。　2．誤り。本文において視覚野の役割について触れた箇所は無いので，誤りである。　3．正しい。各段落で述べられた内容の柱が含まれ，全体のテーマとも合致している。　4．誤り。気分転換，精神的な安定については触れられていないので，選択肢の内容は誤りである。　5．誤り。第1段落において，睡眠によって記憶の準備ができた脳を乾いたスポンジに例えているので，選択肢の「水浸しスポンジのような状態に近づけておく」との記述は誤りである。

15 3

解説　『Some ideas on fixing education』より。（全訳）私は今から10年後にも大学が現在の形式で存在するとは思わない。技術はとても急速に変化しているので，何かとても特化したものを勉強しない限り，1年生で学んだことは2年生，3年生になるころにはもう適切ではなくなっているだろう。それぞれの分野での専門家である教授たちも，人工知能に遅れずについていくことはできないだろう。

　では，大学はどんなふうになるだろうか。

　学生たちはまだキャンパスに通っているが，講師の話を対面で聞く代わりに，そばにいて助けてくれるアシスタントと共に，彼らはオンラインプログラムとコースから個別に勉強する。3ヵ月コースが一般的になり，うまくいった卒業生は自動的に自分たちが選んだ求職者の集まりに入り，実力に基づいて

企業に雇用される。

　優秀な教員たちにもっと多く給与が支払われるようになる。世界で最も優秀な数学教師が，最高の数学のオンライン授業に1時間当たり100円を生徒たちに課金するというのを想像してみよう。どんな親でも喜んでそれにお金を払うだろう。オンラインレッスンは簡単に，100万人以上の有料の学生を集めることができ，それは，世界で最も優秀な教員が1億円を1時間の授業で稼ぐことができるということを意味する。

　1. 誤り。第4段落において，未来の大学に関する事例のたとえとして，「世界で最も優秀な数学教師が，最高の数学のオンライン授業に1時間当たり100円を生徒たちに課金するというのを想像してみよう」などの内容が述べられているが，これまでに実際にあった実例ではないので，「1時間の授業で1億円を稼ぐことに成功した実例があるが，」との記述は誤りである。　2. 誤り。第4段落において，オンラインレッスンの仕組みにより，簡単に100万人以上の有料の学生を集めることができるとの予想について述べられているが，選択肢において，「世界各国のインフルエンサー」などについて触れた内容はないので，誤りである。　3. 正しい。文章の中で述べられている未来の大学についての内容が盛り込まれた選択肢である。　4. 誤り。第1段落で，未来の大学において，技術の急速な変化により，学年が進む頃には学んだ内容が適切ではなくなっているという予想が述べられていることから，選択肢の「急速な技術の進歩は，各学年において学ぶ内容をあらかじめ明確にしておく必要性を高める」との記述は誤りである。　5. 誤り。選択肢の中にある「各学問分野の統合や再編」については，本文中に触れられていないので，誤りである。

第5部

数的処理

- 判断推理
- 数的推理
- 資料解釈

判断推理

‖‖‖‖‖‖‖‖‖‖‖‖‖‖‖‖ P O I N T ‖‖‖‖‖‖‖‖‖‖‖‖‖‖‖‖

　数的処理では，小学校の算数，中学高校の数学で習得した知識・能力をもとに，問題を解いていく力が試される。また，公務員採用試験の中では最も出題数が多く，合格を勝ち取るためには避けては通れない。

　判断推理では，様々なパターンの問題が出題され，大学入試など他の試験ではほとんど見かけない問題も出てくる。すべての問題を解けるようにするのは困難なので，本書を参考に，できるだけ多くの問題を解き，本番までに得意な分野を増やしていこう。

　算数や数学の学習経験が生かせる分野としては，まずは「論理と集合」が挙げられ，命題の記号化，対偶のとり方，ド・モルガンの法則，三段論法，ベン図，キャロル表を使った情報の整理法などを確実に押さえよう。また，「図形」に関する問題も多く，平面図形では正三角形，二等辺三角形，直角三角形，平行四辺形，ひし形，台形，円，扇形などの性質や面積の公式，これらを回転させたときにできる立体図形などを確実に覚えよう。立体図形では，円錐，角錐，円柱，角柱，球，正多面体などの性質や体積・表面積の公式を必ず覚えよう。

　一方，あまり見慣れない問題があれば，本書の問題を参考にして必要な知識や考え方を身に付けてほしい。例えば，「リーグ戦やトーナメント戦」といった馴染みのある題材が扱われる問題でも，試合数を計算する公式を知っておかなければ解けない場合がある。また，「カレンダー」を題材にした問題では，各月の日数やうるう年になる年などを知っておく必要がある。「順序」に関する問題では，表・樹形図・線分図・ブロック図などを使って効率よく情報を整理していく必要がある。その他にも，「暗号」，「うその発言」，「油分け算」などでは，実際に問題を解いてみなければわからない独自のルールが存在する。「図形」を題材にしたものの中には，計算を必要とせず予備知識がなくとも正解が出せる場合があるので，落ち着いて問題文を読むようにしよう。

　問題の解き方のコツとしては，設問の条件を図表にして可視化していき，行き詰まったら推論や場合分けなどをしてみることである。問題によっては図表が完成しなくとも正解が出せる場合や，いくつかの場合が考えられてもすべてで成り立つ事柄が存在するので，選択肢も定期的に見ておくとよいだ

ろう。公務員採用試験では，限られた時間内で多くの問題を解くことになるが，ほとんどの問題では解法パターンが決まっているので，設問を読んだだけで何をすればよいか見通しが立てられるぐらいまで習熟してほしい。

《 演 習 問 題 》

1 A，B，C，D，Eの5人の中で昼食を済ませた人数は3人である。それぞれに事情を聞くと，5人は次のように答えた。

A　私は食べました。同じようにEも食べました。
B　Cは食べました。一緒にDも食べました。
C　私は食べていません。Bも食べていません。
D　私は食べていません。同じようにCも食べていません。
E　私は食べていません。でもCは食べました。

A～Eの5人全員が，本当のことを1つ，うそを1つそれぞれ言っているとすると，昼食を済ませた3人を選んだ選択肢として正しいものはどれか。

　1　A, B, D　　2　A, C, D　　3　B, C, D
　4　B, D, E　　5　C, D, E

2 A～Iの9人が当たりくじが一つ入ったボックスから，一人一枚ずつくじを引いた。その時1人がくじに当たった。誰が当たったかについて聞いたところ，それぞれから次のような返答があった。本当のことを言っているのは3人だけであるとき，当たったのは誰か。

A　「当たったのはEです」
B　「当たったのは私です」
C　「当たったのはBです」
D　「Eは当たっていません」
E　「BかHが当たっています」
F　「当たったのはEです」
G　「Bは当たっていません」
H　「Bも私も当たっていません」
I　「Hの言っていることは本当です」

　　1　B　　　　2　C　　　　3　D　　　　4　E　　　　5　H

3 ある50人のグループに,「車を持っているか」という質問と,「オートバイを持っているか」という質問をしたところ,次のような結果が出ました。
・車を持っている人　　　……22人
・オートバイを持っている人……13人
・両方とも持っていない人　……19人
このとき,両方とも持っている人は何人か。
　　1　2人　　2　3人　　3　4人　　4　5人　　5　6人

4 次のA～Cの命題が成り立つとき,確実にいえるものとして最も妥当なものはどれか。
　　A　人望がある人は成績が良い。
　　B　勤勉な人は成績が良い。
　　C　勤勉でない人はジョギングをしない。
　　1　勤勉な人はジョギングをする。
　　2　成績が良い人は勤勉である。
　　3　ジョギングをしない人は成績が良くない。
　　4　人望がない人は成績が良くない。
　　5　ジョギングをする人は成績が良い。

5 A～Fの身長について次のことが分かっている。
・BはCより高くAより低い。
・CとEの身長の和はAとBの身長の和に等しい。
・BとDの身長の和はCの2倍に等しい。
・身長順に並ぶとBとEの間に2人いる。
このとき4番目に高い身長の者は誰か。
　　1　A　　2　B　　3　E　　4　F　　5　CとD

6 A,B,Cの男性3人と,D,Eの女性2人がいる。各人の職業は,医者,教員,会社員,公務員,商店経営のいずれかで,住んでいる区は,品川,杉並,中央,練馬,港のいずれかである。次のア～オのことがわかっているとき,確実にいえるものはどれか。
　　ア　DとEは品川区に住んでいない。
　　イ　公務員は練馬区に住んでいる。

ウ　医者は，中央区に妻と住んでいる。

エ　港区に住んでいるＡと商店経営とは別の男である。

オ　会社員は杉並区には住んでいない。

　　1　公務員は杉並区に住んでいる。

　　2　教員は港区に住んでいる。

　　3　Ａは会社員である。

　　4　Ｂは中央区に住んでいる。

　　5　Ｄは教員である。

7　アメリカ，イギリス，フランス，ドイツ，日本，イタリア，カナダ，中国の8チームによる図のような野球のトーナメント戦が行われ，その結果について次の条件1，2，3が分かっているとき，確実にいえるものとして，妥当なものはどれか。

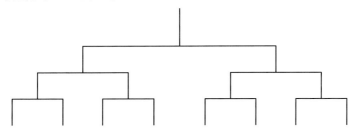

条件1　初日と2日目に1回戦2試合ずつ，3日目に2回戦2試合，最終日に決勝戦がそれぞれ行われた。

条件2　アメリカ，イギリス，フランスは初日に試合を行い，ドイツ，日本，イタリアは2日目に試合を行った。

条件3　1回戦においてアメリカはカナダと，日本は中国と対戦した。また，いずれかにおいて，フランスはドイツと対戦した。

　　1　アメリカは1回戦を勝った。

　　2　イギリスは1回戦で敗れた。

　　3　フランスは優勝した。

　　4　日本はドイツに敗れた。

　　5　カナダは1勝1敗であった。

8 次の表は，「正しければ○を，誤っていれば×をつけよ」という形式で6問出題されたテストの答案とその得点結果である。ただし1問につき10点の配点である。Dの答案の得点として正しいものはどれか。

	問1	問2	問3	問4	問5	問6	得点
A	○	×	○	×	○	○	40
B	○	×	×	×	×	×	50
C	○	○	×	×	○	×	30
D	×	○	○	×	×	○	

1 10点　　2 20点　　3 30点　　4 40点　　5 50点

9 アメリカ，ブラジル，日本，ドイツの4か国が，サッカーで1試合ずつのリーグ戦を行ったところ，ある日までのアメリカ，ブラジル，日本の成績が下の表のようになった。この成績表のドイツの空いている部分ア，イ，ウ，エ，オに入る値の和として正しいものはどれか。

	勝ち数	負け数	引き分け数	得点	失点
アメリカ	2	0	1	2	0
ブラジル	1	0	1	4	3
日本	0	2	0	3	6
ドイツ	ア	イ	ウ	エ	オ

1 7　　　2 10　　　3 13　　　4 16　　　5 19

10 X，Y，Zの3つのドアがあり，その状態について，A，B，C，D，Eの5人が次のように発言している。次のA〜Eの発言のうち，3人が嘘をついていること，2人が本当のことを言っていること，嘘をついている者の1人がAであることがわかっている。それらのことを踏まえ，確実にいえることとして，正しいものはどれか。
　　A　Xのドアは閉じていましたが，他のドアについてはわかりませんでした。
　　B　閉じていたのは2つのドアであり，そのうち1つはXでした。
　　C　XとZのドアが開いていました。
　　D　Yのドアだけが閉じていました。
　　E　Yのドアだけが開いていました。
　　　1　すべてのドアは閉じていた。
　　　2　2つのドアが閉じていた。

3 ХとZのドアが開いていた。
4 Yのドアだけが開いていた。
5 すべてのドアは開いていた。

11 A，B，C，D，Eの5人が100m走をした。以下の3人の発言から，タイムの速い順に順位をつけたとき，2番目に来る人は誰か。ただし，同順位はなく，全員完走したものとする。
A 「私はBさんより速く，Cさんより遅かった」
D 「私はCさんより遅く，Aさんより速い結果だった」
E 「私は3番目に速い結果だった」
1 A　　2 B　　3 C　　4 D　　5 E

12 帽子のコレクションをしている者が集まり，持っている帽子の色について調べたところ，次の3つの事実がわかった。これらがすべて正しいとき，確実にいえるものとして，適切なものはどれか。
事実①赤い帽子を持っている者は，青い帽子も持っている。
事実②白い帽子を持っている者は，青い帽子も持っている。
事実③黒い帽子を持っていない者は，赤い帽子を持っている。
1 赤い帽子を持っている者は，白い帽子を持っている。
2 青い帽子を持っていない者は，黒い帽子を持っていない。
3 白い帽子を持っている者は，赤い帽子を持っていない。
4 白い帽子を持っていない者は，黒い帽子を持っていない。
5 青い帽子を持っていない者は，黒い帽子を持っている。

13 「イヌは心を癒す」という命題を導くためには，Aの条件の他にもうひとつどの条件があればよいか。
A「イヌはかわいい動物である」
1 心を癒すのはかわいい動物である。
2 かわいくない動物は心を癒さない。
3 かわいい動物は心を癒す。
4 動物でないなら心を癒さない。
5 かわいくない動物はイヌではない。

14 いま,「日差しが強いと気温が上がる」ことがわかっている。他にもう
ひとつどの条件がわかれば「夏は気温が上がる」といえるか。
 1 夏は暑い。
 2 夏は湿度が高い。
 3 日差しが強くないなら夏ではない。
 4 日差しが強いと夏になる。
 5 気温が上がると夏になる。

15 A〜Gの7人が横1列に並んでいた。次のア〜エのことがわかっている
とき,Gは左から何番目にいると考えられるか。
 ア AとEは隣り合っている。
 イ BとGの間には2人いる。
 ウ CとFの間には4人おり,CはFの左の方である。
 エ DはBの左隣でFより左にいる。
  1 1番目   2 2番目   3 3番目   4 4番目   5 5番目

16 A〜Hの8人で1000m競走を行った。次のア〜エのことがわかってい
るとき,Dの順位として正しいものはどれか。ただし同着の者はおらず,
全員完走したものとする。
 ア AとBのゴールの間に,2人がゴールした。
 イ Cは1着から3着の間にゴールし,AとEは4着から8着の間にゴール
  した。
 ウ AはCの次にゴールし,また,BはEの次にゴールした。
 エ DはF,G,Hより前にゴールした。
  1 1着   2 2着   3 3着   4 4着   5 5着

17 A〜Dの4人は日本語の他に,英語,フランス語,ドイツ語,イタリ
ア語のいずれか1カ国語を話すことができる。次のことがわかっていると
き,確実にいえるものとして最も妥当なものはどれか。
 ① AとDは女性である。
 ② 英語を話せるのは男性で,フランス語を話せるのは女性である。
 ③ Bは男性であり,Cはフランス語を話せない。
 ④ Aの話せる外国語は,ドイツ語かイタリア語のいずれかである。

⑤　4人の話せる外国語はそれぞれ異なっている。

　　1　Bは英語を話せる。

　　2　Bはドイツ語を話せる。

　　3　Cは英語を話せる。

　　4　Cはドイツ語を話せる。

　　5　Dはフランス語を話せる。

⸺

[18]　**男女1人ずつのペアが3組，6人いる。その各人をA～Fとして，次のことがわかっているとき，確実にいえるものとして最も妥当なのはどれか。**

①　A，B，Cは3人とも同じ身長で，BとCは女子である。

②　男子Dと女子Eは同じ身長で，Fは他の5人と身長が異なる。

③　男子のうち2人は自分より背の低い女子と，もう1人は自分より背の高い女子とペアを組んでいる。

　　1　AとEはペアである。

　　2　DはFより背が高い。

　　3　FはAとDの中間の身長である。

　　4　CはEより背が高い。

　　5　BとFはペアである。

⸺

[19]　**佐藤君，相澤君，磯貝君の3人は，ある企業における，営業部，エンジニア部，企画部のリーダーである。社内のフロアに1列に並んだ3つの部署を順に1，2，3とする。次の3つのことがわかっているとき，確実にいえるものとして最も妥当なのはどれか。**

①　エンジニア部の番号は磯貝君の番号より2大きい。

②　営業部のリーダーは佐藤君ではない。

③　企画部は左右どちらかの端で，隣の部のリーダーは相澤君である。

　　1　1は企画部で，リーダーは佐藤君である。

　　2　1は営業部で，リーダーは相澤君である。

　　3　2は営業部で，リーダーは磯貝君である。

　　4　2はエンジニア部で，リーダーは相澤君である。

　　5　3はエンジニア部で，リーダーは佐藤君である。

20 赤，青，黄，白の4種類のカードが2枚ずつ合計8枚ある。A～Dの4人は，1人2枚ずつそれぞれ別の色のカードを分けた。次のイ～ハのことがわかっているとき，確実にいえるものは次のうちどれか。

　イ　Aは青のカードを持っている。

　ロ　Bは赤と黄のカードを持っている。

　ハ　CはDと同じ色のカードを1色持っている。

　1　Aは赤のカードを持っている。

　2　Aは黄のカードを持っている。

　3　Cは赤のカードを持っている。

　4　Cは青のカードを持っている。

　5　Dは白のカードを持っている。

21 ある会社の受付業務は9時～17時までである。ある日の受付業務は，A・B・C・Dの4人でア～ウのように行われた。

　ア　AとCはそれぞれ2時間空けて2回，Dは3時間空けて2回，Bは1時間空けて2回行った。

　イ　Aの後は2回ともCが引き継いだ。

　ウ　CとDの2人は打ち合わせのため，11時から13時は会議室にいた。
このときの受付業務に関する記述として，確実にいえるものはどれか。なお，この会社の受付業務は1人で行い，1時間ごとに交代する。

　1　Bは10時から受付業務をした。

　2　Dの初回はCの次だった。

　3　Cは16時から受付業務をすることはなかった。

　4　Aは12時から受付業務をした。

　5　Dの2回目はBの次だった。

22 ある陸上部に所属する，A，B，C，D，Eの5人がマラソンをした。Bは順位を1つ下げ，Cは3つ下げた。Dは変わりなかった。その結果，A→D→E→C→Bの順になった。もとの順序として可能性があるものはどれか。ただし，同順位はなく，全員完走したものとする。

   1　D→C→A→B→E

   2　D→C→E→B→A

   3　C→D→B→E→A

   4　C→D→E→B→A

   5　C→E→D→B→A

23 ある運動会の徒競走において，A，B，Cの3人が順位を競った。Aは1人も抜くことができず，2人に追い抜かれた。このとき，Aは何位か。ただし，同順位はいなかったものとし，全員完走したものとする。

   1　1位　　　　2　2位　　　　3　3位

   4　1位か2位のいずれか　　　5　2位か3位のいずれか

24 5枚のカードがある。それぞれのカードのオモテ側には1〜9の奇数のうち1つが書かれており，各カードに書いてある数字は異なる。ウラ側にはオモテ側に書いてある数との和が10になる数が書いてある。いま，すべてのカードをオモテにして並べておき，このうちの2枚を裏返しにしたとき，見える数の和が初めに出ていた数の和と等しいような裏返し方は何通りあるか。

   1　1通り　　　2　2通り　　　3　3通り　　　4　4通り　　　5　5通り

25 「表裏とも赤」，「表が赤で裏が白」，「表裏とも白」のカードが合わせて23枚ある。これらを表裏関係なく重ね合わせ，上から1枚ずつ23枚見ていくと，赤が7枚あった。そのまま今度は上下を逆にして見ていくと，赤が8枚あった。「表が赤で裏が白」のカードの枚数は「表裏とも赤」のカードの枚数の3倍であったとすると，表裏とも白のカードは何枚か。

   1　10枚　　　2　11枚　　　3　12枚　　　4　13枚　　　5　14枚

26 図のような直角二等辺三角形を直線 m 上ですべらずに転がしていくとき, 頂点Pの描く軌跡として正しいものはどれか。

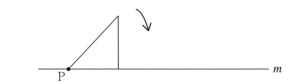

1

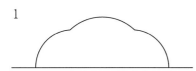

2

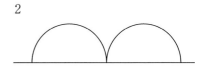

3

4

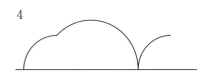

5

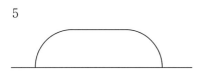

27 図のような，立方体ABCD-EFGHが
ある。ABおよびADの中点をP，Qとする。
この立方体を，点P・F・H・Qを通る平面
で切った。このとき立方体の展開図に表さ
れる切り口を示すものとして適当なものは
どれか。

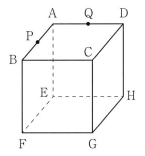

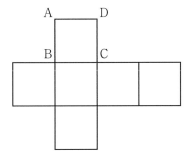

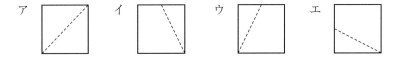

1　アとイ　　2　イとウ　　3　ウとエ　　4　エとア

28 図は，ある図形を直線 ℓ 上をすべらないように右側に転がしたときに図形上の点Pが描いた軌跡である。もとの図形と直線 ℓ，点Pの位置関係として，妥当なものはどれか。

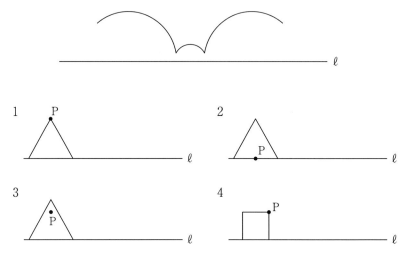

1

2

3

4

5

29 一辺が2cmの正三角形を組み合わせて，図のように一辺が4cmの正六角形を作った。この図の中にある一辺が4cmの正三角形の数として，妥当なものはどれか。

1　10個
2　12個
3　14個
4　16個
5　18個

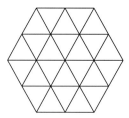

30 下の図は，縦の長さが12cm，横の長さが20cmの長方形と，半径2cmの円が接していることを示している。円が長方形に接しながら，元の位置に戻るまで一周したとき，円の最も外側が描く軌跡の長さとして，妥当なものはどれか。

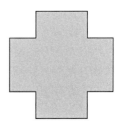

1　$64 + \pi$ cm

2　$64 + 2\pi$ cm

3　$64 + 4\pi$ cm

4　$64 + 8\pi$ cm

5　$64 + 12\pi$ cm

31 正方形の角を合わせ，面積が半分の直角二等辺三角形を作るように折り，同様に再び角を合わせ，面積が半分の直角二等辺三角形を作るように折った。その直角二等辺三角形に切り込みを入れて広げたところ，次のようになった。入れた切り込みの図として，妥当なものはどれか。

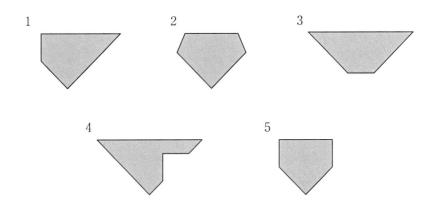

32 いくつかの立方体を積み重ねて立体をつくった後，角度を変えて見た際，正面から見た場合と，左から見た場合がともに図1のようになった。また，真上から見た場合には図2のようになった。この場合，立方体の数が最も多い場合と最も少ない場合の差として，妥当なものはどれか。

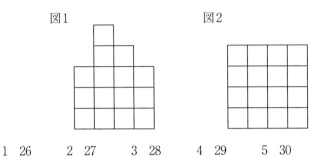

図1　　　　　　　　図2

1　26　　　2　27　　　3　28　　　4　29　　　5　30

33 次の図のように，型紙で作った立方体にX，Y，Zの三つの文字を書き，二つの頂点を切り落としたとき，この立方体の展開図として有り得るものとして，適切なものはどれか。

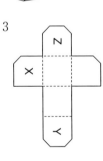

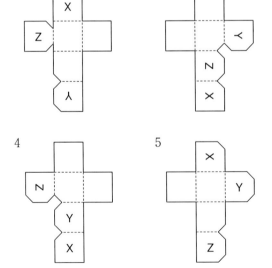

34 図は，19個の立方体を積み重ねたものである。底を含め，表面に出ているところにむらなくペンキを塗ったとき，6面のうち3面が塗られた立方体の数として，妥当なものはどれか。

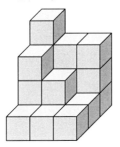

 1 6個   2 7個   3 8個   4 9個   5 10個

35 通常のさいころは，それぞれ1～6の目をもち，ある面と反対側の面の数の和がいずれも7である。しかしここに，それぞれの面は1～6の目をもつが，向かい合う面の数の和が3，7，11となる特殊なさいころが2つある。図において，この特殊な2つのさいころの接している面の和としてあり得る数はどれか。

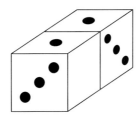

 1 3   2 5   3 7   4 9   5 11

36 2022年1月1日は土曜日であった。2030年1月1日の曜日として，妥当なものはどれか。ただし，2022年1月1日から2030年1月1日までの間に，うるう年は2回ある。

 1 日曜日   2 月曜日   3 火曜日   4 水曜日   5 木曜日

《 解 答 ・ 解 説 》

1 1

解説 まず，5人の発言のうち，BとDの発言が完全に逆であり，それぞれ半分は本当のことを言い，半分はうそを言っているので，

① C：食べた　　D：食べていない

② C：食べていない　　D：食べた

のどちらかであることがわかる。

よって，C，Dのどちらか1人が食べていて，どちらか1人は食べていない。また，

A：私は食べました。同じようにEも食べました。

という発言により，AかEのどちらか1人が食べていて，どちらか1人は食べていない。

よって，昼食を済ませた3人は，A，Eのどちらか1人，C，Dのどちらか1人なので，もう1人はBであることが分かる。

Bは昼食を済ませていることをふまえて，

C：私は食べていません。Bも食べていません。

という発言より，Cは食べていないことが本当であると分かる。

最後に，

E：私は食べていません。でもCは食べました。という発言より，Eは食べていないことが本当であると分かる。

したがって，昼食を済ませたのは，A，B，Dの3人と決まる。

以上より，正解は1。

2 5

解説 条件A〜Iより，次の表を作成する。ただし，返答から当たりくじを引いていないと判断できる場合は×，それ以外の場合は○をつける。

Aより，「Eは○，それ以外は×」となる。

Bより，「Bは○，それ以外は×」となる。

Cより，「Bは○，それ以外は×」となる。

Dより，「Eは×，それ以外は○」となる。

Eより，「BとHは○，それ以外は×」となる。

Fより，「Eは○，それ以外は×」となる。

Gより，「Bは×，それ以外は○」となる。

Hより，「BとHは×，それ以外は○」となる。

Iより，「BとHは×，それ以外は○」となる。

次に，表より，本当のことを言った人数とうそをついた人数を求める。もしAが当たりくじを引いた場合，○をつけたD，G，H，Iの4人が本当のことを言い，×をつけたA，B，C，E，Fの5人がうそをついたことになる。同様に考えると，本当のことを言った人数は，次のようになる。

		くじを引いた人								
		A	B	C	D	E	F	G	H	I
返答した人	A	×	×	×	×	○	×	×	×	×
	B	×	○	×	×	×	×	×	×	×
	C	×	○	×	×	×	×	×	×	×
	D	○	○	○	○	×	○	○	○	○
	E	×	○	×	×	×	×	×	○	×
	F	×	×	×	×	○	×	×	×	×
	G	○	×	○	○	○	○	○	○	○
	H	○	×	○	○	○	○	○	×	○
	I	○	×	○	○	○	○	○	×	○
本当のことを言った人数		4	4	4	4	5	4	4	3	4

したがって，Hが当たりくじを引いた場合，本当のことを言ったのはD，E，Gの3人となる。

以上より，正解は5。

3 3

解説 それぞれの人数をベン図にまとめると，次のようになる。

①の領域は「両方とも持っていない人」なので19人…Ⓐ

②の領域は「車だけを持っている人」

③の領域は「オートバイだけを持っている人」

④の領域は「両方とも持っている人」

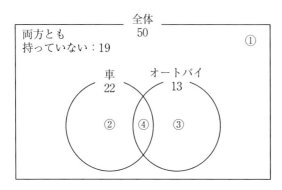

ここで,「車を持っている人」22人は,「車だけを持っている人」と「両方とも
持っている人」の和なので,②+④＝22人…Ⓑ
同様に,「オートバイを持っている人」13人は,「オートバイだけを持ってい
る人」と「両方とも持っている人」の和なので,③+④＝13人…Ⓒ
さらに,①②③④の和は全体の人数となるので,①+②+③+④＝50人
Ⓐより,②+③+④＝50－①＝50－19＝31人…Ⓓ
Ⓑ+Ⓒより,(②+④)+(③+④)＝②+③+2×④＝22+13＝35人…Ⓔ
Ⓔ－Ⓓより,(②+③+2×④)－(②+③+④)＝④＝35－31＝4人
したがって,「両方とも持っている人」は4人となる。
以上より,正解は3。

④ 5

解説 一般に,ある命題が真であれば,その対偶も真となる。問題文の命
題とその対偶を記号化すると次のようになる。

	命題	対偶
A	人望→成績	成績‾→人望‾
B	勤勉→成績	成績‾→勤勉‾
C	勤勉‾→ジョギング‾	ジョギング→勤勉

これらを三段論法によりつなげていくことで,選択肢が成り立つか検討する。
1. 誤り。Bより,「勤勉→成績」となるが,これに続くものがないため確実に
はいえない。　2. 誤り。「成績」から始まるものがないため確実にはいえな
い。　3. 誤り。「ジョギング‾」から始まるものがないため確実にはいえない。

4. 誤り。「人望」から始まるものがないため確実にはいえない。　5. Cの対偶，Bより，「ジョギング→勤勉→成績」となるので，確実にいえる。
以上より，正解は5。

5 2

解説 身長について分かっていることをまとめると，次のようになる。
A＞B＞C　…①　　　C＋E＝A＋B　…②
B＋D＝2C　…③　　　（B○○E）　…④
これらを線図にまとめると，①と②よりE＞A＞B＞C，③より「BとDの間にCがいる」となる。
④は「BとEの間にAとFがいる」となり，
AとFの順序は確定しない。
よって，線図は次のようになる。

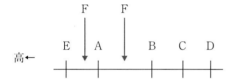

　したがって，AとFの順番に関わらず，4番目に身長が高いのはBである。
以上より，正解は2。

6 3

解説 条件ア～オより，次の対応表を作成する。
アより，「DとEの品川区は×」となる。
イより，「公務員は練馬区」となる。
ウより，「医者は中央区，男性」となる。
エより，「Aの港区は○，商店経営は×」となり，「商店経営は港区×，男性」となる。
オより，「会社員は杉並区×」となる。
ここまでをまとめると，次のようになる。

		職業					住んでいる区				
		医者	教員	会社員	公務員	商店経営	品川	杉並	中央	練馬	港
男性	A					×	×	×	×	×	○
	B										×
	C										×
女性	D						×				×
	E						×				×

中央　　　　杉並×　練馬　　港×
男性　　　　　　　　　　　男性

ここで，Aは港区に住んでいるので，中央区に住んでいる医者，練馬区に住んでいる公務員ではない。また，品川区に住んでいるのは男性であるが，Aでも医者でもないので商店経営となる。すると，2人の女性は杉並区と練馬区に住んでいるので，練馬区に住んでいるのは女性である。会社員は杉並区に住んでいないので，残った港区となり，教員は残った杉並区となる。すると，会社員はA，教員は女性となる。

		職業					住んでいる区				
		医者	教員	会社員	公務員	商店経営	品川	杉並	中央	練馬	港
男性	A	×	×		×	×	×	×	×	×	○
	B				×			×		×	×
	C				×			×		×	×
女性	D	×				×	×				×
	E	×				×	×				×

中央　　　杉並　　港　　練馬　　品川
男性　　　女性　　　　女性　　男性

以上より，正解は3。

7 2

解説　このような問題では，共通の条件に着目することと，場合分けをすることが重要である。条件2より，アメリカ，イギリス，フランスは初日に試合を行い，ドイツ，日本，イタリアは2日目に試合を行った。また，条件3より，アメリカはカナダと，フランスはドイツと，日本は中国とそれぞれ対戦した。これらに共通する国を検討すると，初日に試合を行ったアメリカはカナダと，フランスはどこかで必ずドイツと対戦する。また，2日目に試合を

行った日本は中国とどこかで必ず対戦する。以下，場合分けを行った図に，条件から読み取れることを示す。この場合，初日（1日目）および2日目の試合において，次のように分けられる。

①初日の試合が同一ブロック（左側または右側）だった場合

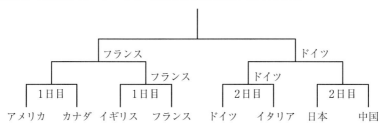

②初日の試合が左右のブロックに分かれていた場合

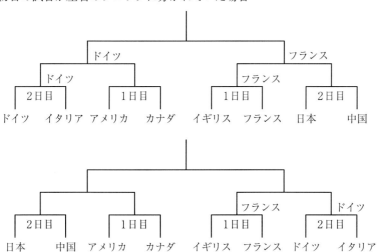

どちらの場合でもイギリスとフランスが1回戦で対戦し，フランスが勝ったことは確実である。

以上より，正解は2。

211

8 3

解説 ＡとＢの答案を比べると，問1，問2，問4が共通で，問3，問5，問6が異なっている。Ｂの得点は50点であるから，1問だけ間違ったことになるが，その間違いがＡと同じ答えを書いた問だとすると，Ａの正答数は2問となってしまい，得点が40点であることと矛盾する。よって，ＡとＢが同じ答えを書いた問は正答となり，問1は○，問2は×，問4は×となる。また，Ａは問3，5，6のうち2問で間違え，Ｂは1問だけ間違えることになる。

次に，Ｃの答案を見ると，問1は正解，問2は間違い，問4は正解となるので，問3，5，6のうち1問が正解となる。Ｃが問3で正解の場合，問3，5，6の正答が×，×，○となり，Ａは問3，5で間違え，Ｂは問6だけで間違えることになるため，成立する。Ｃが問5で正解の場合，問3，5，6の正答は○，○，○となり，Ａは問3，5，6ですべて正解し，Ｂは問3，5，6すべてで間違えることになるため，不適となる。Ｃが問6で正解の場合，問3，5，6の正答は○，×，×となり，Ａは問5，6で間違え，Ｂは問3だけで間違えることになるため，成立する。

よって，正答は次のいずれかとなる。

①問1：○，問2：×，問3：×，問4：×，問5：×，問6：○
②問1：○，問2：×，問3：○，問4：×，問5：×，問6：×

①②のいずれの場合であっても，Ｄの正答数は3問なので，得点は30点となる。

以上より，正解は3。

9 5

解説 アメリカの引き分けの相手がドイツだとすると，アメリカはブラジルと日本から1勝ずつで2勝していることになる。しかし，ブラジルの負け数は0なので，これは矛盾する。よって，アメリカの引き分けの相手はドイツではないことがわかる。つまり，アメリカとブラジルが引き分けていることがわかる。アメリカは失点0なので，そのスコアは0－0である。

よって，アメリカの2勝は，日本，ドイツからの1勝ずつであり，アメリカの得失点からその2試合の試合結果は1－0でアメリカの勝ちであることがわかる。

ここまでを対戦表にまとめると，次の通りとなる。

	アメリカ	ブラジル	日本	ドイツ	得点	失点
アメリカ		△0－0	○1－0	○1－0	2	0
ブラジル	△0－0				4	3
日本	×0－1				3	6
ドイツ	×0－1				?	?

　次にブラジルに着目する。ブラジルと日本は2試合行ったので，ブラジルは日本かドイツのどちらか相手に，4－3で勝ったことがわかる。日本が相手だとすると得失点が合わないので，ブラジルは4－3でドイツに勝ったことになる。すると，ブラジルは2試合しかしていないので，ブラジルと日本はまだ試合をしていないことがわかる。

　次に日本に着目すると，日本はドイツに3－5で負けたことになる。

　よって，対戦表は次のようになる。

	アメリカ	ブラジル	日本	ドイツ
アメリカ		△0－0	○1－0	○1－0
ブラジル	△0－0			○4－3
日本	×0－1			×3－5
ドイツ	×0－1	×3－4	○5－3	

　以上より，ドイツは1勝　2敗　0分け，総得点8　総失点8　となる。

　したがって，これらの総和は，1＋2＋0＋8＋8＝19。

以上より，正解は5。

10　3

解説　A～Eの発言をもとに，次の表を作成する。ただし，開いている場合は○，閉じている場合は×とする。

		ドア		
		X	Y	Z
発言者	A	×		
	B	×		
	C	○		○
	D	○	×	○
	E	×	○	×

Xのドアに注目すると，Aは嘘をついているのでXは開いていたことになり，Xが閉じていたと発言したBとEが嘘をついたことになる。よって，CとDは本当のことを言っており，2人の発言をまとめると，「Xは開いていた，Yは閉じていた，Zは開いていた」となる。

11 4

解説 Aの発言「私はBさんより速く，Cさんより遅かった」より，「Bさんより速い」ので，A＞B

また「Cさんより遅かった」より，C＞Aという関係が分かる。

これら2つを合わせると，C＞A＞Bになる。…①

Dの発言「私はCさんより遅く，Aさんより速い結果だった」より，「Cさんより遅い」ので，C＞D

「Aさんより速い」ので，D＞Aという関係が分かる。

これら2つを合わせると，C＞D＞Aになる。…②

①，②より，DはCとAの間に入ることが分かり，C＞D＞A＞Bとなる。

Eの発言「私は3番目に速い結果だった」という条件を加えると，

C＞D＞E＞A＞Bとなり，すべての順位が決まる。

よって，速い方から2番目の順位の人は，Dとなる。

以上より，正解は4。

12 5

解説 一般に，「PならばQである (P → Q)」という命題が真であるとき，その対偶である「QでなければPでない」「$\overline{Q} \to \overline{P}$」も真である。なお，待遇とは，命題の左右と，肯定・否定をともに入れ替えたものである。また，「PならばQである (P → Q)」および「QならばRである (Q → R)」が成り立つとき，「PならばRである (P → R)」も成り立つ。この時の関係は，「P → Q → R」と表されるものとする。

以上を踏まえ，問題文中の条件について，対偶も含めて整理すると次のようになる。

①赤 → 青　　①′$\overline{青} \to \overline{赤}$

②白 → 青　　②′$\overline{青} \to \overline{白}$

③$\overline{黒} \to 赤$　　③′$\overline{赤} \to 黒$

以上をまとめ，複数の式をつなげて表すと，次のようになる。

①，②より，

赤 → 青
白 ↗

また，①′，②′，③′より，

$\overline{青} → \overline{赤} → 黒$
　↘ $\overline{白}$

よって，$\overline{青}$→黒より，選択肢5が正しく，他は，「確実にいえる」例としては誤りである。

以上より，正解は5。

$\boxed{13}$ **3**

解説 求める命題「イヌは心を癒す」を記号化すると，「イヌ→心を癒す」となる。

また，命題Aは「イヌ→かわいい∩動物」と表せる。よって，「かわいい∩動物」ではじまり「心を癒す」で終わる命題が正解となる。

次に，選択肢の命題を記号化すると次のようになる。

1. 心を癒す→かわいい∩動物
2. $\overline{かわいい}$∩動物→心を癒す
3. かわいい∩動物→心を癒す
4. $\overline{動物}$→$\overline{心を癒す}$
5. $\overline{かわいい}$∩動物→$\overline{イヌ}$

以上より，正解は3。

$\boxed{14}$ **3**

解説 求める命題「夏は気温が上がる」を記号化すると，「夏→気温が上がる」となる。

また，わかっている命題は「日差しが強い→気温が上がる」と表せる。よって，「夏」からはじまり「日差しが強い」で終わる命題が正解となる。

一般に，ある命題が真であれば，その対偶も真となる。選択肢の命題とその対偶を記号化すると次のようになる。

215

	命題	対偶
1	夏→暑い	暑い‾→夏‾
2	夏→湿度が高い	湿度が高い‾→夏‾
3	日差しが強い‾→夏	夏‾→日差しが強い
4	日差しが強い→夏‾	夏→日差しが強い‾
5	気温が上がる→夏	夏‾

したがって，3の対偶が条件を満たす。

以上より，正解は3。

15 1

解説 7人の並び順を求めるので，次の7つのマスを埋めて考える。

ア「AとEは隣り合っている。」より

| A | E | または | E | A |

イ「BとGの間には2人いる。」より

| B | | | G | または | G | | | B |

ウ「CとFの間には4人，CはFの左の方。」より

| C | | | | | F |

エ「DはBの左隣でFより左にいる。」より

| D | B |

イ，ウ，エより

| C | G | | D | B | F | | …①

または

| C | | D | B | | F | G | …②

または

| G | C | D | B | | | F | …③

または

| | C | G | | D | B | F | …④ |

さらに，アよりAとEが隣り合うことができるのは③の場合だけで，次の並び方のときである。

| G | C | D | B | A | E | F |

または

| G | C | D | B | A | E | F |

よって，いずれの場合でもGは左端である。

以上より，正解は1。

16 1

解説　8人の順位なので，左端を1着として次のような8つのマスを埋めればよい。

| | | | | | | | |

ア「AのゴールとBのゴールとの間に2人がゴール」より，

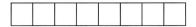

イ「Cは1着から3着の間にゴール」および，
「AとEは4着から8着の間にゴール」より，

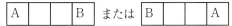

ウ「AはCの次にゴール」より，

「BはEの次にゴール」より，

ここでア，イ，ウより，

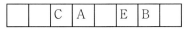

残った4マスにはD，F，G，Hが入るが，

エ「DはF，G，Hより前にゴール」より，F，G，Hの順位は決まらないが，

Dは1着であることがわかる。

以上より，正解は1。

17 5

解説 条件①〜⑤をもとに，次の対応表を作成する。ただし，確実なものを〇，確実でないものを×とする。

①より，「AとDの女性が〇」となる。

②より，「英語は男性，フランス語は女性」となる。

③より，「Bの男性が〇，Cのフランス語は×」となる。

④より，「Aの英語，フランス語は×」となる。

ここまでをまとめると，次のようになる。

	言語				性別	
	英語	フランス語	ドイツ語	イタリア語	男性	女性
A	×	×			×	〇
B					〇	×
C		×				
D					×	〇

男性　　　　女性

ここで，Bは男性なのでフランス語は×となる。すると，フランス語を話せるのはDだけとなる。よって，対応表は次のようになる。

	言語				性別	
	英語	フランス語	ドイツ語	イタリア語	男性	女性
A	×	×			×	〇
B		×			〇	×
C		×				
D	×	〇	×	×	×	〇

男性　　　　女性

したがって，「Dはフランス語を話せる」は確実にいえる。

以上より，正解は5。

18 1

解説 条件①と②より，性別については

男子：A，D，F

女子：B，C，E

であるとわかる。

また，身長については

A＝B＝C，D＝E

であるとわかる。

条件③より，男子は同じ身長の女子とペアになることはないので，AはB，Cとペアにはならない。よって，Aがペアを組んでいる相手はEである。

DとF，BとCに関して，この条件だけでは，誰と誰がペアになっているのか確定することはできない。

また，条件②より，男子Dと女子Eの身長が同じであり，Fの身長は他の5人と比べて高いとも低いとも明言されていないため，Dの身長がA，B，Cより高い場合でも低い場合でも，条件③を満たすことができる。よって，選択肢2～4はどれも確実にはいえない。

したがって，確実にいえることは，AとEがペアであることだけである。

以上より，正解は1。

19 5

解説 条件①～③をもとに，次の対応表を作成する。ただし，確実なものを○，確実でないものを×とする。

①より，「3のエンジニア部，1の磯貝君が○」となる。

②より，「佐藤君の営業部は×」となる。

③より，「2の企画部は×，2の相澤君は○」となる。

ここまでをまとめると，次のようになる。

	部署			リーダー		
	営業部	エンジニア部	企画部	佐藤君	相澤君	磯貝君
1						○
2			×		○	
3		○				

ここで，3の佐藤君が〇となり，2は営業部となるので，残った1は企画部と
なる。よって，対応表は次のようになる。

	部署			リーダー		
	営業部	エンジニア部	企画部	佐藤君	相澤君	磯貝君
1	×	×	〇	×	×	〇
2	〇	×	×	×	〇	×
3	×	〇	×	〇	×	×

したがって，「3はエンジニア部，リーダーは佐藤君」となる。
以上より，正解は5。

20 5

解説 イ～ハの条件を下表のようにまとめる。ただし，持っている場合は
〇，持っていない場合は×とする。
なお，③よりCとDが同じ色のカードを持つためには，①②を踏まえて2枚
残っている白のカードを持っている場合だけである。

	赤	青	黄	白
A		〇		×
B	〇	×	〇	×
C				〇
D				〇

ここで，Aの持つ青以外のもう一枚のカードの色について
(i) 赤のカードを持っている場合
(ii) 黄のカードを持っている場合
の2つの場合が考えられる。それぞれを表にすると，
(i) Aが赤のカードを持っている場合

	赤	青	黄	白
A	〇	〇	×	×
B	〇	×	〇	×
C	×	※	※	〇
D	×	※	※	〇

（ii）Aが黄のカードを持っている場合

	赤	青	黄	白
A	×	○	○	×
B	○	×	○	×
C	※	※	×	○
D	※	※	×	○

（i）（ii）の表において，※の場所は確実にはいえない。

よって，確実にいえるのはDが白のカードを持っていることだけである。

以上より，正解は5。

21 4

解説 条件アより，1マスを1時間とするとそれぞれの業務間隔は次の通りとなる。

① | A | | | A |

② | C | | | C |

③ | D | | | | D |

④ | B | | B |

また条件イより，Aの後は必ずCであり，④と併せると次のような順になっている。

⑤ | A | C | D | A | C |

条件ウより，11時〜の業務と12時〜の業務をCまたはDが行うことはできない。

以上の条件をもとに9時〜17時までの時間に1時間あたり1人ずつ並べていくと，次の通りとなる。

9時〜	10時〜	11時〜	12時〜	13時〜	14時〜	15時〜	16時〜
B	D	B	A	C	D	A	C

よって，Aは12時から受付業務をしている。

以上より，正解は4。

22 4

解説 順序が変わる前と後を以下の表のように表す。

	1	2	3	4	5
前					
後	A	D	E	C	B

後の順から前の順を考えるので，題意の逆をたどる。

① 「Bは1つ下げた」→ Bの順位を1つ上げる。

② 「Cは3つ下げた」→ Cの順位を3つ上げる。

③ 「Dは変わりない」→ Dの順位は変わらない。

	1	2	3	4	5
前	C	D		B	
後	A	D	E	C	B

残りのAとEは確定しないので，

C→D→A→B→EとC→D→E→B→Aの2パターンが考えられる。

以上より，正解は4。

23 3

解説 「Aは1人も抜くことができなかった」ため，抜かれた人数から推理できる順位を考える。3人で競っているなかで「2人に抜かれた」ことから，1位でも2位でもないことがわかる。

よって，Aは3位となる。

以上より，正解は3。

24 2

解説 5枚のカードのオモテ側にはそれぞれ1～9のうちの奇数が書かれており，ウラ側にはオモテ側に書かれている数との和が10になる数が書かれていることから，5枚のカードは次のようになっていると分かる。

	a	b	c	d	e
オモテ	1	3	5	7	9
ウラ	9	7	5	3	1

これらのうちの2枚を裏返して元の数の和と変わらないのは，ウラ・オモテの数の組み合わせが同じである2枚のカードを裏返したときだけである。

よって裏返すのは，（1，9）の組み合わせであるaとeか，（3，7）の組み合わせであるbとdの2通りしかない。

以上より，正解は2。

25 2

解説 「表裏とも赤」のカードの枚数をx枚とすると，「表が赤で裏が白」のカードの枚数は$3x$枚となる。表を1回ずつ，裏を1回ずつ，合計46枚のカードを見たと考えると，赤のカードは全部で$5x$枚となる。

実際の赤のカードの枚数は$7 + 8 = 15$〔枚〕なので，

$5x = 15$

$x = 3$

より「表裏とも赤」のカードの枚数は3枚となる。

「表が赤で裏が白」のカードの枚数は$3 \times 3 = 9$〔枚〕なので，

$23 - (3 + 9) = 11$〔枚〕

より「表裏とも白」のカードの枚数は11枚である。

以上より，正解は2。

26 4

解説 多角形が直線上を転がるとき，ある点（動点）が描く軌跡は円弧をつなげたものとなる。この円弧から扇形を見つけ，それぞれの扇形の頂点，半径，中心角を求めると，転がった多角形の回転の中心，回転の中心から動点までの距離，回転角度に対応していることがわかる。

　問題文の図の三角形の動点P以外の頂点をA，Bとすると，それぞれの回転時について次のことがわかる。

1回目：回転の中心はA，回転の中心から動点までの距離はAP，回転角度は∠Aの外角

2回目：回転の中心はB，回転の中心から動点までの距離はBP，回転角度は∠Bの外角

3回目：回転の中心はP，回転の中心から動点までの距離はPP，回転角度は∠Pの外角

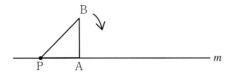

よって，回転の中心から動点までの距離について，BP＞AP＞PP（＝0）より，扇形の半径について（扇形②）＞（扇形①）が成り立ち，3回目の回転では扇形ができないことがわかる。

また，回転角度について，∠Bの外角＞∠Aの外角より，扇形の中心角について，（扇形②）＞（扇形①）が成り立つ。

これらの条件を満たすのは，次の軌跡である。

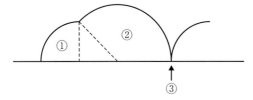

なお，問題文の直角三角形を転がし，次のように軌跡を作図してもよい。

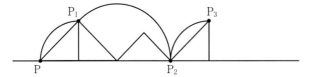

以上より，正解は4。

27 2

解説 問題文の立方体について，

点P・F・H・Qを結ぶと四角形になる…①

また，辺PQとFHは，互いに平行な面ABCDとEFGHの上に存在するので，PQ∥FH…②

一方，辺PFと辺QHは同じ長さとなるが平行ではない…③

①，②，③より，一組の向かい合う辺が平行かつ平行ではない2辺の長さが等しいので，この四角形は等脚台形である。

次に，切口を点線で示した立方体を，問題文の展開図の正方形ABCDの位置

に注意して展開すると，次のようになる。

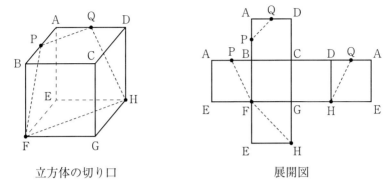

| 立方体の切り口 | 展開図 |

よって，切り口は，正方形AEFB上のものはイ，正方形DHEA上のものはウ
となる。

以上より，正解は2。

28 3

解説 問題文の図より，軌跡は3つの円弧からできており，1番目の円弧の
はじめの高さと3番目の円弧の終わりの高さが等しいので，図形が3回転がる
と動点Pが一周したことがわかる。よって，転がった図形は三角形となる。

次に，動点Pの軌跡が一度も直線 ℓ と重なることなく一周したことから，動
点Pは図形の頂点や辺の上には存在しないことになる。

よって，この軌跡は次のように描かれたことがわかる。

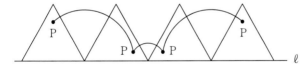

以上より，正解は3。

29 2

解説 問題文の図は，一辺が2cmの正三角形4段からなっている。まず，一
辺が4cmの正立正三角形について考えると，上から1・2段目には3つ，2・3
段目には2つ，3・4段目には1つある。また，一辺が4cmの倒立正三角形につ
いて考えると，1・2段目には1つ，2・3段目には2つ，3・4段目には3つある。

よって，この図の中には一辺
が4cmの正三角形が，合計
3＋2＋1＋1＋2＋3＝12
〔個〕存在する。
以上より，正解は2。

正立正三角形

倒立正三角形

30 4

解説 円の外側が描く軌跡は，次のようになる。
よって，直線部分は元の長方形の周りの
長さと等しくなる。一方，四隅の曲線部
分については，灰色で示す四半円を考え
ると，それぞれの曲線の長さは半径4cm
の円周の4分の1に相当する。よって，曲
線部分の長さの合計は半径4cmの円周の
長さと等しくなる。

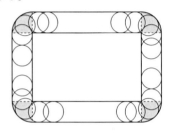

したがって，求める軌跡の長さは，$12 \times 2 + 20 \times 2 + 2 \times 4 \times \pi = 64 + 8\pi$
〔cm〕となる。
以上より，正解は4。

31 5

解説 折りたたんだ紙に切り込みを入れて広げると，切り取られた部分が折
り目に対して線対称になることを利用する。次のように順番に考えるとよい。
① 切り込みを入れて広げた図について，線対称となるような折り目を見つ
け，1回だけ折りたたんだ図を作る。
② ①と同様に考えて2回目の折り目を探し，もう1回折りたたんだ図を作る。

広げた図

1回だけ
折りたたんだ図

もう1回
折りたたんだ図

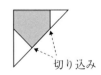
切り込み

以上より，正解は5。

32 1

解説 真上から見た場合，問題文の図2のように見えたことから，縦4マス，横4マスには少なくとも1個の立方体が積まれていることになる。よって，これらの合計16マスに積まれた立方体の数を考える。ここで，それぞれのマスを①〜⑯とする。

①	②	③	④
⑤	⑥	⑦	⑧
⑨	⑩	⑪	⑫
⑬	⑭	⑮	⑯

(1) 立方体の数が最小の場合

　正面から見た場合，および左から見た場合に問題文の図1のように見えたことから，左から3，5，4，3段積まれているように見えたことになる。最小の数を考える場合，見えるところはその数とし，見えないところはできるだけ小さい数とする。

　まず，正面から見て左端の列は3段に見えるので，①，⑤，⑨，⑬のいずれか1つは3となる。また，左から見て左端の列も3段に見えるので，①，②，③，④のいずれか1つは3となる。これらのことから，①を3とすれば最小の数となる。同様に考えると，⑥は5，⑪は4，⑯は3となる。残りのマスは最小の数である1とすればよく，次のようになるので，立方体の数は合計27個となる。

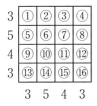
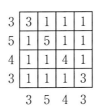

(2) 立方体の数が最大の場合

　最大の数を考える場合，見えるところはその数とし，見えないところはできるだけ大きい数とする。

　まず，(1)より，①は3，⑥は5，⑪は4，⑯は3となる。次に，⑩は正面から見て5段，左から見て4段に見えるので，4とすることができる。同様に考えると⑦も4とすることができる。最後に①は正面から見て3段，左から見て3段に見えるので，①は3とすることができる。同様に考えると，まだ数が決まっていないマスはすべて3とすることができる。よって，次のようになるので，立方体の数は53個となる。

<table>
<tr><td>3</td><td>①</td><td>②</td><td>③</td><td>④</td></tr>
<tr><td>5</td><td>⑤</td><td>⑥</td><td>⑦</td><td>⑧</td></tr>
<tr><td>4</td><td>⑨</td><td>⑩</td><td>⑪</td><td>⑫</td></tr>
<tr><td>3</td><td>⑬</td><td>⑭</td><td>⑮</td><td>⑯</td></tr>
</table>
3　5　4　3

3	3	3	3	3
5	3	5	4	3
4	3	4	4	3
3	3	3	3	3

3　5　4　3

したがって，立方体が最も多い場合と最も少ない場合の差は，53 − 27 = 26
〔個〕となる。

以上より，正解は1。

33 5

解説 このような問題では，「形の特徴」に着目することが大切であり，この場合は，面の掛けている箇所と，文字の向きに着目することが大切である。

まず，1，2については，Zの面の欠けている部分が不一致であり，3については，Xの面の掛けている箇所が不一致である。さらに，4については，XとYの上下の向きが不一致である。5については，文字の向き，かけている部分がすべて一致する。なお，5の面の一部を以下のように移動すると，正しいことがよりわかりやすくなる。

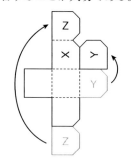

以上より，正解は5。

34 2

解説 与えられた図について，立方体が積まれている段を上から1段目，2段目，3段目，4段目とし，塗られた面の数ごとにまとめると次のようになる。

塗られた面	1面	2面	3面	4面	5面	合計
1段目	0個	0個	0個	0個	1個	1個
2段目	0個	1個	1個	2個	0個	4個
3段目	1個	2個	2個	0個	0個	5個
4段目	1個	2個	4個	2個	0個	9個
合計	2個	5個	7個	4個	1個	19個

よって，3面が塗られた立方体の数は7個となる。

以上より，正解は2。

35 4

解説 ある面と反対側の面の数の和が3，7，11となる条件を満たすためには，「1の反対側が2」，「3の反対側が4」，「5の反対側が6」とならなければならない。問題文の図の2つのさいころが接している面を考えると，手前のさいころは3の反対側なので4となる。もう1つのさいころについては，図より「1と2」，「3と4」でないことは明らかなので，接している面は5か6である。

よって，接している面の和は，4＋5＝9，または4＋6＝10となる。
以上より，正解は4。

36 3

解説 365÷7＝52…1であるから，1年毎に曜日は一つ先に進むが，うるう年は366÷7＝52…2となり，曜日は二つ先に進む。2022年1月1日から2030年1月1日の8年間にうるう年は2回あるので，曜日は10だけ先に進むことになるが，1週間は7日なので，実際には，10－7＝3より，三つ先に進む。よって，2022年1日1日は土曜日であるので，2030年1月1日は火曜日となる。

| 数的処理 | 数的推理 |

################################ P O I N T ################################

　数的推理は，数的処理の中では最も算数・数学の知識や能力が役に立つ分野といえる。出題形式はほとんどが文章題であり，必要な情報を読み取り，自身で方程式を立てて解いていく能力が求められる。本書の数学の内容を参考にしつつ，以下の重要事項を知っておいてほしい。

　まず知っておいてほしいのは，「速さ，距離，時間」の関係である。（速さ）$= \left(\dfrac{距離}{時間} \right)$ という基本公式をもとに，式変形をして距離や時間を求める，秒から分（または時間），kmからm（またはcm）などに単位変換する，といった操作を速く正確に行えるようになってほしい。このような力を身に付けることで，「通過算」，「旅人算」，「流水算」などの理解にもつながり，「仕事算」や「ニュートン算」といった応用問題にも対応できる。

　次に，「比と割合」といった指標の活用法を覚えよう。問題によっては具体的な数量ではなく比や割合だけが与えられる場合もある。例えば，「AとBの比が$a:b$」と出てきたら，Aはa個，Bはb個のように比の値をそのまま数量とする，あるいはAはax個，Bはbx個といった表し方をすると考えやすくなる。また，比例配分の考え方「X個をAとBに$a:b$に配分すると，Aには$\dfrac{a}{a+b} \times X$〔個〕，Bには$\dfrac{b}{a+b} \times X$〔個〕配分される」もよく利用される。割合では，「百分率％で表されていたら全体を100とする」と考えやすくなる。「割引き」や「割り増し」といった言葉が出てきた場合の計算にも慣れておこう。

　学習のコツとしては，判断推理と同様に「設問を読んだだけで何をすればよいか見通しが立てられるぐらいまで取り組む」ことである。もし学習時間の確保が困難であれば，「設問から必要な情報を読み取り方程式を立てる」ステップだけでも反復練習しよう。

《 演 習 問 題 》

1 4%の食塩水200gと10%の食塩水400gを混ぜたときにできる食塩水の濃度として，正しいものはどれか。

　1　5%　　　2　6%　　　3　7%　　　4　8%　　　5　9%

2 101から200までの連続する自然数の中で，3か5，またはその両方で割り切れる数の個数として正しいものはどれか。

　1　40個　　　2　42個　　　3　44個　　　4　46個　　　5　48個

3 数列の第1項と第2項をあらかじめ与え，第3項以降はその前の2項の和とする。この方式で作った数列の第10項が89であったとき，その数列の第1項と第2項の数の差として正しいものはどれか。

　ただしこの数列の項は全て自然数とする。例えば，第1項と第2項をともに1としたとき，この方式で作った数列の第1項から第6項までを例示すると，1, 1, 2, 3, 5, 8となる。

　1　1　　　　2　2　　　　3　3　　　　4　4　　　　5　5

4 9人をAとBの2部屋に入れる方法は何通りあるか。ただし，1つの部屋には，少なくとも1人は入るものとする。

　1　500通り　　　　2　510通り　　　　3　512通り

　4　1022通り　　　5　1024通り

5 右図のDEは円Oの接線である。
∠xの大きさとして正しいものはどれか。

　1　76°
　2　77°
　3　78°
　4　79°
　5　80°

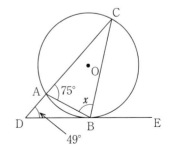

6 次の条件があるとき，A地点からB地点へ行く最短経路の数として正しいものはどれか。

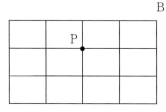

	P地点を必ず通る場合	P地点が通行不能の場合
1	20	19
2	19	18
3	18	17
4	17	16
5	16	15

7 異なる4つの整数があり，この4つの整数から2つの整数を選び，その2つの和と差を求める。2つの整数の選び方のすべてで，それぞれの和と差を求めるとき，このようにして求めたすべての数を大きい順に並べると，95，85，83，49，48，47，*X*，37，36，12，10，2となった。*X*にあてはまる整数として正しいものはどれか。

　1　38　　　2　40　　　3　42　　　4　44　　　5　46

8 100円，10円，5円硬貨が合計54枚あり，その合計金額は900円であるとき，10円硬貨の個数として正しいものはどれか。

　1　11枚または31枚
　2　11枚または32枚
　3　12枚または31枚
　4　12枚または32枚
　5　13枚または31枚

⑨ ある列車が，秒速20mで長さ680mのトンネルを通過するのに，36秒かかった。この列車が秒速30mでトンネルを通過する時間として，最も妥当なものはどれか。ただし，トンネルを通過するとは，列車の最前部がトンネルに入ってから最後部がトンネルを出るまでのことである。

  1 20秒   2 22秒   3 24秒   4 26秒   5 28秒

⑩ 6人掛けの長いすと，8人掛けの長いすがある大講義室で，300人が座ったところ，全部で44脚の長いすが使われ，2席空きがあった。このとき，6人掛けの長いすは何脚使われたか。

  1 22脚   2 23脚   3 24脚   4 25脚   5 26脚

⑪ 右図の△ABCで，辺ABの中点をM，辺BCを3等分する点をD，Eとし，AEとCMの交点をFとする。MD＝8cmであるとき，AFの長さとして正しいものはどれか。

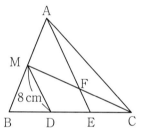

  1 10〔cm〕
  2 10.5〔cm〕
  3 11〔cm〕
  4 12〔cm〕
  5 12.5〔cm〕

⑫ 9個の数字1，2，3，4，5，6，7，8，9から異なる3個の数字を選ぶ。このとき，3個の数字の和が偶数となる場合は何通りあるか。

  1 36通り   2 38通り   3 40通り   4 42通り   5 44通り

⑬ 次の図のような円錐台の体積として正しいものはどれか。ただし円周率をπとする。

  1 1000π〔cm³〕
  2 980π〔cm³〕
  3 851π〔cm³〕
  4 784π〔cm³〕
  5 216π〔cm³〕

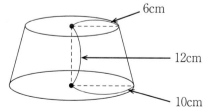

14 ある映画館の入場券には，1,300円の大人券，800円の子供券および2,000円の親子ペア券の3種類がある。ある日の入場券の販売額の合計が272,900円であり，大人券の販売枚数が親子ペア券の販売枚数の半分より9枚少なく，販売枚数が最も多いのが親子ペア券，次が子供券，最も少ないのが大人券であったとき，大人券の販売枚数として，最も妥当なものはどれか。

  1 36枚   2 37枚   3 38枚   4 39枚   5 40枚

15 ある壁にペンキを塗る作業を行っている。この時AとBが2人で塗り終えるのに要する時間は，Aが1人で塗り終えるのに要する時間よりも6時間15分短く，また，2人で1時間塗ると，壁全体の$\frac{4}{15}$の面積を塗ることができる。このとき，この壁をBが1人で塗り終えるのにかかる時間はどれだけか。なお，AとBの時間あたり作業量はそれぞれ常に一定である。

  1 4時間   2 4時間30分   3 5時間   4 5時間30分

  5 6時間

16 ビーカーに入った濃度20％の食塩水200gに対して，次のA～Dの手順で操作をおこなったところ，濃度9％の食塩水が200gできた。

A：ある重さの食塩水をビーカーから捨てる。

B：Aで捨てた食塩水と同じ重さの純水をビーカーに加え，よくかき混ぜる。

C：Aで捨てた食塩水の5倍の重さの食塩水をビーカーから捨てる。

D：Cで捨てた食塩水と同じ重さの純水をビーカーに加え，よくかき混ぜる。

以上から判断して，Aで捨てた食塩水の重さとして，正しいものはどれか。

  1 15g   2 16g   3 20g   4 24g   5 25g

17 図のような四角形ABCDに内接する円の半径として，正しいものはどれか。ただし，AC＝2とする。

1 $\dfrac{3-\sqrt{3}}{2}$

2 $\dfrac{3-\sqrt{5}}{2}$

3 $\dfrac{5-\sqrt{3}}{2}$

4 $\dfrac{5-\sqrt{5}}{2}$

5 $\dfrac{3-\sqrt{3}}{7}$

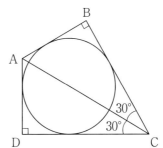

18 図のような展開図を組み立てた時にできる正四角すいの休積として，正しいものはどれか。ただし1辺の長さはaとする。

1 $\dfrac{\sqrt{2}}{6}a^3$

2 $\dfrac{\sqrt{2}}{9}a^3$

3 $\dfrac{\sqrt{2}}{12}a^3$

4 $\dfrac{\sqrt{2}}{15}a^3$

5 $\dfrac{\sqrt{2}}{18}a^3$

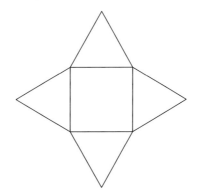

19 立方体のサイコロがある。各面には1～9までのうち，異なる数が1つ書かれている。このサイコロを1回振って5以下の目が出る確率は$\dfrac{1}{2}$である。また，2回振って出た目の合計が9となる確率は$\dfrac{1}{6}$である。このサイコロの面に書かれている数の組み合わせとして，考えられるのはどれか。ただし，このサイコロの目が出る確率はいずれも等しいものとする。

1 1, 2　　2 3, 5　　3 4, 5　　4 4, 7　　5 8, 9

20 下図のように棒3本でできる正三角形を1つ作り第1段とする。その下に棒3本でできる正三角形を2つ作り第2段とする。以下同様に段の下に棒を増やして各段を作っていく。第1段から第30段まで作るときに必要な棒の本数として，正しいものはどれか。

1 1395本
2 1400本
3 1405本
4 1410本
5 1415本

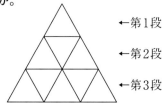

←第1段
←第2段
←第3段

21 次の図は，ある立体を正面から見た図と，真上から見た図を示している。この立体の表面積として，妥当なものはどれか。

1 $120 + 680\pi$〔cm〕

2 $240 + \dfrac{640}{3}\pi$〔cm〕

3 $240 + \dfrac{1280}{3}\pi$〔cm〕

4 $360 + \dfrac{1280}{3}\pi$〔cm〕

5 $480 + \dfrac{1280}{3}\pi$〔cm〕

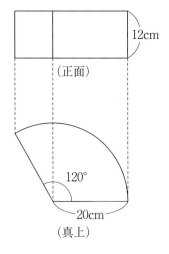

12cm

（正面）

120°

20cm

（真上）

22 ある船は静水上を350m進むのに7分かかった。はじめに，川の上流から下流に向けて進むと6分かかり，次に，同じ区間を下流から上流に向けて進むと24分かかった。船と流れの速さが一定であるとすると，往復した区間の片道分の距離と，流れの速さの組み合わせとして，妥当なものはどれか。

	片道分の距離〔m〕	流れの速さ〔m/分〕
1	420	20
2	420	30
3	480	30
4	480	40
5	520	40

《 解 答 ・ 解 説 》

1 4

解説 （食塩水の濃度）＝ $\dfrac{食塩の量}{食塩水の量} \times 100$ より，

（食塩の量）＝ $\dfrac{（食塩水の量）\times（食塩水の濃度）}{100}$ と表せる。はじめの食塩水中の

食塩の量を求めると，

4%の食塩水200gに含まれる食塩の量は，$\dfrac{200 \times 4}{100} = 8$〔g〕

10%の食塩水400gに含まれる食塩の量は，$\dfrac{400 \times 10}{100} = 40$〔g〕

よって，これらを混ぜた食塩水に含まれる食塩の量は，$8 + 40 = 48$〔g〕

この食塩水の濃度は，$\dfrac{48}{200 + 400} \times 100 = 8$〔%〕

以上より，正解は4。

2 4

解説 1から100までの連続する自然数の中で，3で割り切れる数は，

「$100 \div 3 = 33$ 余り 1」より，33個

同様に，5で割り切れる数は，

「$100 \div 5 = 20$」より，20個

さらに，3と5の最小公倍数である15で割り切れる数は，

「$100 \div 15 = 6$ 余り 10」より，6個

よって，1から100までの連続する自然数のうち，3か5で割り切れる数は，

$33 + 20 - 6 = 47$〔個〕

次に，1から200までの連続する自然数の中で，3で割り切れる数は，

「$200 \div 3 = 66$ 余り 2」より，66個

同様に，5で割り切れる数は，

「$200 \div 5 = 40$」より40個

さらに，3と5の最小公倍数である15の倍数の数は，

「$200 \div 15 = 13$ 余り 5」より13個

よって，1から200までの連続する自然数のうち，3か5で割り切れる数は，

$66 + 40 - 13 = 93$〔個〕

これらの結果より，101から200までの連続する自然数の中で，3か5で割り切れる数は，

$$93 - 47 = 46 \text{〔個〕}$$

以上より，正解は4。

$\boxed{3}$ 1

解説 第1項をa，第2項をbとおくと，第1項から第10項までの数列は次のように表すことができる。

第1項	a
第2項	b
第3項	$a + b$
第4項	$a + 2b$
第5項	$2a + 3b$
第6項	$3a + 5b$
第7項	$5a + 8b$
第8項	$8a + 13b$
第9項	$13a + 21b$
第10項	$21a + 34b$

よって，第10項が89より，

$$21a + 34b = 89$$

a，bは自然数なので，これを満たす組み合わせは，

$$(a, b) = (1, 2)$$

したがって，aとbの差は1である。

以上より，正解は1。

$\boxed{4}$ 2

解説 ある人を部屋に入れる方法は，AまたはBのいずれでもよいので，2通りとなる。他の8人もそれぞれ2通りずつとなるので，9人を部屋に入れる方法は，重複順列より$2^9 = 512$〔通り〕となる。

ところが，この方法では全員がAに入る場合，および全員がBに入る場合が数えられるため，これらの2通りを除くと，$512 - 2 = 510$〔通り〕となる。

以上より，正解は2。

5 4

解説 △ADBにおいて，

∠ADB + ∠DBA = ∠CAB

∴ ∠DBA = 75° − 49° = 26°

接弦定理より，∠DBA = ∠ACB

∴ ∠ACB = 26°

△ACBにおいて，

∠BAC + ∠ACB + ∠CBA = 180°

∴ ∠x = ∠CBA = 180° − 75° − 26° = 79°

以上より，正解は4。

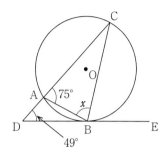

6 3

解説

①P地点を必ず通る場合

A→Pへの最短経路は，右へ2マス，上へ2マスの合計4マス進むことになる。よって，最短経路の数は右2つと上2つを一列に並べる順列となるので，同じものを含む順列の公式より，$\dfrac{4!}{2!2!} = \dfrac{4 \times 3 \times 2 \times 1}{2 \times 1 \times 2 \times 1} = 6$〔通り〕

同様に考えると，P→Bへの最短経路の数は，$\dfrac{3!}{2!} = \dfrac{3 \times 2 \times 1}{2 \times 1} = 3$〔通り〕

したがって，求める最短経路の数は，$6 \times 3 = 18$〔通り〕

②P地点が通行不能の場合

求める最短距離の数は，（条件がない場合のA→Pへの最短距離の数）−（P地点を必ず通る場合のA→Pへの最短距離の数）となる。よって，①より，

$\dfrac{7!}{3!4!} - 18 = \dfrac{7 \times 6 \times 5}{3 \times 2 \times 1} - 18 = 35 - 18 = 17$〔通り〕

以上より，正解は3。

7 5

解説 異なる4つの整数を，大きい順にA，B，C，Dとすると

最大の数となるのは$A + B = 95$，2番目に大きな数となるのは$A + C = 85$

よって，$B − C = 10$なので，$B + C$は偶数となる。

$B + C = 48$と仮定すると，

$B - C = 10$ と連立して，$B = 29$，$C = 19$ となる。

$A + B = 95$ より，$A = 66$

さらに，4つの整数を使ってできる最小の数は2で，これは $C - D$ で求められるので $C - D = 2$ より，$D = 17$

これで条件に合わない数がないかを調べると，以下の通りとなる。

$A + B = 95$

$A + C = 85$

$A + D = 83$

$B + C = 48$

$B + D = 46$　…これが X

$C + D = 36$

$A - B = 37$

$A - C = 47$

$A - D = 49$

$B - C = 10$

$B - D = 12$

$C - D = 2$

以上より，正解は5。

8 3

解説　100円，10円，5円硬貨がそれぞれ x 枚，y 枚，z 枚ある（$x > 0$，$y > 0$，$z > 0$）とすると，

$x + y + z = 54$……①

$100x + 10y + 5z = 900$……②

②より，

$20x + 2y + z = 180$……③

③－①より，

$19x + y = 126$

よって，$y = 126 - 19x > 0$……④

また，①，④より，

$z = 54 - (x + y) = 54 - (x + 126 - 19x) = 18x - 72 > 0$……⑤

④，⑤より，

$$4 = \frac{72}{18} < x < \frac{126}{19} \fallingdotseq 6.6$$

したがって，$x = 5$ または 6

$x = 5$ のとき，$y = 126 - 19 \times 5 = 31$

$x = 6$ のとき，$y = 126 - 19 \times 6 = 12$

より，10円硬貨は12枚または31枚となる。

以上より，正解は3。

---

9 3

解説 まず，列車の長さ（最前部から最後部までの距離）を求める。（距離）＝（速さ）×（時間）＝ $20 \times 36 = 720$〔m〕であり，トンネルの長さが680mなので，列車の長さは $720 - 680 = 40$〔m〕となる。

よって，秒速30mの場合は，時間 $= \dfrac{距離}{速さ} = \dfrac{720}{30} = 24$〔秒〕

以上より，正解は3。

---

10 4

解説 6人掛けのいすの数を x とすると，

8人掛けのいすの数は，$(44 - x)$ と表すことができる。

300人が座ると2席空きができるので，合計302席できることになる。

よって，

$6x + 8(44 - x) = 300 + 2$

$x = 25$

したがって，6人掛けの長いすは25脚使われたことになる。

以上より，正解は4。

---

11 4

解説 △BAEにおいて，中点連結定理より，$AE = 2MD = 2 \times 8 = 16$〔cm〕であり，また，△CDMにおいてMD//AEだから，

$$FE = \frac{1}{2}MD = \frac{1}{2} \times 8 = 4 〔cm〕$$

したがって，$AF = AE - FE = 16 - 4 = 12$〔cm〕

以上より，正解は4。

241

12 5

解説 3個の数字の和が偶数となるのは，次のⅰ），ⅱ）のいずれかの場合である。

ⅰ）偶数 {2, 4, 6, 8} から3個選ぶ。

ⅱ）偶数 {2, 4, 6, 8} から1個選び，奇数 {1, 3, 5, 7, 9} から2個選ぶ。

ⅰ）のとき，${}_4C_3 = 4$ 〔通り〕

ⅱ）のとき，${}_4C_1 \times {}_5C_2 = 4 \times \dfrac{5 \times 4}{2 \times 1} = 40$ 〔通り〕

よって，$4 + 40 = 44$ 〔通り〕

以上より，正解は5。

13 4

解説 設問の円錐台は，円錐の上部を切り取ったものである。よって，元の円錐の体積から，切り取った円錐の体積を引くことで，残った円錐台の体積を求めることができる。

切り取った円錐の高さを x 〔cm〕とすると，三角形と平行線の関係から，

$x : (x + 12) = 6 : 10$

$x = 18$

よって，切り取った円錐の高さは18cmとなる。

すると，元の円錐の高さは $18 + 12 = 30$ 〔cm〕となる。

(円錐の体積) $=$ (底面積) $\times$ (高さ) $\times \dfrac{1}{3}$ より，

元の円錐の体積は，

$(10 \times 10 \times \pi) \times 30 \times \dfrac{1}{3} = 1000\pi$ 〔cm³〕

切り取った円錐の体積は，

$(6 \times 6 \times \pi) \times 18 \times \dfrac{1}{3} = 216\pi$ 〔cm³〕

よって，円錐台の体積は，

$1000\pi - 216\pi = 784\pi$ 〔cm³〕

以上より，正解は4。

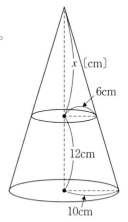

14 2

解説 大人券の販売枚数をx枚，子供券の販売枚数をy枚とする（x，yともに自然数）。大人券の販売枚数が親子ペア券の販売枚数の半分より9枚少ないので，

（大人券の販売枚数）＝（親子ペア券の販売枚数）$\times \dfrac{1}{2} - 9 = x$

よって，（親子ペア券の販売枚数）＝$2x + 18$〔枚〕

また，販売額の合計に関して，

$1300x + 800y + 2000(2x + 18) = 272900$

$53x + 8y = 2369 \cdots ①$

ここで，$8y$は常に偶数，2369は奇数なので，$53x$は常に奇数となる。よって，選択肢より，$x = 37$，または$x = 39$となる。

$x = 37$のとき，$y = \dfrac{2369 - 53 \times 37}{8} = 51$，（親子ペア券の販売枚数）＝$2 \times 37 + 18 = 92$となるので，成立する。

一方，$x = 39$のとき，$y = \dfrac{2369 - 53 \times 39}{8} = 37.75$となり，$y$は自然数とならないので不適。

よって，大人券の販売枚数は37枚となる。

以上より，正解は2。

15 5

解説 2人で1時間塗ると，壁全体の$\dfrac{4}{15}$の面積を塗ることができるので，

壁全体を塗り終えるのに要する時間は，$\dfrac{15}{4}$時間＝3時間45分＝225分である。

よって，Aが1人で壁全体を塗り終えるのに要する時間は，

6時間15分＋3時間45分＝10時間＝600分である。

ここで，壁全体の面積を1800（225と600の最小公倍数）とすると，

2人で1分間に塗ることができる面積は$1800 \div 225 = 8$，

Aが1人で1分間に塗ることができる面積は$1800 \div 600 = 3$

となるので，Bが1人で1分間に塗ることができる面積は$8 - 3 = 5$となる。

よって，Bが1人で壁全体（1800）を塗り終えるのに要する時間は，

$1800 \div 5 = 360$分＝6時間となる。

以上より，正解は5。

16 3

解説 食塩水からある量だけ取り出し，同じ量の水を戻す操作を行うと，

$$(操作後の食塩水の濃度) = (元の食塩水の濃度) \times \left(1 - \frac{取り出した食塩水の量}{元の食塩水の量}\right)$$

となる。

操作A：食塩水からx〔g〕捨てたとすると，食塩水の濃度は20％，量は$200 - x$〔g〕

操作B：純水をx〔g〕加えると，食塩水の濃度は$20 \times \left(1 - \dfrac{x}{200}\right)$〔％〕，量は200g

操作C：食塩水から$5x$〔g〕捨てたとすると，食塩水の濃度は$20 \times \left(1 - \dfrac{x}{200}\right)$〔％〕，量は$200 - 5x$〔g〕

操作D：純水を$5x$〔g〕加えると，食塩水の濃度は$20 \times \left(1 - \dfrac{x}{200}\right) \times \left(1 - \dfrac{5x}{200}\right)$〔％〕，量は200g

操作後の食塩水の濃度は9％なので，

$$20 \times \left(1 - \frac{x}{200}\right) \times \left(1 - \frac{5x}{200}\right) = 9$$
$$20 \times \left(1 - \frac{6x}{200} + \frac{5x^2}{40000}\right) = 9$$
$$x^2 - 240x + 4400 = 0$$
$$x = 20, \ 220$$

ここで，$x < 200$より，Aで捨てた食塩水は20gとなる。

以上より，正解は3。

17 1

解説 △ABCと△ADCについて，∠ABC ＝ ∠ADC ＝ 90°，∠ACB ＝ ∠ACD ＝ 30°，ACは共通なので，△ABC ≡ △ADC

また，この図形は，ACを軸として線対称になっており，円の中心はAC上にある。

これらのことから，次の図のように円の中心をO，点OからCDに降ろした垂線とCDの交点をE，点OからADに降ろした垂線とADの交点をFとし，円Oの半径をrとすると，

FO//DCより，同位角は等しいので∠AOF ＝ ∠OCE ＝ 30°

△OCEは内角が30°，60°，90°なので，

OE：OC ＝ 1：2 となり，

OC ＝ 2OE ＝ $2r$ ···①

△AOFについても同様なので，FO：

AO ＝ $\sqrt{3}$：2 となり，

AO ＝ $\dfrac{2}{\sqrt{3}}$FO ＝ $\dfrac{2\sqrt{3}}{3}r$ ···②

①，②より，

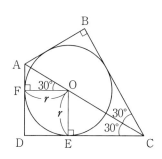

AC ＝ OA ＋ OC ＝ $\dfrac{2\sqrt{3}}{3}r + 2r = 2$

$\dfrac{2\sqrt{3}+6}{3}r = 2$

$r = \dfrac{6}{2\sqrt{3}+6} = \dfrac{3(\sqrt{3}-3)}{(\sqrt{3}+3)(\sqrt{3}-3)} = \dfrac{3(\sqrt{3}-3)}{3-9} = \dfrac{3-\sqrt{3}}{2}$

以上より，正解は1。

18 1

解説 展開図を組み立てると，次の図のように，すべての辺の長さがaの正四角すいになる。頂点Oから底面に垂線を下ろすと，必ず底面の中心（対角線ABと対対角線CDの交点）を通る。

△ADBは直角二等辺三角形なので，AB ＝ $\sqrt{2}\,a$（∵ AD：AB ＝ 1：$\sqrt{2}$）

点Oから底面に降ろした垂線と底面の交点をEとすると，点EはABの中点なので，AE ＝ $\dfrac{\sqrt{2}}{2}a$

また，OA ＝ a より，

△AEOに三平方の定理を適用して

$\left(\dfrac{\sqrt{2}}{2}a\right)^2 + OE^2 = a^2$

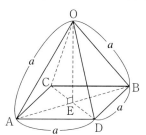

$OE^2 = a^2 - \dfrac{2}{4}a^2 = \dfrac{1}{2}a^2$

OE ＞ 0 なので OE ＝ $\dfrac{\sqrt{2}}{2}a$

よって，求める体積は，$a^2 \times \dfrac{\sqrt{2}}{2}a \times \dfrac{1}{3} = \dfrac{\sqrt{2}}{6}a^3$

以上より，正解は1。

19 1

解説 問題文の中にある確率から，このサイコロの面に描かれている数を考える。

まず，「このサイコロを1回振って5以下の目が出る確率は$\frac{1}{2}=\frac{3}{6}$」より，このサイコロの6つの面のうち3つが5以下の数となる。よって，このサイコロには1から5のうちの3つ，および6から9のうち3つの数が書かれていることがわかる。

次に，このサイコロを2回振ったときの2つの数の出方は$6 \times 6 = 36$〔通り〕であるが，これらのうち2つの数の合計が9になるのは，(1, 8)，(2, 7)，(3, 6)，(4, 5)，(5, 4)，(6, 3)，(7, 2)，(8, 1)の8通りである。ところが，「このサイコロを2回振って出た目の合計が9となる確率は$\frac{1}{6}=\frac{6}{36}$」より，このサイコロの目の合計が9となる出方は，6通りとなるはずある。つまり，先に示した8通りの中に，このサイコロに書かれていない目を含むものが2通りあることになる。

ここで，このサイコロには1から5のうちの3つ，6から9のうちの3つの数が書かれていることを踏まえると，このサイコロに書かれていない目を含む出方は(4, 5)と(5, 4)と決まる。よって，目の合計が9になる出方は，(1, 8)，(2, 7)，(3, 6)，(6, 3)，(7, 2)，(8, 1)の6通りとなる。

したがって，このサイコロに書かれている数は，1，2，3，6，7，8となる。以上より，正解は1。

20 1

解説 まず，それぞれの段を作るために必要な正三角形の数を考える。問題文の図より，第1段を作るために必要な正三角形の数は1個，第2段まで作るには$1 + 2 = 3$〔個〕，第3段まで作るには$1 + 2 + 3 = 6$〔個〕となるので，第n段まで作るには$1 + 2 + 3 + \cdots + n$〔個〕必要となる。よって，第30段まで作るために必要な正三角形の数は，$1 + 2 + 3 + \cdots + 30 = \frac{30(1 + 30)}{2} = 465$〔個〕となる。

ここで，正三角形を1個作るために必要な棒の数は3本なので，第30段まで作るために必要な棒の数は，$3 \times 465 = 1395$〔本〕となる。以上より，正解は1。

21 5

解説 与えられた立体の見取図は，次のようになる。すると，この立体の表面は次の図形からできていることがわかる。

上面および底面：半径20cm，中心角120° の扇形が2つ

側面：縦12cm，横20cmの長方形が2つ

　　　縦12cm，横が扇形の弧の長さとなる長方形

それぞれの面積を求めると，

上面および底面：$20^2 \times \pi \times \dfrac{120°}{360°} \times 2 = \dfrac{800}{3}\pi$〔cm²〕

側面：$12 \times 20 \times 2 + 12 \times 2 \times 20 \times \pi \times \dfrac{120°}{360°} = 480 + 160\pi$〔cm²〕

したがって，表面積は $\dfrac{800}{3}\pi + 480 + 160\pi = \dfrac{1280}{3}\pi + 480$〔cm²〕

以上より，正解は5。

22 3

解説 流水上の速さについては，流れに沿うときは「静水上の速さ＋流れの速さ」，流れと逆に進むときは「静水上の速さ－流れの速さ」となる。ここでは，求める流れの速さをx〔m/分〕，往復した区間の片道分の距離をymとする。

まず，この船の静水上における速さについては，速さ$= \dfrac{距離}{時間} = \dfrac{350}{7} = 50$〔m/分〕であるから，上流から下流に進むときの速さ$= 50 + x$〔m/分〕，下流から上流に進むときの速さ$= 50 - x$となる。それぞれかかった時間は6分と24分であるから，時間×速さ＝距離より，次式が成り立つ。

$6(50 + x) = y$　∴　$300 + 6x = y$　…①

$24(50 - x) = y$　∴　$1200 - 24x = y$　…②

①，②を連立すると$300 + 6x = 1200 - 24x$　∴　$x = 30$〔m/分〕

これを①に代入すると，$300 + 6 \times 30 = y$　∴　$y = 480$〔m〕

以上より，正解は3。

数的処理　　資料解釈

　資料解釈では，与えられた図表をもとに，必要なデータを早く正確に読み取る能力が試される。出題形式はほとんど選択肢の記述の正誤を問うものなので，「正誤が判断できる最低限の情報を読み取る」姿勢を身に付けてほしい。高度な計算力は必要ないが，取り扱う数量の桁数が大きかったり，見慣れない単位が使われていて，コツを掴むまでに時間がかかるかもしれないので，できるだけ早く取り組もう。

　まず，問題を解く前に与えられた図表のタイトル（ない場合もある）や単位に注目すること。次に，図表に記されたデータを見る前に選択肢を確認してほしい。その際，選択肢を順番に検討するのではなく，正誤が判断しやすいものから順に検討し，判断が難しい選択肢については消去法で対応するとよい。なお，選択肢の中には「図表からは判断できない」場合があるので，注意しよう。選択肢の検討にあたっては，次の指標を用いる場合がほとんどなので，それぞれの指標の意味や公式を覚えてしまいたい。

・割合：ある数量が，全体に対して占める分量。

　　Aに対するBが占める割合〔％〕は，$\dfrac{B}{A} \times 100$

・比率：ある数量を，他の数量と比べたときの割合。

　　Aに対するBの比率（比）は，$\dfrac{B}{A}$

・指数：基準となる数量を100としたときの，他の数量の割合。

　　Aを100としたときのBの指数は，$\dfrac{B}{A} \times 100$

・増加量（減少量）：元の数量に対するある数量の増加分（減少分），増加（減少）していればプラス（マイナス）の値になる。

　　「昨年の量」に対する「今年の量」の増加量（減少量）は，「今年の量」－「昨年の量」

・増加率（減少率）：元の数量に対するある数量の増加率（減少率），増加（減少）していればプラス（マイナス）の値になる。

　　「昨年の量」に対する「今年の量」の増加率（減少率）〔％〕は，

$$\frac{「今年の量」-「昨年の量」}{「昨年の量」} \times 100$$

・単位量あたりの数量：「単位面積あたり」や「1人あたり」に占める数量。

全体の量のうち，1人あたりに占める量は，$\dfrac{全体の量}{人数}$

　学習の初期段階では，本書の解説を参考に自身の手で正しく計算するよう心掛けよう。そのうえで，慣れてきたら「増加している」や「2分の1になっている」といった内容であれば計算せずに判断したり，129,176を130,000と概算して判断したりするなど，できるだけ短い時間で解答できるように練習すること。

《 演 習 問 題 》

1　次の表は，世界における地域別森林面積の変化（百万ha）と1990年から2020年までの増減面積の年平均（万ha）を表したものである。この表からいえるものとして，最も妥当なのはどれか。

地域	1990年	2000年	2010年	2020年	増減面積
アフリカ	706	670	638	637	− 230
アジア	568	566	589	623	183
ヨーロッパ	994	1,002	1,014	1,017	77
北アメリカ	752	749	750	722	− 100
南アメリカ	931	891	852	844	− 290
オセアニア	177	178	172	185	27
世界全体	4,128	4,056	4,016	4,028	− 333

（『FAO（FAOSTAT/FISHSTAT）資料』より作成）

1　1990年と2020年における森林面積の値を比較すると，いずれの地域においても，その値は減少している。

2　いずれの年においても，南アメリカにおける森林面積の値は，他の地域よりも大きい値を示している。

3　2000年から2010年にかけて，森林面積の値が最も減少した地域はアフリカである。

4　2000年から2010年にかけて，森林面積の値が最も増加した地域はアジアである。

5　増減面積を比較すると，森林面積の値が最も増加した地域はヨーロッパである。

2 次の図は，縦軸が第3次産業人口率，横軸が1人当たり国民総所得（GNI）を表し，各国のそれぞれの値をもとにグラフ上に点で示したものである。この図から読み取れる内容として，最も妥当なものはどれか。

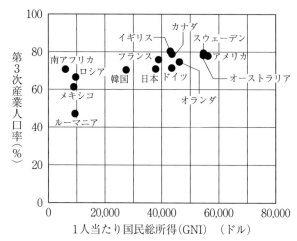

（二宮書店『2020データブック・オブ・ワールド』より作成）

1 第3次産業人口率の差は，イギリス，スウェーデンの間で最大となっている。

2 第3次産業人口率が60％以上，1人当たり国民総所得が20,000ドル以下という条件を両方満たすのは，4カ国である。

3 1人当たり国民総所得について比較すると，日本の順位は，フランスに次ぐ7位である。

4 第2次産業人口率が高いほど，第3次産業人口率が高く，1人当たり国民総所得が低い。

5 1人当たり国民総所得の差は，アメリカと南アフリカの間で最大となっている。

3 次の図は，日本の2017年における従業者4人以上の従業者数別事業所数の割合と，それぞれの事業所が占める製造品出荷額等の割合を示したグラフである。ここから読み取れる内容として，最も妥当なものはどれか。

日本の従業者数別事業所数と製造品出荷額等

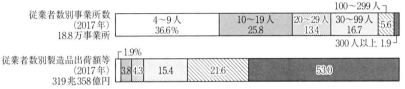

（二宮書店『2021データブック・オブ・ワールド』より作成）

1 300人以上の事業所による製造品出荷額等の金額は，全体の半分に満たない。

2 従業者4〜9人の事業所による製造品出荷額等の金額は，6兆円に満たない。

3 事業所数について比較すると，その割合が最も多いのは事業者数が4〜9人の事業所であり，その数は，6万を超えている。

4 事業所数について，20人以上の事業所は，全体の3分の1に満たない。

5 事業所数について，その増加率を比較すると，300人以上の事業所の増加率が最も高く，10%を超えている。

4 次の表は，各国における米の輸出入量（単位　千t）を表したものである。この表からいえることとして，最も妥当なものはどれか。

輸出

	2016	2017		2016	2017
インド	9869	12061	イタリア	651	738
タイ	9870	11616	ブラジル	630	589
ベトナム	5249	5812	カンボジア	530	539
アメリカ合衆国	3316	3266	パラグアイ	554	538
パキスタン	3947	2737	アルゼンチン	527	391
中国	460	1173	ベルギー	262	286
ミャンマー	340	1059	スペイン	269	259
ウルグアイ	900	983	世界計	40483	44519

輸入

	2016	2017		2016	2017
中国	3523	3978	スリランカ	30	748
ベナン	1464	1908	マレーシア	822	733
バングラデシュ	38	1641	カメルーン	614	728
コートジボワール	1282	1347	日本	686	678
イラン	841	1294	イギリス	547	646
サウジアラビア	1240	1207	モザンビーク	488	644
セネガル	974	1181	ケニア	612	635
アラブ首長国連邦	1209	1055	マダガスカル	233	595
南アフリカ共和国	958	1054	キューバ	660	575
フィリピン	446	874	ネパール	553	572
メキシコ	672	869	ハイチ	437	561
イラク	923	866	フランス	558	561
ガーナ	698	820	ギニア	654	557
ブラジル	713	781	ベルギー	408	556
アメリカ合衆国	749	770	世界計	38029	43361

（『世界国勢図会2020/21』より作成）

1　2016年において，インドの米の輸出量は，ウルグアイの米の輸出量の10倍に満たない。

2　2016年において，ベトナムの米の輸出量は，カンボジアの米の輸出量の10倍を超えている。

3　2017年において，アメリカ合衆国の米の輸出量は，イタリアの米の輸出量の5倍以上である。

4 2017年において，サウジアラビアの米の輸入量は，ベルギーの米の輸入量の2倍を超えている。

5 2017年において，中国の米の輸入量は，世界全体の米の輸入量の10％以上を占めている。

5 次の表は，2021年における世界各国のGDP（国内総生産・単位百万USドル），世界に占めるGDPの割合（％），一人当たりGDP（USドル）を，GDPの大きい順に表したものである。この表からいえることとして，最も妥当なものはどれか。

順位	国名	GDP〔USドル〕	世界に占める割合〔％〕	一人当たりGDP〔USドル〕
1	アメリカ合衆国	22,675,271	24.1%	69,231
2	中国	16,642,318	17.7%	12,359
3	日本	5,378,136	5.7%	39,340
4	ドイツ	4,319,286	4.6%	50,795
5	イギリス	3,124,650	3.3%	47,203
6	インド	3,049,704	3.2%	2,185
7	フランス	2,938,271	3.1%	44,853

（『世界銀行資料』より作成）

1 アメリカ合衆国の一人当たりGDPは世界で最も大きい。

2 インドの一人当たりGDPは世界で最も小さい。

3 中国の一人当たりGDPの3倍は日本のGDPを上回っている。

4 GDPの上位4か国の世界に占める割合の合計は50％を超えている。

5 世界全体のGDPの合計は100,000,000（百万USドル）を超えている。

6 次のグラフは，2015年における途上国の輸出額および輸出品目割合を示したものである。このグラフからいえることとして，最も妥当なものはどれか。

アルジェリア 352億ドル	原油 36.1%		天然ガス 20.3	石油製品 19.9	その他

カシューナッツ　　石油製品

コートジボワール 118億ドル	カカオ豆 27.5%	9.8	8.5	金 6.8	その他

エクアドル 216億ドル	原油 36.3%		魚介類 22.2	バナナ 14.9	その他

植物性油かす

パラグアイ 90.4億ドル	大豆 24.4%	電力 23.3	牛肉 12.2	10.4	その他

（『世界国勢図会2020/21』より作成）

1　エクアドルにおける原油の輸出額は，アルジェリアの原油の輸出額よりも大きい値を示している。

2　コートジボワールにおける主要輸出品目は，カカオ豆，石油製品，魚介類，金である。

3　アルジェリアにおける天然ガスの輸出額は，80億ドルを超える額である。

4　パラグアイにおける電力の輸出額は，20億ドルを超える額である。

5　エクアドルにおけるバナナの輸出割合は，パラグアイにおける牛肉の輸出割合よりも小さい値を示している。

7 次の表は，各国における粗鋼消費量（単位　千t，1人あたりはkg）を表したものである。この表からいえることとして，最も妥当なものはどれか。

	1990	2000	2010	2017	2018	1人あたり消費 (2018)
中国	68279	138086	612063	806080	869750	609
アメリカ合衆国	103052	133360	92400	109664	111981	342
インド	21700	30200	69082	100892	104502	77
日本	99032	79600	67400	70125	71256	560
韓国	21478	40000	54573	58670	55950	1093
ロシア	59057	29412	41444	44396	44728	307
ドイツ	35550	42091	40479	43326	41884	504
トルコ	6593	13370	25131	38219	32536	395
メキシコ	8804	19800	20648	29587	28471	226
イタリア	28404	32483	27212	26644	27837	459
ベトナム	215	2935	12293	24311	25070	262
ブラジル	11048	17500	29004	21693	23563	112
タイ	6783	7428	16378	22137	22367	322
イラン	5177	10296	21878	22174	21731	266
（台湾）	15350	25300	21350	21206	21423	903
（再掲）EU	133957	184574	162350	177936	183880	359
世界計	773442	847142	1416374	1757488	1830817	240

（『世界国勢図会2020/21』より作成）

1　1990年において，粗鋼消費量の最も多い国は，2018年における1人あたり消費量についても最も多い。

2　2017年において，日本における粗鋼消費量は，トルコにおける粗鋼消費量の2倍以下である。

3　2010年において，ロシアにおける粗鋼消費量は，タイにおける粗鋼消費量の3倍以上である。

4　インドとベトナムにおいて，いずれの国も粗鋼消費量は増加し続けており，2018年における1人あたり消費量は両国とも100kgを超えている。

5　中国と韓国において，いずれの国も粗鋼消費量は増加し続けており，2018年における1人あたり消費量は両国とも500kgを超えている。

8 次の表は平成26年度における自動車貨物の品目別輸送量割合と平成24年度における鉄道貨物の品目別輸送量割合を比較したものである。この図からいえることとして，最も妥当なものはどれか。

自動車貨物の品目別輸送量割合
（平成26年度）

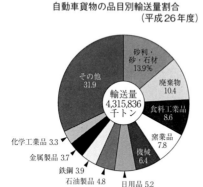

鉄道貨物の品目別輸送量割合
（平成24年度）

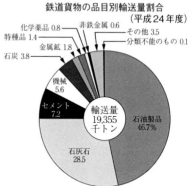

（総務省統計局『日本の統計　2016』より作成）

1 「日用品」と「石油製品」の輸送量は，いずれも220,000,000トンを超える値となっている。

2 「金属鉱」と「特種品」の輸送量は，いずれも300,000トンを超える値となっている。

3 「食料工業品」と「窯業品」の輸送量は，いずれも350,000,000トンを超える値となっている。

4 鉄道貨物における「石油製品」の輸送量はおよそ9,040,000トンであり，「セメント」の輸送量の8倍以上の値となっている。

5 「砂利・砂・石材」の輸送量はおよそ600,000,000トンであり自動車貨物における「機械」の輸送量の2倍以上の値となっている。

9 次の表は，各国における一次エネルギー供給の構成（単位　万t）を表したものである。この表からいえるものとして，最も妥当なのはどれか。

	ウクライナ	アメリカ合衆国	カナダ	メキシコ	ブラジル
石炭	2576	33075	1702	1269	1678
石油	1270	79028	9992	8582	11072
天然ガス	2455	64393	10086	6260	3253
原子力	2245	21857	2635	284	410
水力	77	2600	3375	275	3189
地熱など	15	3970	283	429	455
バイオ燃料と廃棄物	299	10116	1369	908	8645
その他	10	484	− 535	3	322
計	8946	215523	28906	18010	29024
1人あたり（t）	2.00	6.61	7.91	1.46	1.39

（『世界国勢図会2020/21』より作成）

1　ウクライナにおける一次エネルギー供給のうち，石炭による供給の割合は30％以上を占めている。

2　アメリカ合衆国における一次エネルギー供給のうち，石油による供給の割合は40％以上を占めている。

3　カナダにおける一次エネルギー供給のうち，天然ガスによる供給の割合は3割を超えている。

4　メキシコにおける一次エネルギー供給のうち，水力による供給の割合は2％以上を占めている。

5　ブラジルにおける一次エネルギー供給のうち，バイオ燃料と廃棄物による供給の割合は3割以上を占めている。

10 次の表は，各国における相手先別貿易額を表したものである。この表からいえることとして，最も妥当なものはどれか。

		輸出 （百万ドル）		輸入 （百万ドル）
イ ン ド	アメリカ合衆国 アラブ首長国連邦 中国 （香港） シンガポール 計 EU	51614 29010 16397 13212 10428 323269 47663	中国 アメリカ合衆国 サウジアラビア アラブ首長国連邦 イラク 計 EU	73759 33003 28368 26787 23066 508988 45969
ト ル コ	ドイツ イギリス イタリア イラク アメリカ合衆国 計 EU	16137 11107 9560 8346 8305 167921 72847	ロシア 中国 ドイツ アメリカ合衆国 イタリア 計 EU	21990 20719 20407 12378 10154 223047 73367
南 ア フ リ カ 共 和 国	中国 ドイツ アメリカ合衆国 イギリス 日本 計 EU	8694 7110 6385 4775 4473 94328 17502	中国 ドイツ アメリカ合衆国 サウジアラビア インド 計 EU	18150 9784 5875 5681 4071 98695 25111
ド イ ツ	アメリカ合衆国 フランス 中国 オランダ イギリス イタリア 計 EU	135287 124560 110548 107619 97154 82461 1560539 822766	オランダ 中国 フランス ベルギー イタリア ポーランド 計 EU	180892 89091 81547 78236 71312 70656 1284353 805306
フ ラ ン ス	ドイツ アメリカ合衆国 スペイン イタリア ベルギー イギリス 計 EU	84371 45663 45378 43293 41481 38941 581774 304124	ドイツ ベルギー オランダ イタリア スペイン 中国 計 EU	123028 68950 54896 54431 48455 34662 671435 436492

（『世界国勢図会 2020/21』より作成）

1 インドの輸出について，アメリカ合衆国への輸出額は，輸出額合計のうち5分の1以上を占めている。

2 トルコの輸出について，イギリスへの輸出額は，輸出額合計のうち1割以上を占めている。

3 南アフリカ共和国の輸入について，中国からの輸入額は，輸入額合計の20％以上を占めている。

4 ドイツの輸入について，ベルギーからの輸入額は，輸入額合計の8％以上を占めている。

5 フランスの輸出について，スペインへの輸出額は，輸出額合計のうち20分の1を超えている。

11 次の表は，各国における鉛鉱の生産量（単位　千t）を表したものである。この表からいえることとして，最も妥当なものはどれか。

	1990	2000	2010	2015	2016
中国	315.0	660.0	1850.0	2335.0	2340.0
オーストラリア	570.0	739.0	625.0	653.5	453.4
アメリカ合衆国	497.0	465.0	369.0	370.0	346.0
ペルー	210.0	271.0	262.0	315.5	314.0
ロシア	—	13.3	97.0	250.0	250.0
メキシコ	187.0	138.0	192.0	260.8	232.1
インド	23.2	28.9	97.0	136.0	147.0
スウェーデン	98.3	107.0	68.0	79.4	79.4
トルコ	18.4	17.3	23.0	75.9	75.9
ボリビア	19.9	9.5	72.8	75.3	75.0
タジキスタン	—	0.8	0.8	36.0	51.0
イラン	11.0	15.0	35.0	40.8	40.8
世界計	3370	3170	4150	5000	4750

（『世界国勢図会2020/21』より作成）

1 2016年のオーストラリアにおける鉛鉱の生産量は，世界全体のうち1割を超えている。

2 2016年のアメリカ合衆国における鉛鉱の生産量は，世界全体のうち10％以上を占めている。

3 中国における鉛鉱の生産量は増加し続けており，2016年の生産量は1990年の生産量の8倍以上である。

4 インドにおける鉛鉱の生産量は増加し続けており，2016年の生産量は1990年の生産量の6倍以上である。

5 2010年のペルーにおける鉛鉱の生産量は，同年のロシアにおける生産量の3倍以上である。

12 次の表は，2018年におけるオーストリアとオランダの商品別貿易額を表したものである。この表からいえることとして，最も妥当なのはどれか。

オーストリア

輸出	百万ドル	輸入	百万ドル
機械類	47763	機械類	42590
自動車	18906	自動車	20586
うち乗用車	8365	うち乗用車	9785
医薬品	10844	医薬品	10401
金属製品	9399	金属製品	7959
鉄鋼	9332	衣類	7213
プラスチック	4728	鉄鋼	5667
精密機械	4032	プラスチック	5237
紙類	3400	石油製品	4749
衣類	3140	原油	4533
計	176992	計	184195

オランダ

輸出	百万ドル	輸入	百万ドル
機械類	138622	機械類	129888
石油製品	60833	石油製品	36962
自動車	25719	原油	35849
医薬品	22711	自動車	28922
有機化合物	21155	精密機械	18273
野菜・果実	21020	有機化合物	15265
プラスチック	20364	医薬品	14847
精密機械	20156	衣類	14761
鉄鋼	12160	野菜・果実	13426
衣類	11236	鉄鋼	11457
計	555921	計	500631

（『世界国勢図会2020/21』より作成）

1　オーストリアにおける機械類の輸出額と輸入額は，いずれも輸出入それぞれの総額のうち3割を占めている。

2　オランダにおける石油製品の輸出額と輸入額は，いずれも輸出入それぞれの総額のうち1割を占めている。

3　オランダにおける自動車の輸出額と輸入額は，いずれも輸出入それぞれの総額のうち5％以上を占めている。

4　オーストリアにおける自動車の輸出額と輸入額は，いずれも輸出入それぞれの総額のうち1割を占めている。

5　オーストリアにおける医薬品の輸出額と輸入額は，いずれも輸出入それぞれの総額のうちに占める割合は5％以下である。

13 次の表は，主な国における電気自動車の保有台数（単位　千台）を表したものである。この表からいえることとして，最も妥当なものはどれか。

	2018	2019
中国	2289	3349
アメリカ合衆国	1123	1450
ノルウェー	249	329
日本	255	294
イギリス	184	259
ドイツ	177	259
フランス	165	227
オランダ	147	215
カナダ	90	141
スウェーデン	79	97
韓国	61	92
ポルトガル	17	30
フィンランド	15	29
オーストラリア	11	20
タイ	9	19
ニュージーランド	11	18
インド	9	11
メキシコ	4	5
世界計	5112	7168

（『世界国勢図会2020/21』より作成）

1　2018年において，電気自動車の保有台数が最も多い国は中国であり，世界の合計のうち，5割を占めている。

2　2018年において，電気自動車の保有台数が2番目に多い国はアメリカ合衆国であり，世界の合計のうち，3割以上を占めている。

3　2019年において，ノルウェーの電気自動車の保有台数は，世界の合計のうち，5％を占めている。

4　2019年において，日本の電気自動車の保有台数は，世界の合計のうち，4％以上を占めている。

5　ドイツにおける電気自動車の保有台数は，2018年から2019年にかけて2倍以上に増加している。

14 次の表は，2018年における主な国の保険状況をまとめたものである。この表からいえることとして，妥当なものはどれか。

国名	医療費支出			人口千人当たり	
	対GDP比率（%）	公的支出の割合（%）	1人当たり（USドル）	医師数（人）	看護師・助産師数（人）
日本	11.0	84.1	4,267	2.4	12.2
中国	5.4	56.4	501	2.0	2.7
インド	3.5	27.0	73	0.9	1.7
イギリス	10.0	78.6	4,315	2.8	8.2
アメリカ合衆国	16.9	50.4	10,624	2.6	14.5
ブラジル	9.5	41.7	848	2.2	10.1
オーストラリア	9.3	69.1	5,425	3.7	12.6

（総務省統計局「世界の統計2022」より作成）

1 日本の医療費の公的支出の割合は世界で最も高い。

2 アメリカ合衆国の1人当たり医療費支出は，中国の20倍を超えている。

3 日本の1人当たり医療費支出は，インドの60倍を超えている。

4 アメリカ合衆国の人口千人当たりの看護師・助産師数は，医師数の5倍を下回っている。

5 オーストラリアの人口千人当たりの看護師・助産師数は，中国の5倍を上回っている。

《 解 答 ・ 解 説 》

1 4

解説 1．誤り。「アジア」「ヨーロッパ」地域に関しては，森林面積の値は増加している。　2．誤り。いずれの年においても，森林面積の値が最も大きい地域は「ヨーロッパ」である。　3．誤り。2000年から2010年にかけて，森林面積の値が最も減少した地域は「南アメリカ」である。　4．正しい。「アジア」の森林面積の値は2000年から2010年にかけて他の地域と比べて，最も増加している。　5．誤り。増減面積を比較すると，森林面積の値が最も増加した地域は「アジア」である。

2 5

解説 1．誤り。第3次産業人口率の差については，各国の縦軸の値の差を読み取ることによって求められ，イギリス，スウェーデンの差はわずかである。　2．誤り。第3次産業人口率が60％以上，1人当たり国民総所得が20,000ドル以下という条件を両方満たすのは，南アフリカ，ロシア，メキシコの3カ国である。　3．誤り。1人当たり国民総所得の順位は9位である。日本より1人当たり国民総所得が大きい国として，アメリカ，スウェーデン，オーストラリア，オランダ，カナダ，ドイツ，イギリス，フランスが挙げられる。　4．誤り。第2次産業人口率についてのデータは示されておらず，判断できない。　5．正しい。1人当たり国民総所得の差については，各国の横軸の値の差を読み取ることによって求められ，最大がアメリカ，最少が南アフリカである。

3 3

解説 1．誤り。300人以上の事業所による製造品出荷額等の金額は，全体の53.0％であるから，半分を超えている。　2．誤り。出荷額は，全体の出荷額に割合をかけることによって求められるので，319.0358〔兆円〕×0.019 ≒ 6.062〔兆円〕である。　3．正しい。グラフより，従業者数別事業所数について最も多いのは4～9人の事業所であり，その割合は36.6％である。また，その数は，全体の事業所数に割合をかけることによって求められるので，188,000×0.366 ＝ 68,808である。　4．誤り。事業所数について，20人以上

の事業所は，20～29人が13.4％，30～99人が16.7％，100～299人が5.6％，300人以上が1.9％であるから，合計すると13.4 + 16.7 + 5.6 + 1.9 = 37.6〔％〕となり，全体の3分の1を超えている。　**5.** 誤り。増加率を求めるためには時系列のデータが必要であるが，ここでは1年分のデータが与えられているだけなので，判断できない。

4　4

解説 　**1.** 誤り。2016年において，インドの米の輸出量は，$\dfrac{\text{インドの米の輸出量}}{\text{ウルグアイの米の輸出量}} = \dfrac{9869}{900} \div 10.966$ より，ウルグアイの米の輸出量の10倍を超えている。　**2.** 誤り。2016年において，ベトナムの米の輸出量は，$\dfrac{\text{ベトナムの米の輸出量}}{\text{カンボジアの米の輸出量}} = \dfrac{5249}{530} \div 9.904$ より，カンボジアの米の輸出量の10倍に満たない。　**3.** 誤り。2017年において，アメリカ合衆国の米の輸出量は，$\dfrac{\text{アメリカ合衆国の米の輸出量}}{\text{イタリアの米の輸出量}} = \dfrac{3266}{738} \div 4.425$ より，イタリアの米の輸出量の5倍未満である。　**4.** 正しい。2017年において，サウジアラビアの米の輸入量は，$\dfrac{\text{サウジアラビアの米の輸入量}}{\text{ベルギーの米の輸入量}} = \dfrac{1207}{556} \div 2.171$ より，ベルギーの米の輸入量の2倍を超えている。　**5.** 誤り。2017年において，中国の米の輸入量は，$\dfrac{\text{中国の米の輸入量}}{\text{世界全体の米の輸入量}} \times 100 = \dfrac{3978}{43361} \times 100 \div 9.2$〔％〕より，世界全体の米の輸入量の10％以上を占めていない。

5　4

解説 　**1.** 誤り。この表に挙げられているのは7か国のみなので，一人当たりGDPの世界における順位は，この表では判断できない。　**2.** 誤り。1と同様，この表に挙げられているのは7か国のみなので，一人当たりGDPの世界における順位は，この表では判断できない。　**3.** 誤り。中国の一人当たりGDPの3倍は12,359 × 3 = 37,077であり，日本の39,340を下回っている。　**4.** 正しい。世界に占めるGDPの割合（％）の上位4か国の合計は，24.1 + 17.7 + 5.7 + 4.6 = 52.1〔％〕であり，50％を超えている。　**5.** 誤り。世界全体のGDPの合計は，アメリカで計算してみると，22,675,271 ÷ 0.241 ÷ 94,000,000〔百万USドル〕であり，100,000,000百万USドルを超えていない。

6 4

解説 1．誤り。エクアドルにおける原油の輸出額は，$216 \times 0.363 ≒ 78$〔億ドル〕であるが，アルジェリアにおける原油の輸出額は，$352 \times 0.361 ≒ 127$〔億ドル〕であり，アルジェリアの原油輸出額の方が大きい。　2．誤り。グラフのコートジボワールにおける主要輸出品目には，「魚介類」は含まれていない。　3．誤り。アルジェリアにおける天然ガスの輸出額は，$352 \times 0.203 ≒ 71$〔億ドル〕であり，80億ドルを超えていない。　4．正しい。パラグアイにおける電力の輸出額は，$90.4 \times 0.233 ≒ 21$〔億ドル〕であり，20億ドルを超えている。　5．誤り。エクアドルにおけるバナナの輸出割合は14.9％であり，パラグアイにおける牛肉の輸出割合は12.2％なので，エクアドルにおけるバナナの輸出割合の方が大きい値を示している。

7 2

解説 1．誤り。1990年において，粗鋼消費量の最も多い国は，アメリカ合衆国であるが，2018年において1人あたり消費量が最も多い国は，韓国である。　2．正しい。2017年において，日本における粗鋼消費量は，$\dfrac{日本における粗鋼消費量}{トルコにおける粗鋼消費量} = \dfrac{70125}{38219} ≒ 1.835$ より，トルコにおける粗鋼消費量の2倍未満である。　3．誤り。2010年において，ロシアにおける粗鋼消費量は，$\dfrac{ロシアにおける粗鋼消費量}{タイにおける粗鋼消費量} = \dfrac{41444}{16378} ≒ 2.53$ より，タイにおける粗鋼消費量の3倍未満である。　4．誤り。インドとベトナムにおいて，いずれの国も粗鋼消費量は増加し続けているが，インドにおいては，2018年における1人あたり消費量は100kgを超えていない。　5．誤り。中国と韓国において，いずれの国も，2018年における1人あたり消費量は500kgを超えているが，韓国においては2017年から2018年にかけて粗鋼消費量は減少している。

8 5

解説 1．誤り。「日用品」の輸送量は$4,315,836 \times 0.052 ≒ 224,000$〔千トン〕であるが，「石油製品」の輸送量は$4,315,836 \times 0.048 ≒ 207,000$〔千トン〕なので，220,000,000トンを下回っている。　2．誤り。「金属鉱」の輸送量は$19,355 \times 0.018 ≒ 350$〔千トン〕であるが，「特種品」の輸送量は$19,355 \times 0.014 ≒ 271$〔千トン〕なので，300,000トンを下回っている。　3．誤り。「食料工

業品」の輸送量は4,315,836 × 0.086 ≒ 371,000〔千トン〕であるが,「窯業品」の輸送量は4,315,836 × 0.078 ≒ 337,000〔千トン〕なので, 350,000,000トンを下回っている。 4. 誤り。鉄道貨物における「石油製品」の輸送量は19,355 × 0.467 ≒ 9,039〔千トン〕であり,「セメント」の輸送量は19,355 × 0.072 ≒ 1,394〔千トン〕である。よって, $\dfrac{9,039}{1,394}$ ≒ 6.48となり,「石油製品」の輸送量は「セメント」の8倍未満である。 5. 正しい。「砂利・砂・石材」の輸送量は4,315,836 × 0.139 ≒ 600,000〔千トン〕であり, 自動車貨物における「機械」の輸送量は4,315,836 × 0.064 ≒ 276,000〔千トン〕なので, $\dfrac{600,000}{276,000}$ ≒ 2.17となる。よって,「砂利・砂・石材」の輸送量は自動車貨物における「機械」の輸送量の2倍以上の値である。

9 3

解説 1. 誤り。ウクライナにおける石炭による供給の割合は, $\dfrac{\text{石炭による供給量}}{\text{一次エネルギー供給量}} \times 100 = \dfrac{2576}{8946} \times 100$ ≒ 28.8〔％〕より, 一次エネルギー供給のうち30％以上を占めていない。 2. 誤り。アメリカ合衆国における石油による供給の割合は, $\dfrac{\text{石油による供給量}}{\text{一次エネルギー供給量}} \times 100 = \dfrac{79028}{215523} \times 100$ ≒ 36.7〔％〕より, 一次エネルギー供給のうち40％以上を占めていない。 3. 正しい。カナダにおける天然ガスによる供給の割合は, $\dfrac{\text{天然ガスによる供給量}}{\text{一次エネルギー供給量}} = \dfrac{10086}{28906}$ ≒ 0.349より, 一次エネルギー供給のうち3割を超えている。 4. 誤り。メキシコにおける水力による供給の割合は, $\dfrac{\text{水力による供給量}}{\text{一次エネルギー供給量}} \times 100 = \dfrac{275}{18010} \times 100$ ≒ 1.5〔％〕より, 一次エネルギー供給のうち2％以上を占めていない。 5. 誤り。ブラジルにおけるバイオ燃料と廃棄物による供給の割合は, $\dfrac{\text{バイオ燃料と廃棄物による供給量}}{\text{一次エネルギー供給量}} = \dfrac{8645}{29024}$ ≒ 0.298より, 一次エネルギー供給のうち3割以上を占めていない。

10 5

解説 1. 誤り。インドからアメリカ合衆国への輸出額の割合は, $\dfrac{\text{インドからアメリカ合衆国への輸出額}}{\text{インドの輸出額合計}} = \dfrac{51614}{323269}$ ≒ 0.160（16％）より, 輸出

額合計の5分の1（20％）以上を占めていない。　2.　誤り。トルコからイギリスへの輸出額の割合は，$\dfrac{トルコからイギリスへの輸出額}{トルコの輸出額合計} = \dfrac{11107}{167921} ≒ 0.066$より，輸出額合計の1割以上を占めていない。　3.　誤り。南アフリカ共和国の中国からの輸入額の割合は，$\dfrac{南アフリカ共和国の中国からの輸入額}{南アフリカ共和国の輸入額合計} \times 100 = \dfrac{18150}{98695} \times 100 ≒ 18.4$〔％〕より，輸入額合計の20％に満たない。　4.　誤り。ドイツのベルギーからの輸入額の割合は，$\dfrac{ドイツのベルギーからの輸入額}{ドイツの輸入額合計} \times 100 = \dfrac{78236}{1284353} \times 100 ≒ 6.1$〔％〕より，輸入額合計の8％未満である。　5.　正しい。フランスのスペインへの輸出額の割合は，$\dfrac{フランスからスペインへの輸出額}{フランスの輸出額合計} = \dfrac{45378}{581774} ≒ 0.078$（7.8％）より，輸出額合計の20分の1（5％）を超えている。

11 4

解説　1.　誤り。2016年のオーストラリアにおける鉛鉱の生産量は，$\dfrac{オーストラリアにおける生産量}{世界全体の生産量} = \dfrac{453.4}{4750} ≒ 0.095$より，世界全体のうち1割を超えていない。　2.　誤り。2016年のアメリカ合衆国における鉛鉱の生産量は，$\dfrac{アメリカ合衆国における生産量}{世界全体の生産量} \times 100 = \dfrac{346.0}{4750} \times 100 ≒ 7.3$〔％〕より，世界全体のうち10％以上を占めていない。　3.　誤り。中国における鉛鉱の生産量は増加し続けているが，$\dfrac{2016年の生産量}{1990年の生産量} = \dfrac{2340.0}{315.0} ≒ 7.429$より，2016年の生産量は1990年の生産量の8倍未満である。　4.　正しい。インドにおける鉛鉱の生産量は増加し続けており，$\dfrac{2016年の生産量}{1990年の生産量} = \dfrac{147.0}{23.2} ≒ 6.336$より，2016年の生産量は1990年の生産量の6倍以上である。　5.　誤り。2010年のペルーにおける鉛鉱の生産量は，$\dfrac{ペルーにおける生産量}{ロシアにおける生産量} = \dfrac{262.0}{97.0} ≒ 2.701$より，同年のロシアにおける生産量の3倍未満である。

12 4

解説 1. 誤り。オーストリアにおける機械類の輸出額の割合は，$\dfrac{\text{機械類の輸出額}}{\text{輸出額合計}} = \dfrac{47763}{176992} \fallingdotseq 0.270$，輸入額の割合は，$\dfrac{\text{機械類の輸入額}}{\text{輸入額合計}} = \dfrac{42590}{184195} \fallingdotseq 0.231$ より，いずれも輸出入それぞれの総額に占める割合は，3割未満である。　2. 誤り。オランダにおける石油製品の輸出額の割合は，$\dfrac{\text{石油製品の輸出額}}{\text{輸出額合計}} = \dfrac{60833}{555921} \fallingdotseq 0.109$，輸入額の割合は，$\dfrac{\text{石油製品の輸入額}}{\text{輸入額合計}} = \dfrac{36962}{500631} \fallingdotseq 0.074$ より，輸入額については輸入総額のうち1割を占めていない。　3. 誤り。オランダにおける自動車の輸出額の割合は，$\dfrac{\text{自動車の輸出額}}{\text{輸出額合計}} = \dfrac{25719}{555921} \fallingdotseq 0.046$，輸入額の割合は，$\dfrac{\text{自動車の輸入額}}{\text{輸入額合計}} = \dfrac{28922}{500631} \fallingdotseq 0.058$ より，輸出額については輸出総額のうち5%以上を占めていない。　4. 正しい。オーストリアにおける自動車の輸出額の割合は，$\dfrac{\text{自動車の輸出額}}{\text{輸出額合計}} = \dfrac{18906}{176992} \fallingdotseq 0.107$，輸入額の割合は，$\dfrac{\text{自動車の輸入額}}{\text{輸入額合計}} = \dfrac{20586}{184195} \fallingdotseq 0.112$ より，いずれも輸出入それぞれの総額のうち1割以上を占めている。　5. 誤り。オーストリアにおける医薬品の輸出額の割合は，$\dfrac{\text{医薬品の輸出額}}{\text{輸出額合計}} \times 100 = \dfrac{10844}{176992} \times 100 \fallingdotseq 6.1$〔％〕，輸入額の割合は，$\dfrac{\text{医薬品の輸入額}}{\text{輸入額合計}} \times 100 = \dfrac{10401}{184195} \times 100 \fallingdotseq 5.6$〔％〕より，いずれも輸出入それぞれの総額のうち5%以上を占めている。

13 4

解説 1. 誤り。2018年において，電気自動車の保有台数が最も多い国は中国であるが，$\dfrac{\text{中国の保有台数}}{\text{世界の合計}} = \dfrac{2289}{5112} \fallingdotseq 0.448$ より，世界の合計のうち5割には満たない。　2. 誤り。2018年において，電気自動車の保有台数が2番目に多い国はアメリカ合衆国であるが，$\dfrac{\text{アメリカ合衆国の保有台数}}{\text{世界の合計}} = \dfrac{1123}{5112} \fallingdotseq 0.220$ より，世界の合計のうち3割には満たない。　3. 誤り。2019年において，ノルウェーの電気自動車の保有台数は，$\dfrac{\text{ノルウェーの保有台数}}{\text{世界の合計}} \times 100 = \dfrac{329}{7168} \times 100 \fallingdotseq 4.6$〔％〕より，世界の合計のうち5%には満たない。　4. 正し

い。2019年において，日本の電気自動車の保有台数は，$\dfrac{日本の保有台数}{世界の合計} \times$

$100 = \dfrac{294}{7168} \times 100 \fallingdotseq 4.1$〔％〕より，世界の合計のうち4％以上を占めている。

5．誤り。ドイツの電気自動車の保有台数は，2018年は177千台，2019年は259千台であり，$\dfrac{259}{177} \fallingdotseq 1.463$ より，2倍以上に増加していない。

14 2

解説 1．誤り。この表に挙げられているのは7か国のみなので，医療費の公的支出の割合の世界における順位は，この表では判断できない。 2．正しい。1人当たり医療費支出は，中国の20倍が$501 \times 20 = 10,020$であり，アメリカ合衆国の10,624は中国の20倍を超えている。 3．誤り。1人当たり医療費支出は，インドの60倍が$73 \times 60 = 4,380$であり，日本の4,267はインドの60倍を超えていない。 4．誤り。アメリカ合衆国の人口千人当たりの医師数の5倍は$2.6 \times 5 = 13.0$であり，看護師・助産師数の14.5は，医師数の5倍を上回っている。 5．誤り。中国の人口千人当たりの看護師・助産師数の5倍は$2.7 \times 5 = 13.5$であり，オーストラリアの人口千人当たりの看護師・助産師数の12.6は，中国の5倍を下回っている。

第6部

論作文試験対策

- 論作文対策
- 実施課題例の分析

人物試験 論作文対策

● Ⅰ.「論作文試験」とはなにか ●

(1)「論作文試験」を実施する目的

　かつて18世紀フランスの博物学者，ビュフォンは「文は人なり」と言った。その人の知識・教養・思考力・思考方法・人間性などを知るには，その人が書いた文章を見るのが最良の方法であるという意味だ。

　知識の質・量を調べる筆記試験の教養試験だけでは，判定しがたい受験生の資質をより正確にとらえるため，あるいは受験生の公務員としての適性を判断するため，多角的な観点から考査・評価を行う必要がある。

　そのため論作文試験は，公務員試験のみならず，一般企業でも重視されているわけだが，とりわけ公務員の場合は，行政の中核にあって多様な諸事務を処理して国民に奉仕するという職務柄，人物試験とともに近年は一層重視されているのが現状だ。しかも，この傾向は，今後もさらに強くなると予想される。

　同じ国語を使って，同じように制限された字数，時間の中で同じテーマの論作文を書いても，その論作文はまったく違ったものになる。おそらく学校で，同じ先生に同じように文章指導を受けたとしても，そうなるだろう。その違いのなかにおのずと受験生の姿が浮かび上がってくることになる。

　採用側からみた論作文試験の意義をまとめると，次のようになる。

---

① 公務員としての資質を探る

　公務員というのは，文字どおり公に従事するもの。地域住民に直接に接する機会も多い。民間企業の場合は，新入社員研修が何ヶ月もかけて行われることもあるが，公務員の場合は，ほとんどが短期間のうちに現場の真っ只中に入ることになる。したがって自立性や創造力などの資質を備えた人物が求められるわけで，論作文試験を通じて，そのような資質を判定することができる。

---

② 総合的な知識・理解力を知る

　論作文試験によって，公務員として必要な言語能力・文章表現能力を判定することや，公務員として職務を遂行するのにふさわしい基礎的な知識の理解度や実践への応用力を試すことができる。

　換言すれば，日本語を文章として正しく表現するための常識や，これまでの学校教育などで得た政治や経済などの一般常識を今後の実践の中でどれほど生かすことができるか，などの総合的な知識・理解力の判定をもしようということである。

③ 思考過程・論理の構成力を知る

　教養試験は，一般知識分野であれ一般知能分野であれ，その出題の質が総括的・分散的になりがちである。いわば「広く浅く」が出題の基本となりやすいわけだ。これでは受験生の思考過程や論理の構成力を判定することは不可能だ。その点，論作文試験ではひとつの重要な課題に対する奥深さを判定しやすい。

④ 受験生の人柄・人間性の判定

　人物試験（面接）と同様に，受験生の人格・人柄を判定しやすい。これは，文章の内容からばかりではなく，文章の書き方，誤字・脱字の有無，制限字数への配慮，文字の丁寧さなどからも判断される。

(2)「論作文試験」の実施状況

　公務員試験全体における人物重視の傾向とあいまって，論作文試験も重視される傾向にある。地方公務員の場合，試験を実施する都道府県・市町村などによって異なるが，行政事務関係はほぼ実施している。

(3) 字数制限と時間制限

　最も一般的な字数は1,000〜1,200字程度である。最も少ないところが600字，最大が2,000字と大きく開きがある。

　時間制限は，60〜90分，あるいは120分というのが一般的だ。この時間は，けっして充分なものではない。試しにストップウォッチで計ってみるといいが，他人の論作文を清書するだけでも，600字の場合なら約15分程度かかる。

テーマに即して，しかも用字・用語に気を配ってということになると，かなりのスピードが要求されるわけである。情報を整理し，簡潔に説明できる力を養う必要があるだろう。

(4)「論作文試験」の評価の基準

採用試験の答案として書く論作文なので，その評価基準を意識して書くことも大切といえる。しかし，公務員試験における論作文の評価の基準は，いずれの都道府県などでも公表していないし，今後もそれを期待することはなかなか難しいだろう。

ただ，過去のデータなどから手掛りとなるものはあるので，ここではそれらを参考に，一般的な評価基準を考えてみよう。

形式的な面からの評価	①	表記法に問題はないか。
	②	文脈に応じて適切な語句が使われているか。
	③	文（センテンス）の構造，語句の照応などに問題はないか。
内容的な面からの評価	①	テーマを的確に把握しているか。
	②	自分の考え方やものの見方をまとめ，テーマや論旨が明確に表現されているか。
	③	内容がよく整理され，段落の設定や論作文の構成に問題はないか。
総合的な面からの評価	①	公務員に必要な洞察力や創造力，あるいは常識や基礎学力は十分であるか。
	②	ものの見方や考え方が，公務員として望ましい方向にあるか。

おおよそ以上のような評価の視点が考えられるが，これらはあらゆるテーマに対して共通しているということではない。それぞれのテーマによってそのポイントの移動があり，また，実施する自治体などによっても，このうちのどれに重点を置くかが異なってくる。

ただ，一般的に言えることは，企業の採用試験などの場合，その多くは総合的な評価が重視され形式的な面はあまり重視されないが，公務員採用試験における論作文は，形式的な面も軽んじてはならないということである。なぜなら，公務員は採用後に公の文書を取り扱うわけで，それらには一定の

フォーマットがあるものが多いからだ。これへの適応能力が試されるのは当然である。

(5)「論作文試験」の出題傾向

公務員試験の場合，出題の傾向をこれまでのテーマから見るのは難しい。一定の傾向がないからだ。

ここ数年の例を見ると，「公務員となるにあたって」「公務員に求められる倫理観について」など，将来への抱負や心構え，公務員観に関するものから，「私が目指す●●県のまちづくり」「▲▲の魅力を挙げ，他地域の人々に▲▲を発信・セールスせよ」など，具体的なプランとアクションを挙げさせるところもあり，その種類まさに千差万別といえる。

いずれにせよ，今までの自己体験，あるいは身近な事件を通して得た信条や生活観，自然観などを語らせ，その観点や感性から，公務員としての適性を知ろうとするものであることに変わりはないようだ。

●● Ⅱ．「論作文試験」の事前準備 ●●

(1) 試験の目的を理解する

論作文試験の意義や評価の目的については前に述べたが，試験の準備を進めるためには，まずそれについてよく考え，理解を深めておく必要がある。その理解が，自分なりの準備方法を導きだしてくれるはずだ。

例えば，あなたに好きなひとがいたとする。ラブレター（あるいはメール）を書きたいのだが，あいにく文章は苦手だ。文章の上手い友人に代筆を頼む手もあるが，これでは真心は通じないだろう。そこで，便せんいっぱいに「好きだ，好きだ，好きだ，好きだ，好きだ，好きだ」とだけ書いたとする。それで十分に情熱を伝えることができるし，場合によっては，どんな名文を書き連ねるよりも最高のラブレターになることだってある。あるいはサインペンで用紙いっぱいに一言「好き」と大書して送ってもいい。個人対個人間のラブレターなら，それでもいいのである。つまり，その目的が，「好き」という恋心を相手にだけわかってもらうことにあるからだ。

文章の長さにしてもそうで，例えばこんな文がある。

> 「一筆啓上　火の用心　おせん泣かすな　馬肥やせ」

　これは徳川家康の家臣である本多作左衛門重次が，妻に宛てた短い手紙である。「一筆啓上」は「拝啓」に当たる意味で，「おせん泣かすな」は重次の唯一の子どもであるお仙（仙千代）を「泣かしたりせず，しっかりと育てなさい」と我が子をとても大事にしていたことが伺える。さらに，「馬肥やせ」は武将の家には欠くことのできない馬について「いざという時のために餌をしっかり与えて大事にしてくれ」と妻へアドバイスしている。短いながらもこの文面全体には，家族への愛情や心配，家の主としての責任感などがにじみ出ているかのようだ。

　世の中にはもっと短い手紙もある。フランスの文豪ヴィクトル・ユーゴーは『レ・ミゼラブル』を出版した際にその売れ行きが心配になり，出版社に対して「？」と書いただけの手紙を送った。すると出版社からは「！」という返事が届いたという。意味がおわかりだろうか。これは，「売れ行きはどうか？」「すごく売れていますよ！」というやりとりである。前提になる状況と目的によっては，「？」や「！」ひとつが，千万の言葉よりも，意思と感情を的確に相手に伝達することもあるのだ。

　しかし，論作文試験の場合はどうだろうか。「公務員を志望した動機」というテーマを出されて，「私は公務員になりたい，私は公務員になりたい，私は公務員になりたい，……」と600字分書いても，評価されることはないだろう。

　つまり論作文というのは，何度もいうように，人物試験を兼ねあわせて実施されるものである。この意義や目的を忘れてはいけない。しかも公務員採用試験の場合と民間企業の場合では，求められているものに違いもある。

　民間企業の場合でも業種によって違いがある。ということは，それぞれの意義や目的によって，対策や準備方法も違ってくるということである。これを理解した上で，自分なりの準備方法を見つけることが大切なのだ。

(2) 文章を書く習慣を身につける

　多くの人は「かしこまった文章を書くのが苦手」だという。携帯電話やパソコンで気楽なメールを頻繁にしている現在では，特にそうだという。論作文試験の準備としては，まずこの苦手意識を取り除くことが必要だろう。

　文章を書くということは，習慣がついてしまえばそれほど辛いものではな

い。習慣をつけるという意味では，第一に日記を書くこと，第二に手紙を書くのがよい。

① 「日記」を書いて筆力をつける

　実際にやってみればわかることだが，日記を半年間書き続けると，自分でも驚くほど筆力が身に付く。筆力というのは「文章を書く力」で，豊かな表現力・構成力，あるいはスピードを意味している。日記は他人に見せるものではないので，自由に書ける。材料は身辺雑事・雑感が主なので，いくらでもあるはず。この「自由に書ける」「材料がある」ということが，文章に慣れるためには大切なことなのだ。パソコンを使ってブログで長い文章を書くのも悪くはないが，本番試験はキーボードが使えるわけではないので，リズムが変わると書けない可能性もある。やはり紙にペンで書くべきだろう。

② 「手紙」を書いてみる

　手紙は，他人に用件や意思や感情を伝えるものである。最初から他人に読んでもらうことを目的にしている。ここが日記とは根本的に違う。つまり，読み手を意識して書かなければならないわけだ。そのために，一定の形式を踏まなければならないこともあるし，逆に，相手や時と場合によって形式をはずすこともある。感情を全面的に表わすこともあるし，抑えることもある。文章を書く場合，この読み手を想定して形式や感情を制御していくということは大切な要件である。手紙を書くことによって，このコツに慣れてくるわけだ。

> 「おっはよー，元気い（＾_＾）？　今日もめっちゃ寒いけど……」
>
> 「拝啓，朝夕はめっきり肌寒さを覚える今日このごろですが，皆々様にお
> かれましては，いかがお過ごしかと……」

　手紙は，具体的に相手（読み手）を想定できるので，書く習慣がつけば，このような「書き分ける」能力も自然と身についてくる。つまり，文章のTPOといったものがわかってくるのである。

③ 新聞や雑誌のコラムを写してみる

　新聞や雑誌のコラムなどを写したりするのも，文章に慣れる王道の手段。最初は，とにかく書き写すだけでいい。ひたすら，書き写すのだ。

ペン習字などもお手本を書き写すが，それと同じだと思えばいい。ペン習字と違うのは，文字面をなぞるのではなく，別の原稿用紙などに書き写す点だ。

とにかく，こうして書き写すことをしていると，まず文章のリズムがわかってくる。ことばづかいや送り仮名の要領も身につく。文の構成法も，なんとなく理解できてくる。実際，かつての作家の文章修業は，こうして模写をすることから始めたという。

私たちが日本語を話す場合，文法をいちいち考えているわけではないだろう。接続詞や助詞も自然に口をついて出ている。文章も本来，こうならなければならないのである。そのためには書き写す作業が一番いいわけで，これも実際にやってみると，効果がよくわかる。

なぜ，新聞や雑誌のコラムがよいかといえば，これらはマスメディア用の文章だからである。不特定多数の読み手を想定して書かれているために，一般的なルールに即して書かれていて，無難な表現であり，クセがない。公務員試験の論作文では，この点も大切なことなのだ。

たとえば雨の音は，一般的に「ポツリ，ポツリ」「パラ，パラ」「ザァ，ザァ」などと書く。ありふれた表現だが，裏を返せばありふれているだけに，だれにでも雨の音だとわかるはず。「朝から，あぶないな，と思っていたら，峠への途中でパラ，パラとやってきた……」という文章があれば，この「パラ，パラ」は雨だと想像しやすいだろう。

一方，「シイ，シイ」「ピチ，ピチ」「トン，トン」「バタ，バタ」，雨の音をこう表現しても決して悪いということはない。実際，聞き方によっては，こう聞こえるときもある。しかし「朝から，あぶないな，と思っていたら，峠への途中でシイ，シイとやってきた……」では，一般的には「シイ，シイ」が雨だとはわからない。

論作文は，作家になるための素質を見るためのものではないから，やはり後者ではマズイのである。受験論作文の練習に書き写す場合は，マスコミのコラムなどがよいというのは，そういうわけだ。

④ 考えを正確に文章化する

頭の中では論理的に構成されていても，それを文章に表現するのは意外に難しい。主語が落ちているために内容がつかめなかったり，語彙が貧弱で，述べたいことがうまく表現できなかったり，思いあまって言葉

足らずという文章を書く人は非常に多い。文章は，記録であると同時に伝達手段である。メモをとるのとは違うのだ。

　論理的にわかりやすい文章を書くには，言葉を選び，文法を考え，文脈を整え，結論と課題を比較してみる……，という訓練を続けることが大切だ。しかし，この場合，一人でやっていたのでは評価が甘く，また自分では気づかないこともあるので，友人や先輩，国語に詳しいかつての恩師など，第三者の客観的な意見を聞くと，正確な文章になっているかどうかの判断がつけやすい。

⑤　文章の構成力を高める

　正確な文章を書こうとすれば，必ず文章の構成をどうしたらよいかという問題につきあたる。文章の構成法については後述するが，そこに示した基本的な構成パターンをしっかり身につけておくこと。一つのテーマについて，何通りかの構成法で書き，これをいくつものテーマについて繰り返してみる。そうしているうちに，特に意識しなくてもしっかりした構成の文章が書けるようになるはずだ。

⑥　制限内に書く感覚を養う

　だれでも時間をかけてじっくり考えれば，それなりの文章が書けるだろう。しかし，実際の試験では字数制限や時間制限がある。練習の際には，ただ漫然と文章を書くのではなくて，字数や時間も実際の試験のように設定したうえで書いてみること。

　例えば800字以内という制限なら，その全体量はどれくらいなのかを実際に書いてみる。また，全体の構想に従って字数（行数）を配分すること。時間制限についても同様で，60分ならその時間内にどれだけのことが書けるのかを確認し，構想，執筆，推敲などの時間配分を考えてみる。この具体的な方法は後に述べる。

　こうして何度も文章を書いているうちに，さまざまな制限を無駄なく十分に使う感覚が身についてくる。この感覚は，練習を重ね，文章に親しまない限り，身に付かない。逆に言えば実際の試験ではそれが極めて有効な力を発揮するのが明らかなのだ。

● ● Ⅲ. 「合格答案」作成上の留意点 ● ●

(1) テーマ把握上の注意

　さて，いよいよ試験が始まったとしよう。論作文試験でまず最初の関門になるのが，テーマを的確に把握できるか否かということ。どんなに立派な文章を書いても，それが課題テーマに合致していない限り，試験結果は絶望的である。不幸なことにそのような例は枚挙にいとまがにないと言われる。ここでは犯しやすいミスを2，3例挙げてみよう。

---

① 似たテーマと間違える

　例えば「私の生きかた」や「私の生きがい」などは，その典型的なもの。前者が生活スタイルや生活信条などが問われているのに対して，後者はどのようなことをし，どのように生きていくことが，自分の最も喜びとするところかが問われている。このようなニュアンスの違いも正確に把握することだ。

② テーマ全体を正確に読まない

　特に，課題そのものが長い文章になっている場合，どのような条件を踏まえて何を述べなければならないかを，正確にとらえないまま書き始めてしまうことがある。例えば，下記のようなテーマがあったとする。

> 「あなたが公務員になったとき，職場の上司や先輩，地域の人々との人間関係において，何を大切にしたいと思いますか。自分の生活体験をもとに書きなさい」

　①公務員になったとき，②生活体験をもとに，というのがこのテーマの条件であり，「上司・先輩，地域の人々との人間関係において大切にしたいこと」というのが必答すべきことになる。このような点を一つひとつ把握しておかないと，内容に抜け落ちがあったり，構成上のバランスが崩れたりする原因になる。テーマを示されたらまず2回はゆっくりと読み，与えられているテーマの意味・内容を確認してから何をどう書くかという考察に移ることが必要だ。

③ テーマの真意を正確につかまない

　「今，公務員に求められるもの」というテーマと「公務員に求められるもの」というテーマを比べた場合，"今"というたった1字があるか否か

で，出題者の求める答えは違ってくることに注意したい。言うまでもなく，後者がいわゆる「公務員の資質」を問うているのに対して，前者は「現況をふまえたうえで，できるだけ具体的に公務員の資質について述べること」が求められているのだ。

　以上3点について述べた。こうやって示せば誰でも分かる当たり前のことのようだが，試験本番には受け取る側の状況もまた違ってくるはず。くれぐれも慎重に取り組みたいところだ。

(2) 内容・構成上の注意点

① 素材選びに時間をかけろ

　テーマを正確に把握したら，次は結論を導きだすための素材が重要なポイントになる。公務員試験での論作文では，できるだけ実践的・経験的なものが望ましい。現実性のある具体的な素材を見つけだすよう，書き始める前に十分考慮したい。

② 全体の構想を練る

　さて，次に考えなくてはならないのが文章の構成である。相手を納得させるためにも，また字数や時間配分の目安をつけるためにも，全体のアウトラインを構想しておくことが必要だ。ただやみくもに書き始めると，文章があらぬ方向に行ってしまったり，広げた風呂敷をたたむのに苦労しかねない。

③文体を決める

　文体は終始一貫させなければならない。文体によって論作文の印象もかなり違ってくる。〈です・ます〉体は丁寧な印象を与えるが，使い慣れないと文章がくどくなり，文末のリズムも単調になりやすい。〈である〉体は文章が重々しいが，断定するつもりのない場合でも断定しているかのような印象を与えやすい。

　それぞれ一長一短がある。書きなれている人なら，テーマによって文体を使いわけるのが望ましいだろう。しかし，大概は文章のプロではないのだから，自分の最も書きやすい文体を一つ決めておくことが最良の策だ。

(3) 文章作成上の注意点

① ワン・センテンスを簡潔に

　一つの文（センテンス）にさまざまな要素を盛り込もうとする人がいるが，内容がわかりにくくなるだけでなく，時には主語・述語の関係が絡まり合い，文章としてすら成立しなくなることもある。このような文章は論旨が不明確になるだけでなく，読み手の心証もそこねてしまう。文章はできるだけ無駄を省き，わかりやすい文章を心掛けること。「一文はできるだけ簡潔に」が鉄則だ。

② 論点を整理する

　論作文試験の字数制限は多くても2,000字，少ない場合は600字程度ということもあり，決して多くはない。このように文字数が限られているのだから，文章を簡潔にすると同時に，論点をできるだけ整理し，特に必要のない要素は削ぎ落とすことだ。これはテーマが抽象的な場合や，逆に具体的に多くの条件を設定してる場合は，特に注意したい。

③ 段落を適切に設定する

　段落とは，文章全体の中で一つのまとまりをもった部分で，段落の終わりで改行し，書き始めは1字下げるのが決まりである。いくつかの小主題をもつ文章の場合，小主題に従って段落を設けないと，筆者の意図がわかりにくい文章になってしまう。逆に，段落が多すぎる文章もまた意図が伝わりにくく，まとまりのない印象の文章となる場合が多い。段落を設ける基準として，次のような場合があげられる。

① 場所や場面が変わるとき。	④ 思考が次の段階へ発展するとき。
② 対象が変わるとき。	⑤ 一つの部分を特に強調したいとき。
③ 立場や観点が変わるとき。	⑥ 同一段落が長くなりすぎて読みにくくなるとき。

これらを念頭に入れて適宜段落を設定する。

（4）文章構成後のチェック点

① 主題がはっきりしているか。論作文全体を通して一貫しているか。課題にあったものになっているか。

② まとまった区切りを設けて書いているか。段落は，意味の上でも視覚的にもはっきりと設けてあるか。

③ 意味がはっきりしない言いまわしはないか。人によって違った意味にとられるようなことはないか。

④ 一つの文が長すぎないか。一つの文に多くの内容を詰め込みすぎているところはないか。

⑤ あまりにも簡単にまとめすぎていないか。そのために論作文全体が軽くなっていないか。

⑥ 抽象的ではないか。もっと具体的に表現する方法はないものか。

⑦ 意見や感想を述べる場合，裏づけとなる経験やデータとの関連性は妥当なものか。

⑧ 個人の意見や感想を，「われわれは」「私たちは」などと強引に一般化しているところはないか。

⑨ 表現や文体は統一されているか。

⑩ 文字や送り仮名は統一されているか。

　実際の試験では，こんなに細かくチェックしている時間はないだろうが，練習の際には，一つの論作文を書いたら，以上のようなことを必ずチェックしてみるとよいだろう。

● Ⅳ．「論作文試験」の実戦感覚 ●

　準備と対策の最後の仕上げは，"実戦での感覚"を養うことである。これは"実戦での要領"といってもよい。「要領がいい」という言葉には，「上手に」「巧みに」「手際よく」といった意味と同時に，「うまく表面をとりつくろう」「その場をごまかす」というニュアンスもある。「あいつは要領のいい男だ」という表現などを思い出してみれば分かるだろう。

　採用試験における論作文が，論作文試験という競争試験の一つとしてある以上，その意味での"要領"も欠かせないだろう。極端にいってしまえば，こうだ。

> 「約600字分だけ，たまたまでもすばらしいものが書ければよい」

もちろん，本来はそれでは困るのだが，とにかく合格して採用されることが先決だ。そのために，短時間でその要領をどう身につけるか，実戦ではどう要領を発揮するべきなのか。

(1) 時間と字数の実戦感覚

① 制限時間の感覚

　公務員試験の論作文試験の平均制限時間は，90分間である。この90分間に文字はどれくらい書けるか。大学ノートなどに，やや丁寧に漢字まじりの普通の文を書き写すとして，速い人で1分間約60字，つまり90分間なら約5,400字。遅い人で約40字/1分間，つまり90分間なら約3,600字。平均4,500字前後と見ておけばよいだろう。400字詰め原稿用紙にして11枚程度。これだけを考えれば，時間はたっぷりある。しかし，これはあくまでも「書き写す」場合であって，論作文している時間ではない。

　構想などが決まったうえで，言葉を選びながら論作文する場合は，速い人で約20字前後/1分間，60分間なら約1,800字前後である。ちなみに，文章のプロたち，例えば作家とか週刊誌の記者とかライターという職業の人たちでも，ほぼこんなものなのだ。構想は別として，1時間に1,800字，400字詰め原稿用紙で4〜5枚程度書ければ，だいたい職業人として1人前である。言い換えれば，読者が読むに耐えうる原稿を書くためには，これが限度だということである。

　さて，論作文試験に即していえば，もし制限字数1,200字なら，1,200字÷20字で，文章をつづる時間は約60分間ということになる。そうだとすれば，テーマの理解，着想，構想，それに書き終わった後の読み返しなどにあてられる時間は，残り30分間。これは実にシビアな時間である。まず，この時間の感覚を，しっかりと頭に入れておこう。

② 制限字数の感覚

　これも一般には，なかなか感覚がつかめないもの。ちなみに，いま，あなたが読んでいるこの本のこのページには，いったい何文字入っているのか，すぐにわかるだろうか。答えは，1行が33字詰めで行数が32行，

空白部分もあるから約1,000字である。公務員試験の論作文試験の平均的な制限字数は1,200字となっているから，ほぼ，この本の約1頁強である。

　この制限字数を，「長い！」と思うか「短い！」と思うかは，人によって違いはあるはず。俳句は17文字に万感の想いを込めるから，これと比べれば1,000字は実に長い。一方，ニュース番組のアナウンサーが原稿を読む平均速度は，約400字程度/1分間とされているから，1,200字なら3分。アッという間である。つまり，1,200字というのは，そういう感覚の字数なのである。ここでは，論作文試験の1,200字という制限字数の妥当性については置いておく。1,200字というのが，どんな感覚の文字数かということを知っておけばよい。

　この感覚は，きわめて重要なことなのである。後でくわしく述べるが，実際にはこの制限字数によって，内容はもとより書き出しや構成なども，かなりの規制を受ける。しかし，それも試験なのだから，長いなら長いなりに，短いなら短いなりに対処する方法を考えなければならない。それが実戦に臨む構えであり，「要領」なのだ。

(2) 時間配分の実戦感覚

　90分間かけて，結果として1,200字程度の論作文を仕上げればよいわけだから，次は時間の配分をどうするか。開始のベルが鳴る（ブザーかも知れない）。テーマが示される。いわゆる「課題」である。さて，なにを，どう書くか。この「なにを」が着想であり，「どう書くか」が構想だ。

①　まず「着想」に10分間

　課題が明示されているのだから，「なにを」は決まっているように思われるかもしれないが，そんなことはない。たとえば「夢」という課題であったとして，昨日みた夢，こわかった夢，なぜか印象に残っている夢，将来の夢，仕事の夢，夢のある人生とは，夢のある社会とは，夢のない現代の若者について……などなど，書くことは多種多様にある。あるいは「夢想流剣法の真髄」といったものだってよいのだ。まず，この「なにを」を10分以内に決める。文章を書く，または論作文するときは，本来はこの「なにを」が重要なのであって，自分の知識や経験，感性を凝縮して，長い時間をかけて決めるのが理想なのだが，なにしろ制限時間があるので，やむをえず5分以内に決める。

② 次は「構想」に10分間

「構想」というのは，話の組み立て方である。着想したものを，どうやって1,200字程度の字数のなかに，うまく展開するかを考える。このときに重要なのは，材料の点検だ。

たとえば着想の段階で，「現代の若者は夢がないといわれるが，実際には夢はもっているのであって，その夢が実現不可能な空想的な夢ではなく，より現実的になっているだけだ。大きな夢に向かって猛進するのも人生だが，小さな夢を一つ一つ育んでいくのも意義ある人生だと思う」というようなことを書こうと決めたとして，ただダラダラと書いていったのでは，印象深い説得力のある論作文にはならない。したがってエピソードだとか，著名人の言葉とか，読んだ本の感想……といった材料が必要なわけだが，これの有無，その配置を点検するわけである。しかも，その材料の質・量によって，話のもっていきかた（論作文の構成法）も違ってくる。これを10分以内に決める。

実際には，着想に10分，構想に10分と明瞭に区別されるわけではなく，「なにを」は瞬間的に決まることがあるし，「なにを」と「どう書くか」を同時に考えることもある。ともあれ，着想と構想をあわせて，なにがなんでも20分以内に決めなければならないのである。

③ 「執筆」時間は60分間

これは前述したとおり。ただ書くだけの物理的時間が約15〜20分間かかるのだから，言葉を選び表現を考えながらでは60分間は実際に短かすぎるが，試験なのでやむをえない。

まずテーマを書く。氏名を書く。そして，いよいよ第1行の書き出しにかかる。「夢，私はこの言葉が好きだ。夢をみることは，神さまが人間だけに与えた特権だと思う……」「よく，最近の若者には夢がない，という声を聞く。たしかに，その一面はある。つい先日も，こんなことがあった……」「私の家の近所に，夢想流を継承する剣道の小さな道場がある。白髪で小柄な80歳に近い老人が道場主だ……」などと，着想したことを具体的に文章にしていくわけである。

人によっては，着想が決まると，このようにまず第1行を書き，ここで一息ついて後の構想を立てることもある。つまり，書き出しの文句を書きこむと，後の構想が立てやすくなるというわけである。これも一つ

の方法である。しかし，これは，よっぽど書きなれていないと危険をともなう。後の構想がまとまらないと何度も書き出しを書き直さなければならないからだ。したがって，論作文試験の場合は，やはり着想→構想→執筆と進んだほうが無難だろう。

④ 「点検」時間は10分間で

　論作文を書き終わる。当然，点検をしなければならない。誤字・脱字はもとより，送り仮名や語句の使い方，表現の妥当性も見直さなければならない。この作業を一般には「推敲」と呼ぶ。推敲は，文章を仕上げる上で欠かせない作業である。本来なら，この推敲には十分な時間をかけなければならない。文章は推敲すればするほど練りあがるし，また，文章の上達に欠かせないものである。

　しかし，論作文試験においては，この時間が10分間しかない。前述したように，1,200字の文章は，ニュースのアナウンサーが読みあげるスピードで読んでも，読むだけで約3分はかかる。だとすれば，手直しする時間は7分。ほとんどないに等しいわけだ。せいぜい誤字・脱字の点検しかできないだろう。論作文試験の時間配分では，このことをしっかり頭に入れておかなければならない。要するに論作文試験では，きわめて実戦的な「要領の良さ」が必要であり，準備・対策として，これを身につけておかなければならないということなのだ。

実施課題例の分析

令和4年度

▼作文（800字以内，1時間）

　あなたが関心を持っている環境問題を1つ挙げ，その問題に対してどのような取組が必要か述べなさい。

《執筆の方針》

　現代の自然環境に関わる問題を述べ，環境に配慮していくことの重要性を強調する。そのうえであなたが最も関心を持っている環境問題を1つ挙げ，どのような取組をしていったらよいか具体的に論述する。

《課題の分析》

　人間の生活を維持する諸活動に伴う排出ガスによる地球温暖化，ゴミの増大に伴う環境悪化などが大きな問題となっている。世界で起きている環境問題としては，地球温暖化，海洋汚染，水質汚染，大気汚染，森林破壊などが挙げられている。こうした状況を克服し，発展し続けていくために環境を守るための取組みを進めていくことが求められている。「Think Globally, Act Locally」という言葉があるように，こうした環境の問題に対しては身近なところからの取組みが重要となる。具体的には省資源や省エネルギーを推進すること，リデュース・リユース・リサイクルといったいわゆる3R活動を進めていくことなどが，環境を守るための基本的な取組となる。

《作成のポイント》

　まず，日常生活や企業の経済活動が環境に与える影響と問題点を指摘し，なぜ環境を守るための取組が求められているのかを述べる。次に，環境を守るための身近な取組みとして，どのようなことが考えられるのかを整理し，環境を守るためにはエネルギー循環型社会システムの構築が欠かせないことを強調する。そのうえで，最も関心を持っている環境問題を1つ挙げ，どのような取組をしていったらよいかを述べていく。省資源や省エネルギーを推進すること，リデュース・リユース・リサイクルといったいわゆる3R活動を進めていくことなど，具体的な取組を論述する。最後は，こうした環境を守る取組を通して，多くの人が住みやすい岡山県にしていくという決意を示して作文をまとめる。

令和３年度

▼作文（800字以内，１時間）

　手軽なコミュニケーションの手段としてSNSが普及していますが，SNSのメリット，デメリットについて，あなたの考えを述べなさい。

《執筆の方針》

　SNSを利用するうえでのメリット，デメリットについて，とくに県職員としての立場からの自身の考えを論述する。

《課題の分析》

　ほぼすべての都道府県行政においてTwitter，Facebook，YouTubeといったSNSでの情報発信ツールが利用され，LINEとInstagramも半数近くが利用するまでになり，市区町村においてもSNSの利用増が示されている。これらは，地元自治体への移住定住のPR活動，地域でのイベントや行事日程の通知，地域の観光スポットや特産品のアピールなどの用途に活用されている。いずれもスマートフォンやタブレットによる情報入手を常用するユーザーに向けて手軽で見やすいツールであることが最大のメリットである。さらにSNSで情報発信した内容について，情報の受け手であるユーザー側からの反応の大きさを確認することもできるため，どういう情報発信が市民に対して有効であるかを把握することができるというメリットも存在する。

　その一方で，SNSによる情報発信や利用についてはトラブルもある。たとえば行政職員の個人の私的発言により，不適切な発言に対するクレーム殺到や写真を引用することで個人の画像や看板なども含めた個人情報の漏えい（プライバシー侵害）につながるリスクが大きいことである。その後の行政側による発言撤回や謝罪行為等の処理が必要な場合，それは直接的な市民の行政への不信感につながる懸念が否めない。さらには，いわゆるSNSを利用した悪意ある第三者が行政の名を語りアカウントを作成し，誤情報を送信するといった「なりすまし」行為が行われる可能性もある。

　本問では，こうした想定可能なメリット・デメリットを踏まえて論述したい。

《作成のポイント》

　文章をいくつかの段落に分け，SNSの利用によるメリット，デメリットについて順に意見を述べた後で，メリットのさらなる活かし方，またデメリットの回避の仕方について自身の意見を述べるとよい。メリットのさらなる活かし方については，自治体のSNS使用による成功事例を挙げる。たとえば災害時の緊急事態を知らせる速報や避難情報については，Twitter

などへの市民の登録システムがあれば迅速に拡散できる。また行事やイベントの開催成果の報告等については，FacebookやInstagramなどへの画像掲載による効果が期待できる。同じく地域行事やイベントの開催予告・宣伝については，YouTubeへの動画PV（プロモーションビデオ）などを通じた宣伝が効果的である。

さらにデメリットの回避については，SNSを通じて文書や画像を拡散する場合に，個人情報漏えいにつながる要素はないか，不適切な発言と解される恐れはないかどうか，第三者による事前検証を行う必要がある。とりわけイラスト・アニメーションといったツールを利用した行政による観光やイベントの宣伝については，外部業者に委託することが多いため，描かれたキャラクターによっては，性差別や人種差別といった偏見が問題になり，それがユーザーの不快感や不信感を招き，クレームが殺到するという事例が実際に起きていることから，専門家や識者など第三者によるチェックが特に必要である。

こうした一般的なSNSによるトラブル回避のための試みと，県行政による情報発信行為への信頼や公的責任の重さについても言及するとよいだろう。

令和2年度
▼作文

生涯健康で過ごすために，多くの人が日常的に運動を継続していくためには，どうすればよいか。

《執筆の方針》

まず，人々の健康な生活の維持や充実のために，運動がどのような役割を果たすことができるのかを整理する。そのうえで，多くの人が日常的に運動を継続していくための具体的な方策について述べていく。

《課題の分析》

地域コミュニティの崩壊が言われる中，多くの人が健康的な社会生活を営むための方策が求められている。一人一人の生活を充実させるためには，そこに住む人々が互いに協力して積極的に活動することが重要である。そのための鍵は，人と人との良好な人間関係をつくることだろう。運動は，そうした人間関係をつくるための絶好の場となる。また，高齢化が進んでいる現在，生涯健康で過ごすためにも様々な人が日常的に運動を継続していく環境をつくることが必要となっている。

《作成のポイント》

まず，活力ある県民の生活の維持・発展のために，運動は非常に大きな

役割を果たすことを述べる。運動を通した人間関係づくり，地域コミュニティの構築がそのポイントとなる。また，健康寿命を高めるためにも，運動に親しむ環境をつくることが重要である。そうした運動を振興することの意義を踏まえ，多くの人が運動に親しむことができるように，どのような運動を，どのように取り入れていったらよいかについて整理して述べる。高齢者や女性でもできる簡単な運動の普及，そうした運動のできる場の確保，指導者の派遣・養成といったことがその具体的な視点となる。いずれにしても，具体的で実現性のある運動振興策をまとめることが重要である。

令和元年度
▼作文

　あなたが自身の成長を感じられたことについて述べなさい。

《執筆の方針》

　まず，自身の成長を感じられた出来事について整理して述べる。次に，そうした出来事を通して何が，どのように成長したのか，それを公務員の仕事にどのように生かしていくのかを述べる。

《課題の分析》

　「聞いたことは忘れ，見たことは覚え，体験したことは理解する」という中国の古い諺がある。聞くだけでなく，実際に体験することの重要性を言っている言葉である。経験が人を成長させるのである。成長を感じられたことについては，何を題材に選んでも構わないが，自分が公務員を目指そうとするきっかけになった出来事，公務員に求められる公平さや公共心，他者のために尽くす気持ちなどを身に付けることができた内容を選択することがよいだろう。

《作成のポイント》

　まず，人が生きるということは経験を積み重ねることであり，様々な経験が人間を成長させ，人間形成に大きな影響を与えるということを論理的に述べる。そのうえで，今までで最も自分を成長させたと考える出来事を一つあげ，それについて整理して述べていく。経験したことについて，時間の経過を追って分かりやすく述べていくようにする。次に，そうした経験が自身の何を，どのように成長させたのかを述べる。それが自分の人間形成にとってどのような意味があったのか，それによって自分の生き方がどのように変わったのかなどについて述べる。そのうえで，成長したことを公務員としての職務遂行に生かしていくという決意を述べて作文をまとめる。

291

平成30年度

▼作文

防災意識を高めるには，どのような取り組みが必要か

《執筆の方針》

岡山県で起きることが想定される自然災害について整理して述べたうえで，県民一人一人の防災意識を高めるために，行政としてどのような取り組みをしていったらよいのかを論述する。

《課題の分析》

近年，大規模な地震や台風による大雨などの自然災害が，各地で大きな被害をもたらしている。岡山県では，台風や集中豪雨による大水の被害，大地震やそれに伴う津波なども心配される。こうした災害による被害を最小限にとどめ，県民の安心・安全を守ることは，行政の重要な役割である。そのために，日常的に防災対策に努めなければならない。その基本は，県民一人一人の防災意識を高めることである。様々な地域組織やNPO，企業等と連携した防災意識の向上を図っていくことが重要である。

《作成のポイント》

まず，岡山県ではどのような自然災害が想定され，どのような被害が予想されるのか，そこにはどのような課題があるのかを整理して述べる。次に，県民の安心・安全を守ることは，行政の重要な役割であるが，大規模な災害のときは行政の力だけでは限界があることを指摘する。そのうえで，防災対策の基本は県民一人一人の防災意識を高めることにあることを述べ，そのための行政としての取り組みを論じる。様々な地域組織やNPO，医療機関や企業等と連携した防災意識の向上，地域の諸団体と連携したいざという時のシミュレーションに基づくマニュアルの作成，連絡体制の確立，情報を共有化するシステムの構築などが具体的な取り組みの内容となる。

平成29年度

▼作文

公共交通機関利用のマナーについて

《執筆の方針》

健全な社会を成り立たせるためには，社会人としてのマナーを守ることが不可欠であることを述べる。そのうえで，公共交通機関を利用する際のマナーをどのように高めていったらよいのかを論じる。

《課題の分析》

　社会は，人と人との関係のうえに成り立っており，そこには守らなければならない約束事が存在する。それが文章化されたものが法律である。法にまで至らなくても，円滑な社会生活を成り立たせるために，社会的なモラルやマナーが存在している。特に，多くの人が利用する公共交通機関を利用する際は，一人一人がマナーを守ることが必要である。しかし，今日，個人の権利を優先するあまり，法やルール，モラルやマナーを守らない人が増えるなど，社会全体の規範意識が低下している。出題は，そうした状況を踏まえた設問であり，公共交通機関を利用する際のマナーについて述べることを求めている。

《作成のポイント》

　まず，円滑な社会生活を成り立たせるためには，法やルールが必要であることを指摘する。また，人々がモラルやマナーを守ることによって社会が成り立っており，特に多くの人が利用する公共交通機関を利用する際は，一人一人がマナーを守ることが必要であることを強調する。そのうえで，社会全体で互いに声をかけあったり，注意しあったりする習慣をつくるといった取組について，整理して論じる。単なる抽象論ではなく，具体的な取組について述べていきたい。最後は，そうしたマナーの守られる社会の創出に向け，公務員として全力を尽くす決意を述べて作文をまとめる。

平成28年度

　▼作文

　　あなたが考える災害時の備え

《執筆の方針・課題の分析》

　一口に災害といっても地震・洪水などの自然災害や人為的災害があるが，大規模災害時には，消防や警察などの力にも限界があり，「自らの命は自らで守る」「自分達の地域は自分達で守る」という姿勢が重要になる。震災対策として重要な考え方に「自助・共助・公助」があるが，ここでは「自助」「共助」の大切さを中心に述べる。

　東日本大震災では，各地域の役所対応は必ずしも十分なものとは言えなかった。公助としての課題もあるが大震災時に大きな力となるものは「自助」「共助」である。いつ到来してもおかしくない震災に対する構えとして，県民の自助・共助の姿勢の構築が重要である。企業を含め，地域コミュニティで共に助け合う体制は，日頃から創っておく必要がある。行政のリスク管理の

一環として，地域の町内会や自治会に働きかけ，地域防災訓練を通じた助け合い体制作りをしたり，共助の必要性を広報したりすることが有効である。

《作成のポイント》

　全体を三部構成とする。第一段落では大規模災害に見舞われた場合のリスク管理の視点から，「自助」「共助」の重要性について述べる。第二段落では，考えられる自助・共助の具体的内容と，県政として可能な体制構築に向けた支援対策について認識を示す。地域における防災士資格取得の推奨，帰宅困難者対応における事業者責務の明示と企業支援，地域コミュニティに対する意識付けと共同防災訓練の実施などがある。また，自主防災組織運営への協力，地域防災訓練への参加率向上に向けた工夫，県教委と連携した防災教育，施設見学，ワークショップ，ボランティアプログラムの企画といった試みなども考えられよう。なるべく自身のオリジナリティを活かした論作文とする。第三段落では，受験者自身の地域における自助・共助の体制や防災意識について述べる。また，岡山県職員としての地域防災に関する意欲に触れて結びとする。

平成27年度

　▼作文

　　人間関係を円滑にするために心掛けていること

《執筆の方針・課題の分析》

　作文試験では，書き始める前に落ち着いて構想を立てる事が重要である。テーマを短絡的にとらえてすぐに書き始めると，途中で新たに書くべき内容が想起され，書き直すことになる。書いたり消したりは見苦しいので，キーワードが見つかったら，内容の中心的柱を構想し，段落構成にも時間をとる。

　ここでは「人間関係」に関する自身の学びについて，過去のエピソードを紹介しながら具体的に述べる。今後の仕事上の人間関係にも活きると思われる事例が望ましい。人間関係を円滑にするための要素としては，「思いやり」「十分なコミュニケーション」「挨拶」「笑顔」などがある。こうしたキーワードを中心として，「人間関係を円滑に進めるための心掛け」を述べる。「話すことよりも，相手の言うことを聴く姿勢を大切にしている」「親しき仲にも礼儀あり」といった内容に触れることも考えられる。

《作成のポイント》

　「人間関係」についての認識を示し，県職員の一員として大切にすべき人

間関係について，受験者の考え方をアピールする。

　全体を三部構成で考えてみよう。第一段落では，「人間関係の重要性」についての認識を示す。「絆」という言葉を中心に述べてもよい。この字は家畜を立木に繋ぎ止める意であり，「人と人との結びつき」を指す。第二段落では人間関係を円滑にするための要素について，上記分析を参考に述べる。過去のエピソードに触れながら説明すると説得力が増す。特に「コミュニケーションの大切さ」についてははずせない。第三段落では人間関係を円滑に進めるための工夫に触れ，今後の仕事にも反映させていきたいという意欲を示す。窓口業務をはじめどんな仕事においても笑顔を大切に，岡山県職員として努力したいという決意を述べて結びとする。

平成26年度

　▼作文

　　学生生活の中であなたが得たこと

《執筆の方針・課題の分析》

　学生生活を通じて得たこと，収穫と言えることは人それぞれ，様々なものがあろう。学習した知識や研究の進め方，部活・サークル活動，ボランティア活動やアルバイト経験における収穫など，貴重なものが数多くあるはずである。しかしここでは，かけがえのない友人や人間関係，人との関わり方について学んだこと，などに関して述べてみよう。

　様々な収穫の中で何に重きをおいているかが問われるが，「人と上手に関わる力」は公務員として「求められる人物」の要素にもよくあげられる。人との関わりから学ぶ要素としては，「コミュニケーションの大切さ」「挨拶の大切さ」「聞き上手であることの大切さ」などが考えられる。これらについて，自身のエピソードを中心に説明する。採点者の期待する要素としては，「気配り」「思いやり」「協調性」などがある。

《作成のポイント》

　全体を四段落として構成してみよう。第一段落では，学生時代に得た収穫をいくつか述べた上で，特筆すべき内容として「人との関わり」から学んだことを端的に述べる。第二段落では，学んだ経緯についてエピソードを踏まえて具体的に述べる。また，日頃から人間関係で重視していることを説明する。「気配り」「思いやり」などを中心に説明するとよい。第三段落では，「人間関係に関して得た収穫」を今後の職場で，どのように活かしていきたいと考えるかについて述べる。仕事との関わりについては，窓口対

応，チーム内の人間関係，仕事上の相手とのコミュニケーションといったところになろう。第四段落では，岡山県職員として採用された後に，どのような決意で仕事をするつもりであるか，心意気をアピールする。その際にも人間関係の要素を含めて述べるようにしたい。

平成25年度

▼作文

若者のモラル

《執筆の方針・課題の分析》

　マスコミ報道の中で，若者のモラルの低下や道徳観・倫理観の欠如に関わる事案には事欠かない。印象に残る例を示し，「道徳・倫理観」という視点から自分自身の受け止め方を示す。さらに社会人として自身はどのような責任を果たしていきたいか，ということについて述べる。

　若者に限らず，社会全体でのモラル低下も問題視されるが，ここでは「若者の」ということに限って論じる。背景としてはネット社会における情報モラルの低下をはじめ，インターネットの影響が大きい。核家族化が進み，地域の教育力が低下し，道徳教育や家庭教育の平均値が低下した影響も指摘される。「自分が楽しければ」「今が良ければ」といった若者文化の風潮もあろう。徳育に取り組む必要性は大いにあると言える。行政職を目指す受験者としては，特に高い道徳・倫理観が求められると認識しておくべきである。

《作成のポイント》

　全体を四段落で構成する。第一段落では，「若者のモラル」という視点で印象に残った事例をあげ，自分の意見を述べる。第二段落では，「モラル」という言葉のとらえ方について触れる。「道徳観」「倫理観」とほぼ同義に用いられ，「公務員には特に高いモラルが求められる」などという言い方がなされる。「道徳」は「人」の道であり，考える余地のない社会規範のこと，「倫理」は社会の中で「人間」として生きていく上での自己規範，という説明もある。第三段落では「若者のモラル低下」について，その背景と対応策について自らの考えを述べる。第四段落では，特に行政職としての自分を念頭に，社会に対して果たすべき役割という視点から論述する。コンプライアンスの意識を含めて，正式採用の際に読み上げるはずの「服務の宣誓」（ほぼ全国共通）を意識しておくとよい。

第7部

面接試験対策

- 面接対策

人物試験　面接対策

POINT

● Ⅰ. 面接の意義 ●

　筆記試験や論作文（論文）試験が，受験者の一般的な教養の知識や理解の程度および表現力やものの考え方・感じ方などを評価するものであるのに対し，面接試験は人物を総合的に評価しようというものだ。

　すなわち，面接担当者が直接本人に接触し，さまざまな質問とそれに対する応答の繰り返しのなかから，公務員としての適応能力，あるいは職務遂行能力に関する情報を，できるだけ正確に得ようとするのが面接試験である。豊かな人間性がより求められている現在，特に面接が重視されており，一般企業においても，面接試験は非常に重視されているが，公務員という職業も給与は税金から支払われており，その職務を完全にまっとうできる人間が望まれる。その意味で，より面接試験に重きがおかれるのは当然と言えよう。

● Ⅱ. 面接試験の目的 ●

　では，各都道府県市がこぞって面接試験を行う目的は，いったいどこにあるのだろうか。ごく一般的に言えば，面接試験の目的とは，おおよそ次のようなことである。

---

① 人物の総合的な評価

　試験官が実際に受験者と対面することによって，その人物の容姿や表情，態度をまとめて観察し，総合的な評価をくだすことができる。ただし，ある程度，直観的・第一印象ではある。

② 性格や性向の判別

　受験者の表情や動作を観察することにより性格や性向を判断するが，実際には短時間の面接であるので，面接官が社会的・人生的に豊かな経験の持ち主であることが必要とされよう。

---

③　動機・意欲等の確認

　公務員を志望した動機や公務員としての意欲を知ることは，論作文試験等によっても可能だが，さらに面接試験により，採用側の事情や期待内容を逆に説明し，それへの反応の観察，また質疑応答によって，試験官はより明確に動機や熱意を知ろうとする。

以上3点が，面接試験の最も基本的な目的であり，試験官はこれにそってさまざまな問題を用意することになる。さらに次の諸点にも，試験官の観察の目が光っていることを忘れてはならない。

④　質疑応答によって知識・教養の程度を知る

　筆記試験によって，すでに一応の知識・教養は確認しているが，面接試験においてはさらに付加質問を次々と行うことができ，その応答過程と内容から，受験者の知識教養の程度をより正確に判断しようとする。

⑤　言語能力や頭脳の回転の速さの観察

　言語による応答のなかで，相手方の意志の理解，自分の意志の伝達のスピードと要領の良さなど，受験者の頭脳の回転の速さや言語表現の諸能力を観察する。

⑥　思想・人生観などを知る

　これも論作文試験等によって知ることは可能だが，面接試験によりさらに詳しく聞いていくことができる。

⑦　協調性・指導性などの社会的性格を知る

　前述した面接試験の種類のうち，グループ・ディスカッションなどはこれを知るために考え出された。公務員という職業の場合，これらの資質を知ることは面接試験の大きな目的の一つとなる。

●● Ⅲ. 面接試験の問題点 ●●

　これまで述べてきたように，公務員試験における面接試験の役割は大きいが，問題点もないわけではない。

　というのも，面接試験の場合，学校の試験のように"正答"というものがないからである。例えば，ある試験官は受験者の「自己PR＝売り込み」を意欲があると高く評価したとしても，別の試験官はこれを自信過剰と受け取り，公務員に適さないと判断するかもしれない。あるいは模範的な回答をしても，「マニュアル的だ」と受け取られることもある。

　もっとも，このような主観の相違によって評価が左右されないように，試験官を複数にしたり評価の基準が定められたりしているわけだが，それでもやはり，面接試験自体には次に述べるような一般的な問題点もあるのである。

---

　①　短時間の面接で受験者の全体像を評価するのは容易でない

　面接試験は受験者にとってみれば，その人の生涯を決定するほど重要な場であるのだが，その緊張した短時間の間に日頃の人格と実力のすべてが発揮できるとは限らない。そのため第一印象だけで，その全体像も評価されてしまう危険性がある。

　②　評価判断が試験官の主観で左右されやすい

　面接試験に現れるものは，そのほとんどが性格・性向などの人格的なもので，これは数値で示されるようなものではない。したがってその評価に客観性を明確に付与することは困難で，試験官の主観によって評価に大変な差が生じることがある。

　③　試験官の質問の巧拙などの技術が判定に影響する

　試験官の質問が拙劣なため，受験者の正しく明確な反応を得ることができず，そのため評価を誤ることがある。

　④　試験官の好悪の感情が判定を左右する場合がある

　これも面接が「人間 対 人間」によって行われる以上，多かれ少なかれ避けられないことである。この弊害を避けるため，前述したように試験官を複数にしたり複数回の面接を行ったりなどの工夫がされている。

　⑤　試験官の先入観や信念などで判定がゆがむことがある

　人は他人に接するとき無意識的な人物評価を行っており，この経験の積

み重ねで，人物評価に対してある程度の紋切り型の判断基準を持つように
なっている。例えば，「額の広い人は頭がよい」とか「耳たぶが大きい
人は人格円満」などというようなことで，試験官が高年齢者であるほど
この種の信念が強固であり，それが無意識的に評価をゆがめる場合も時
としてある。

　面接試験には，このように多くの問題点と危険性が存在する。それらのほ
とんどが「対人間」の面接である以上，必然的に起こる本質的なものであれば，
万全に解決されることを期待するのは難しい。しかし，だからといって面接
試験の役割や重要性が，それで減少することは少しもないのであり，各市の
面接担当者はこうした面接試験の役割と問題点の間で，どうしたらより客観
的で公平な判定を下すことができるかを考え，さまざまな工夫をしているの
である。最近の面接試験の形態が多様化しているのも，こうした採用側の努
力の表れといえよう。

● IV．面接の質問内容 ●

　ひとくちに面接試験といっても，果たしてどんなことを聞かれるのか，不
安な人もいるはずだ。ここでは志望動機から日常生活にかかわることまで，
それぞれ気に留めておきたい重要ポイントを交えて，予想される質問内容を
一挙に列記しておく。当日になって慌てないように，「こんなことを聞かれた
ら（大体）こう答えよう」という自分なりの回答を頭の中で整理しておこう。

■志望動機編■
（1）　受験先の概要を把握して自分との接点を明確に
　　公務員を受験した動機，理由については，就職試験の成否をも決めかね
ない重要な応答になる。また，どんな面接試験でも，避けて通ることので
きない質問事項である。なぜなら志望動機は，就職先にとって最大の関心
事のひとつであるからだ。受験者が，どれだけ公務員についての知識や情
報をもったうえで受験をしているのかを調べようとする。

(2) 質問に対しては臨機応変の対応を

　受験者の立場でいえば，複数の受験をすることは常識である。もちろん「当職員以外に受験した県や一般企業がありますか」と聞く面接官も，それは承知している。したがって，同じ職種，同じ業種で何箇所かかけもちしている場合，正直に答えてもかまわない。しかし，「第一志望は何ですか」というような質問に対して，正直に答えるべきかどうかというと，やはりこれは疑問がある。一般的にはどんな企業や役所でも，ほかを第一志望にあげられれば，やはり愉快には思わない。

(3) 志望の理由は情熱をもって述べる

　志望動機を述べるときは，自分がどうして公務員を選んだのか，どこに大きな魅力を感じたのかを，できるだけ具体的に，しかも情熱をもって語ることが重要である。

　たとえば，「人の役に立つ仕事がしたい」と言っても，特に公務員でなければならない理由が浮かんでこない。

①例題Q & A

Q. あなたが公務員を志望した理由，または動機を述べてください。
A. 私は子どもの頃，周りの方にとても親切にしていただきました。それ以来，人に親切にして，人のために何かをすることが生きがいとなっておりました。ですから，一般の市民の方のために役立つことができ，奉仕していくことが夢でしたし，私の天職だと強く思い，志望させていただきました。

Q. もし公務員として採用されなかったら，どのようにするつもりですか。
A. もし不合格になった場合でも，私は何年かかってでも公務員になりたいという意志をもっています。しかし，一緒に暮らしている家族の意向などもありますので，相談いたしまして一般企業に就職するかもしれません。

②予想される質問内容

○ 公務員について知っていること，または印象などを述べてください。

○ 職業として公務員を選ぶときの基準として，あなたは何を重要視しましたか。

○ いつごろから公務員を受けようと思いましたか。

○ ほかには，どのような業種や会社を受験しているのですか。

○ 教職の資格を取得しているようですが，そちらに進むつもりはないのですか。

○ 志望先を決めるにあたり，どなたかに相談しましたか。

○ もし公務員と他の一般企業に，同時に合格したらどうするつもりですか。

■仕事に対する意識・動機編■

1　採用後の希望はその役所の方針を考慮して

　採用後の希望や抱負などは，志望動機さえ明確になっていれば，この種の質問に答えるのは，それほど難しいことではない。ただし，希望職種や希望部署など，採用後の待遇にも直接関係する質問である場合は，注意が必要だろう。また，勤続予定年数などについては，特に男性の場合，定年まで働くというのが一般的である。

2　勤務条件についての質問には柔軟な姿勢を見せる

　勤務の条件や内容などは，職種研究の対象であるから，当然，前もって下調べが必要なことはいうまでもない。

　「残業で遅くなっても大丈夫ですか」という質問は，女性の受験者によく出される。職業への熱意や意欲を問われているのだから，「残業は一切できません！」という柔軟性のない姿勢は論外だ。通勤方法や時間など，具体的な材料をあげて説明すれば，相手も納得するだろう。

　そのほか初任給など，採用後の待遇についての質問には，基本的に規定に

従うと答えるべき。新卒の場合，たとえ「給料の希望額は？」と聞かれても，「規定通りいただければ結構です」と答えるのが無難だ。間違っても，他業種との比較を口にするようなことをしてはいけない。

3　自分自身の言葉で職業観を表現する

　就職や職業というものを，自分自身の生き方の中にどう位置づけるか，また，自分の生活の中で仕事とはどういう役割を果たすのかを考えてみることが重要だ。つまり，自分の能力を生かしたい，社会に貢献したい，自分の存在価値を社会的に実現してみたい，ある分野で何か自分の力を試してみたい……などを考えれば，おのずと就職するに当たっての心構えや意義は見えてくるはずである。

　あとは，それを自分自身の人生観，志望職種や業種などとの関係を考えて組み立ててみれば，明確な答えが浮かび上がってくるだろう。

①例題Q & A

Q.	公務員の採用が決まった場合の抱負を述べてください。
A.	まず配属された部署の仕事に精通するよう努め，自分を一人前の公務員として，そして社会人として鍛えていきたいと思います。また，公務員の全体像を把握し，仕事の流れを一日も早くつかみたいと考えています。

Q.	公務員に採用されたら，定年まで勤めたいと思いますか。
A.	もちろんそのつもりです。公務員という職業は，私自身が一生の仕事として選んだものです。特別の事情が起こらない限り，中途退職したり，転職することは考えられません。

②予想される質問内容

○ 公務員になったら，どのような仕事をしたいと思いますか。

○ 残業や休日出勤を命じられたようなとき，どのように対応しますか。

○ 公務員の仕事というのは苛酷なところもありますが，耐えていけますか。

○ 転勤については大丈夫ですか。

○ 公務員の初任給は○○円ですが，これで生活していけますか。

○ 学生生活と職場の生活との違いについては，どのように考えていますか。

○ 職場で仕事をしていく場合，どのような心構えが必要だと思いますか。

○ 公務員という言葉から，あなたはどういうものを連想しますか。

○ あなたにとって，就職とはどのような意味をもつものですか。

■自己紹介・自己PR編■

1　長所や短所をバランスよくとりあげて自己分析を

　人間には，それぞれ長所や短所が表裏一体としてあるものだから，性格についての質問には，率直に答えればよい。短所については素直に認め，長所については謙虚さを失わずに語るというのが基本だが，職種によっては決定的にマイナスととられる性格というのがあるから，その点だけは十分に配慮して応答しなければならない。

　「物事に熱しやすく冷めやすい」といえば短所だが，「好奇心旺盛」といえば長所だ。こうした質問に対する有効な応答は，恩師や級友などによる評価，交友関係から見た自己分析など具体的な例を交えて話すようにすれば，より説得力が増すであろう。

2　履歴書の内容を覚えておき，よどみなく答える

　履歴書などにどんなことを書いて提出したかを，きちんと覚えておく。重要な応募書類は，コピーを取って，手元に控えを保管しておくと安心だ。

3 志望職決定の際, 両親の意向を問われることも

　面接の席で両親の同意をとりつけているかどうか問われることもある。家族関係がうまくいっているかどうかの判断材料にもなるので, 親の考えも伝えながら, 明確に答える必要がある。この際, あまり家族への依存心が強いと思われるような発言は控えよう。

①例題Q & A

Q. あなたのセールスポイントをあげて, 自己PRをしてください。
A. 性格は陽気で, バイタリティーと体力には自信があります。高校時代は山岳部に属し, 休日ごとに山歩きをしていました。3年間鍛えた体力と精神力をフルに生かして, ばりばり仕事をしたいと思います。

Q. あなたは人と話すのが好きですか, それとも苦手なほうですか。
A. はい, 大好きです。高校ではサッカー部のマネージャーをやっておりましたし, 大学に入ってからも, 同好会でしたがサッカー部の渉外担当をつとめました。試合のスケジュールなど, 外部の人と接する機会も多かったため, 初対面の人とでもあまり緊張しないで話せるようになりました。

②予想される質問内容

○ あなたは自分をどういう性格だと思っていますか。

○ あなたの性格で, 長所と短所を挙げてみてください。

○ あなたは, 友人の間でリーダーシップをとるほうですか。

○ あなたは他の人と協調して行動することができますか。

○ たとえば, 仕事上のことで上司と意見が対立したようなとき, どう対処しますか。

○ あなたは何か資格をもっていますか。また, それを取得したのはどうしてですか。

○ これまでに何か大きな病気をしたり，入院した経験がありますか。

○ あなたが公務員を志望したことについて，ご両親はどうおっしゃっていますか。

■日常生活・人生観編■

1 趣味はその楽しさや面白さを分かりやすく語ろう

余暇をどのように楽しんでいるかは，その人の人柄を知るための大きな手がかりになる。趣味は“人間の魅力”を形作るのに重要な要素となっているという側面があり，面接官は，受験者の趣味や娯楽などを通して，その人物の人柄を知ろうとする。

2 健全な生活習慣を実践している様子を伝える

休日や余暇の使い方は，本来は勤労者の自由な裁量に任されているもの。とはいっても，健全な生活習慣なしに，創造的で建設的な職場の生活は営めないと，採用側は考えている。日常の生活をどのように律しているか，この点から，受験者の社会人・公務員としての自覚と適性を見極めようというものである。

3 生活信条やモットーなどは自分自身の言葉で

生活信条とかモットーといったものは，個人的なテーマであるため，答えは千差万別である。受験者それぞれによって応答が異なるから，面接官も興味を抱いて，話が次々に発展するケースも多い。それだけに，嘘や見栄は禁物で，話を続けるうちに，矛盾や身についていない考えはすぐ見破られてしまう。自分の信念をしっかり持って，臨機応変に進めていく修練が必要となる。

①例題Q & A

Q. スポーツは好きですか。また，どんな種目が好きですか。
A. はい。手軽に誰にでもできるというのが魅力ではじめたランニングですが，毎朝家の近くを走っています。体力増強という面もありますが，ランニングを終わってシャワーを浴びると，今日も一日が始まるという感じがして，生活のけじめをつけるのにも大変よいものです。目標は秋に行われる●●マラソンに出ることです。

Q. 日常の健康管理に，どのようなことを心がけていますか。
A. 私の場合，とにかく規則的な生活をするよう心がけています。それとあまり車を使わず，できるだけ歩くようにしていることなどです。

②予想される質問内容

○ あなたはどのような趣味をもっているか，話してみてください。

○ あなたはギャンブルについて，どのように考えていますか。

○ お酒は飲みますか。飲むとしたらどの程度飲めますか。

○ ふだんの生活は朝型ですか，それとも夜型ですか。

○ あなたの生き方に影響を及ぼした人，尊敬する人などがいたら話してください。

○ あなたにとっての生きがいは何か，述べてみてください。

○ 現代の若者について，同世代としてあなたはどう思いますか。

■一般常識・時事問題編■

1　新聞には必ず目を通し，重要な記事は他紙と併読

　一般常識・時事問題については筆記試験の分野に属するが，面接でこうしたテーマがもち出されることも珍しくない。受験者がどれだけ社会問題に関

心をもっているか，一般常識をもっているか，また物事の見方・考え方に偏りがないかなどを判定しようというものである。知識や教養だけではなく，一問一答の応答を通じて，その人の性格や適応能力まで判断されることになると考えておくほうがよいだろう。

2　社会に目を向け，健全な批判精神を示す

　思想の傾向や政治・経済などについて細かい質問をされることが稀にあるが，それは誰でも少しは緊張するのはやむをえない。

　考えてみれば思想の自由は憲法にも保証された権利であるし，支持政党や選挙の際の投票基準についても，本来，他人からどうこう言われる筋合いのものではない。そんなことは採用する側も認識していることであり，政治思想そのものを採用・不採用の主材料にすることはない。むしろ関心をもっているのは，受験者が，社会的現実にどの程度目を向け，どのように判断しているかということなのだ。

①例題 Q & A

Q. 今日の朝刊で，特に印象に残っている記事について述べてください。
A. △△市の市長のリコールが成立した記事が印象に残っています。違法な専決処分を繰り返した事に対しての批判などが原因でリコールされたわけですが，市民運動の大きな力を感じさせられました。

Q. これからの高齢化社会に向けて，あなたの意見を述べてください。
A. やはり行政の立場から高齢者サービスのネットワークを推進し，老人が安心して暮らせるような社会を作っていくのが基本だと思います。それと，誰もがやがて迎える老年期に向けて，心の準備をしていくような生活態度が必要だと思います。

②予想される質問内容

> ○ あなたがいつも読んでいる新聞や雑誌を言ってください。
>
> ○ あなたは，政治や経済についてどのくらい関心をもっていますか。
>
> ○ 最近テレビで話題の××事件の犯人逮捕についてどう思いますか。
>
> ○ △△事件の被告人が勝訴の判決を得ましたがこれについてどう思いますか。

③面接の方法

（1） 一問一答法

　面接官の質問が具体的で，受験者が応答しやすい最も一般的な方法である。例えば，「学生時代にクラブ活動をやりましたか」「何をやっていましたか」「クラブ活動は何を指導できますか」というように，それぞれの質問に対し受験者が端的に応答できる形式である。この方法では，質問の応答も具体的なため評価がしやすく，短時間に多くの情報を得ることができる。

（2） 供述法

　受験者の考え方，理解力，表現力などを見る方法で，面接官の質問は総括的である。例えば，「愛読書のどういう点が好きなのですか」「○○事件の問題点はどこにあると思いますか」といったように，一問一答ではなく，受験者が自分の考えを論じなければならない。面接官は，質問に対し，受験者がどのような角度から応答し，どの点を重視するか，いかに要領よく自分の考えを披露できるかなどを観察・評価している。

（3） 非指示的方法

　受験者に自由に発言させ，面接官は話題を引き出した論旨の不明瞭な点を明らかにするなどの場合に限って，最小限度の質問をするだけという方法で。

（4） 圧迫面接法

　意識的に受験者の神経を圧迫して精神状態を緊張させ，それに対する受験者の応答や全体的な反応を観察する方法である。例えば「そんな安易な考えで，職務が務まると思っているんですか？」などと，受験者の応答をあまり考慮せずに，語調を強めて論議を仕掛けたり，枝葉末節を捉えて揚げ足取り

をする，受験者の弱点を大げさに捉えた言葉を頻発する，質問責めにするといった具合で，受験者にとっては好ましくない面接法といえる。そのような不快な緊張状況が続く環境の中での受験者の自制心や忍耐力，判断力の変化などを観察するのが，この面接法の目的だ。

◖◗ Ⅴ．面接Q＆A ◖◗

★社会人になるにあたって大切なことは？★

〈良い例①〉

　責任を持って物事にあたることだと考えます。学生時代は多少の失敗をしても，許してくれました。しかし，社会人となったら，この学生気分の甘えを完全にぬぐい去らなければいけないと思います。

〈良い例②〉

　気分次第な行動を慎み，常に，安定した精神状態を維持することだと考えています。気持ちのムラは仕事のミスにつながってしまいます。そのために社会人になったら，精神と肉体の健康の安定を維持して，仕事をしたいのです。

〈悪い例①〉

　社会人としての自覚を持ち，社会人として恥ずかしくない人間になることだと思います。

〈悪い例②〉

　よりよい社会を作るために，政治，経済の動向に気を配り，国家的見地に立って物事を見るようにすることが大切だと思います。

●コメント

　この質問に対しては，社会人としての自覚を持つんだという点を強調すべきである。〈良い例〉では，学生時代を反省し，社会へ出ていくのだという意欲が感じられる。

　一方〈悪い例①〉では，あまりにも漠然としていて，具体性に欠けている。また〈悪い例②〉のような，背のびした回答は避ける方が無難だ。

★簡単な自己PRをして下さい。★

〈良い例①〉

　体力には自信があります。学生時代，山岳部に所属していました。登頂した山が増えるにつれて，私の体力も向上してきました。それに度胸というようなものがついてきたようです。

〈良い例②〉

　私のセールスポイントは，頑張り屋ということです。高校時代では部活動のキャプテンをやっていましたので，まとめ役としてチームを引っ張り，県大会出場を果たしました。

〈悪い例①〉

　セールスポイントは，3点あります。性格が明るいこと，体が丈夫なこと，スポーツが好きなことです。

〈悪い例②〉

　自己PRですか……エピソードは……ちょっと突然すぎて，それに一言では……。

〈悪い例③〉

　私は自分に絶対の自信があり，なんでもやりこなせると信じています。これまでも，たいていのことは人に負けませんでした。公務員になりましたら，どんな仕事でもこなせる自信があります。

●コメント

　自己PRのコツは，具体的なエピソード，体験をおりまぜて，誇張しすぎず説得力を持たせることである。

　〈悪い例①〉は具体性がなく迫力に欠ける。②はなんとも歯ぎれが悪く，とっさの場合の判断力のなさを印象づける。③は抽象的すぎるし，自信過剰で嫌味さえ感じられる。

★健康状態はいかがですか？★

〈良い例①〉

　健康なほうです。以前は冬になるとよくカゼをひきましたが，4年くらい前にジョギングを始めてから，風邪をひかなくなりました。

〈良い例②〉

　いたって健康です。中学生のときからテニスで体をきたえているせいか，寝こむような病気にかかったことはありません。

〈悪い例①〉

　寝こむほどの病気はしません。ただ，少々貧血気味で，たまに気分が悪くなることがありますが，あまり心配はしていません。勤務には十分耐えられる健康状態だと思います。

〈悪い例②〉

　まあ，健康なほうです。ときどき頭痛がすることがありますが，睡眠不足や疲れのせいでしょう。社会人として規則正しい生活をするようになれば，たぶん治ると思います。

●コメント

　多少，健康に不安があっても，とりたててそのことを言わないほうがいい。〈悪い例②〉のように健康維持の心がけを欠いているような発言は避けるべきだ。まず健康状態は良好であると述べ，日頃の健康管理について付け加える。スポーツばかりではなく，早寝早起き，十分な睡眠，精神衛生などに触れるのも悪くない。

★どんなスポーツをしていますか？★

〈良い例①〉

　毎日しているスポーツはありませんが，週末によく卓球をします。他のスポーツに比べると，どうも地味なスポーツに見られがちなのですが，皆さんが思うよりかなり激しいスポーツで，全身の運動になります。

〈良い例②〉

　私はあまり運動が得意なほうではありませんので，小さいころから自主的にスポーツをしたことがありませんでした。でも，去年テレビでジャズダンスを見ているうちにあれならば私にもできそうだという気がして，ここ半年余り週1回のペースで習っています。

〈悪い例①〉

　スポーツはどちらかといえば見る方が好きです。よくテレビでプロ野球中継を見ます。

●コメント

　　スポーツをしている人は，健康・行動力・協調性・明朗さなどに富んでいるというのが一般の（試験官の）イメージだ。〈悪い例①〉のように見る方が好きだというのは個人の趣向なので構わないが，それで終わってしまうのは好ましくない。

★クラブ・サークル活動の経験はありますか？★

〈良い例①〉

　剣道をやっていました。剣道を通じて，自分との戦いに勝つことを学び，また心身ともに鍛えられました。それから横のつながりだけでなく先輩，後輩との縦のつながりができたことも収穫の一つでした。

〈良い例②〉

　バスケット部に入っておりました。私は，中学生のときからバスケットをやっていましたから，もう6年やったことになります。高校までは正選手で，大きな試合にも出ていました。授業終了後，2時間の練習があります。また，休暇時期には，合宿練習がありまして，これには，OBも参加し，かなりハードです。

〈悪い例①〉

　私は社会心理研究会という同好会に所属していました。マスコミからの情報が，大衆心理にどのような影響をおよぼしているのかを研究していました。大学に入ったら，サークル活動をしようと思っていました。それが，いろいろな部にあたったのですが，迷ってなかなか決まらなかったのです。そんなとき，友人がこの同好会に入ったので，それでは私も，ということで入りました。

〈悪い例②〉

　何もしていませんでした。どうしてもやりたいものもなかったし，通学に2時間半ほどかかり，クラブ活動をしていると帰宅が遅くなってしまいますので，結局クラブには入りませんでした。

●コメント

　クラブ・サークル活動の所属の有無は，協調性とか本人の特技を知るためのものであり，どこの採用試験でも必ず質問される。クラブ活動の内容，本人の役割分担，そこから何を学んだかがポイントとなる。具体的な経験を加えて話すのがよい。ただ，「サークル活動で●●を学んだ」という話は試験官にはやや食傷気味でもあるので，内容の練り方は十分に行いたい。

　〈悪い例①〉は入部した動機がはっきりしていない。〈悪い例②〉では，クラブ活動をやっていなかった場合，必ず別のセールスポイントを用意しておきたい。例えば，ボランティア活動をしていたとか，体力なら自信がある，などだ。それに「何も夢中になることがなかった」では人間としての積極性に欠けてしまう。

★新聞は読んでいますか？★

〈良い例①〉

　毎日，読んでおります。朝日新聞をとっていますが，朝刊では"天声人語"や"ひと"そして政治・経済・国際欄を念入りに読みます。夕刊では，"窓"を必ず読むようにしています。

〈良い例②〉

　読売新聞を読んでいます。高校のころから，政治，経済面を必ず読むよう，自分に義務づけています。最初は味気なく，つまらないと思ったのですが，このごろは興味深く読んでいます。

〈悪い例①〉

　定期購読している新聞はありません。ニュースはほとんどテレビやインターネットで見られますので。たまに駅の売店などでスポーツ新聞や夕刊紙などを買って読んでいます。主にどこを読むかというと，これらの新聞の芸能・レジャー情報などです。

〈悪い例②〉

　毎日新聞を読んでいますが，特にどこを読むということはなく，全体に目を通します。毎日新聞は，私が決めたわけではなく，実家の両親が購読していたので，私も習慣としてそれを読んでいます。

●コメント

　この質問は，あなたの社会的関心度をみるためのものである。毎日，目を通すかどうかで日々の生活規律やパターンを知ろうとするねらいもある。具体的には，夕刊紙ではなく朝日，読売，毎日などの全国紙を挙げるのが無難であり，読むページも，政治・経済面を中心とするのが望ましい。
　〈良い例①〉は，購読している新聞，記事の題名などが具体的であり，真剣に読んでいるという真実味がある。直近の記憶に残った記事について感想を述べるとなお印象は良くなるだろう。〈悪い例①〉は，「たまに読んでいる」ということで×。それに読む記事の内容からも社会的関心の低さが感じられる。〈悪い例②〉は〈良い例①〉にくらべ，具体的な記事が挙げられておらず，かなりラフな読み方をしていると思われても仕方がない。

●書籍内容の訂正等について

　弊社では教員採用試験対策シリーズ（参考書，過去問，全国まるごと過去問題集），公務員採用試験対策シリーズ，公立幼稚園・保育士試験対策シリーズ，会社別就職試験対策シリーズについて，正誤表をホームページ（https://www.kyodo-s.jp）に掲載いたします。内容に訂正等，疑問点がございましたら，まずホームページをご確認ください。もし，正誤表に掲載されていない訂正等，疑問点がございましたら，下記項目をご記入の上，以下の送付先までお送りいただくようお願いいたします。

> ① **書籍名，都道府県・市町村名，区分，年度**
> 　（例：公務員採用試験対策シリーズ　北海道のＡ区分　2025年度版）
> ② **ページ数**（書籍に記載されているページ数をご記入ください。）
> ③ **訂正等，疑問点**（内容は具体的にご記入ください。）
> 　（例：問題文では"ア〜オの中から選べ"とあるが，選択肢はエまでしかない）

〔ご注意〕

○ 電話での質問や相談等につきましては，受付けておりません。ご注意ください。
○ 正誤表の更新は適宜行います。
○ いただいた疑問点につきましては，当社編集制作部で検討の上，正誤表への反映を決定させていただきます（個別回答は，原則行いませんのであしからずご了承ください）。

●情報提供のお願い

　公務員試験研究会では，これから公務員試験を受験される方々に，より正確な問題を，より多くご提供できるよう情報の収集を行っております。つきましては，公務員試験に関する次の項目の情報を，以下の送付先までお送りいただけますと幸いでございます。お送りいただきました方には謝礼を差し上げます。
（情報量があまりに少ない場合は，謝礼をご用意できかねる場合があります。）
◆あなたの受験された教養試験，面接試験，論作文試験の実施方法や試験内容
◆公務員試験の受験体験記

- -

| 送付先 | ○電子メール：edit@kyodo-s.jp
○ＦＡＸ：03-3233-1233（協同出版株式会社　編集制作部 行）
○郵送：〒101-0054　東京都千代田区神田錦町2-5
　　　　　　　協同出版株式会社　編集制作部 行
○ＨＰ：https://kyodo-s.jp/provision（右記のQRコードからもアクセスできます） | |

　※謝礼をお送りする関係から，いずれの方法でお送りいただく際にも，「お名前」「ご住所」は，必ず明記いただきますよう，よろしくお願い申し上げます。

岡山県の職員 B

編　者	公務員試験研究会
発　行	令和6年2月25日
発行者	小貫輝雄
発行所	協同出版株式会社

〒101－0054
東京都千代田区神田錦町2－5
電話　03－3295－1341
振替　東京00190－4－94061